Wjatscheslaw Kotschemassow

Meine letzte Mission

Wjatscheslaw Kotschemassow

Meine letzte Mission

Fakten
Erinnerungen
Überlegungen

Dietz Verlag Berlin

Aus dem Russischen von Klaus Joachim Herrmann

Kotschemassow, Wjatscheslaw: Meine letzte Mission: Fakten.
Erinnerungen. Überlegungen / Wjatscheslaw Kotschemassow. –
Berlin : Dietz Verl. GmbH, 1994. – 298 S., 10 Abb.

ISBN 3-320-01858-2

Mit 10 Abbildungen: Archiv des Autors

Gestaltung: Brigitte Bachmann
Umschlagfoto: Klaus Joachim Herrmann
Printed in Austria
Satz: TASTOMAT GmbH, Eggersdorf
Druck und Bindearbeit: Druck- und Verlagsanstalt
Wiener Verlag GmbH

Inhaltsverzeichnis

Vorbemerkung

Ich weiß nicht, wie die Leser dieses Buch aufnehmen werden. Wahrscheinlich unterschiedlich, und das ist natürlich. Jeder sucht auf seine Art den Weg zur Wahrheit.

Die Welt wurde inzwischen komplizierter, und wenn ich mich nicht ständig an eine bestimmte Orientierung hielte, wäre es mir schwer, mich in den Ereignissen zurechtzufinden, sie zu bewerten. Diese Orientierung ist der Glaube an das Gute, die Gerechtigkeit, die Vernunft. Dieser rettende Glaube an die Kraft höherer Ideale hilft mir auch, meinen Platz im Leben zu bestimmen.

Heute trifft man häufig auf enttäuschte Menschen, die von dem ermüdet sind, was sie durchlebten. Man sagt, daß sie in ihrem Leben nichts erreichten, ihnen nichts gelang und sie jetzt selbst überhaupt nicht wüßten, was sie wollen.

In den schwierigen Prozessen des Alltags zur Wahrheit vorzudringen war ein Ziel, dem ich eigentlich mein ganzes bewußtes Leben widmete. Das habe ich nicht völlig erreicht. Wie andere konnte ich mich nur davon überzeugen, daß das auch unmöglich ist.

Es gibt aber Wegmarken, Ereignisse, Fakten, die das Wichtigste in der Entwicklung der Gesellschaft, im Leben der Menschen charakterisieren. Unsere Generation hatte, wie vielleicht keine andere, ein schwieriges Los zu tragen, erlebte Enttäuschungen und erlitt Verluste. Ich denke, daß nur jene Menschen ihre Ideale und Überzeugungen bewahren können, die ihre Bestimmung nicht verraten. Ich lebte mein Leben, wie es war, und sage mich davon nicht los.

Dem Urteil des Lesers überlasse ich mein Buch. Sein Ziel war es nicht, die Ereignisse in vollständiger Chronologie darzulegen. Sie ist bekannt. Ich versuchte, ihren wirklichen Sinn zu klären und zu begreifen. Dabei stützte ich mich auf Fakten und meine Einsichten. Ich war um die Analyse komplizierter Prozesse bemüht, die nicht nur in Deutschland abliefen. Vielleicht irrte ich mich in manchem, ließ etwas unbeachtet oder schätzte es nicht so ein, wie es sich heute, einige Zeit nach den Ereignissen, darstellt.

Dem deutschen Volk wollte ich meine Achtung bekunden, einer bestimmten und eindeutigen Vorstellung von der DDR nicht folgen. Ich sah von ihr verschiedene Seiten, betrachtete sie mit großem Interesse genau.

Das wichtigste jedoch ist schließlich das nicht einfache Schicksal des Volkes. Ich bin überzeugt, daß das deutsche Volk seinen schweren Weg, eine Übergangsperiode in seiner Geschichte, würdig und mit Erfolg gehen wird.

Das Leben selbst aber zeigt, daß unsere Mitbürger und künftige Generationen gewaltige Probleme zu lösen haben.

В. Кочемасов. Москва, июнь 1994

Einiges über mich selbst

Das Schicksal fügte es, daß ich viele Jahre meines Lebens der internationalen Arbeit widmete, und zwar fast 43 Jahre.

Es begann 1947, als ich in einer Delegation des sowjetischen Jugendverbandes Komsomol nach Jugoslawien entsandt wurde. Fast einen Monat lang reisten wir durch dieses bewundernswert schöne Land. Die Eindrücke überwältigten uns. Wir waren sicher schon nicht mehr so naiv, uns nur von Gefühlen leiten zu lassen. Trotzdem jedoch beeindruckte uns der allgemeine Enthusiasmus der Jugend, ein wahrhaft brüderlicher Empfang, der uns überall zuteil wurde. Doch bald stießen wir auch auf etwas anderes. Je höher die Ebene unserer Kontakte war, desto deutlicher ergaben sich ernsthafte Meinungsverschiedenheiten. In unseren Ohren klang noch die auf Massenkundgebungen skandierte Losung »Wir und die Russen sind 200 Millionen«, während die Führer des Landes auf verschiedensten Ebenen, einschließlich Josip Broz Tito, offen vom »jugoslawischen Weg« zum Sozialismus sprachen. Sie unterstrichen, daß ein Bündnis mit der KPdSU nur auf gleichberechtigter Grundlage zustande kommen könne, und wiesen sowjetische Anspielungen auf Revisionismus kategorisch zurück.

Bemerkenswert waren in diesem Zusammenhang zwei Treffen – das eine mit Tito, das zweite mit dem als Chefideologen des Bundes der Kommunisten Jugoslawiens nicht unbekannten M. Djilas. Tito erstrahlte buchstäblich im Glanze seines Ruhmes, sein Kult ging bereits in eine Art Messianismus über. Im Gespräch erklärte er uns unumwunden, daß der Weg Jugoslawiens keine Kopie des sowjetischen sei. Wir erlitten uns das Recht auf einen eigenen Weg zum Sozialismus, und wenn man mit uns zusammenarbeiten will, muß man von dieser Besonderheit ausgehen, sagte er. Falls das Kominform weiter Druck ausübe, würde sich das ganze jugoslawische Volk erheben. Wir »bitten Stalin«, uns vor diesen Angriffen zu schützen. Djilas äußerte sich noch schärfer. Ich erinnere mich seiner Worte: »Keinerlei Druck auf uns wird unsere Position verändern. Der Krieg hat gezeigt, daß die Deutschen es nicht schafften, Jugoslawien zu besiegen und sein Volk zu bestrafen.«

Das war vor langer Zeit. Hätten sich die Gründer des neuen Jugoslawiens aber wohl vorstellen können, daß ein damals derart einheitlich und geschlossen erscheinendes Land zerfallen und seine Völker in den Abgrund schrecklicher Kriege stürzen würden? Die Geschichte scheint sich zu wiederholen.

In der zweiten Dezemberhälfte kamen wir über tief verschneite Gebirgspässe nach Bulgarien. Sofia, Kälte. Kälte überall – in den Räumen, auf den Straßen. Zerfall, Armut. Ich erinnere mich auch der Zusammenkünfte mit Georgi

Dimitroff. Er sah krank aus, doch die Klarheit seines Verstandes und die Deutlichkeit der Darlegung seiner Positionen beeindruckten. Viel sprach Dimitroff von der Sowjetunion. Ohne deren Hilfe könne Bulgarien nicht auferstehen. Das bulgarische Volk hege traditionell sehr gute Gefühle für Rußland. Die Menschen seien sehr fleißig und entgegenkommend, die Jugend glaube uneingeschränkt an die Zukunft, und das nähre Hoffnung.

Mehrfach kehrte Dimitroff zum Balkan-Thema zurück. Er klagte darüber, daß ethnische Ansprüche der Nachbarn immer deutlicher würden. Im allgemeinen geht es hier um eine Ballung komplizierter Probleme, die eine äußerst durchdachte und ausgewogene Politik erfordere. Die Sowjetunion, wiederholte er mehrmals, solle den Balkan nicht verlassen. Ich sehe keine andere Kraft, die hier eine stabile Situation und die normale Entwicklung souveräner Staaten unterstützen könnte, sagte er. Die Worte erwiesen sich als prophetisch.

In der Nachkriegsperiode begann sich die internationale Jugendbewegung herauszubilden. Das war eine außerordentlich interessante Zeit. Wir waren noch unerfahren. Oft gaben wir uns bei Kontakten mit Jugendfunktionären anderer Länder, auf internationalen Kongressen und Konferenzen dogmatisch. Weil wir uns streng vom Geist und von den Buchstaben der Moskauer Direktiven leiten ließen, blieben wir ohne die gebührende Flexibilität. Selbst der Sowjetunion eng verbundene Partner verstanden uns zuweilen nicht. Trotzdem gab es zu Beginn eine gute Grundlage für eine breite Vereinigung der Jugend, die verschiedenste Richtungen und Strömungen einschließen konnte. Mit unserer dogmatischen Praxis stießen wir leider viele ab. Es war eine Lehre, doch wurde sie uns nicht geschenkt.

Auf dem Höhepunkt des Kalten Krieges entstand die Friedensbewegung. Mich wählte man zum Mitglied des Präsidiums des Sowjetkomitees für die Sicherung des Friedens, und ich nahm seit dem ersten praktisch an sämtlichen Weltkongressen der Friedensanhänger teil. Sie bildeten eine ernstzunehmende Kraft gegen die Verschärfung des Kalten Krieges und halfen bei der Herstellung zivilisierter Beziehungen zwischen den Völkern. Zugleich führten sie einen harten Kampf um die öffentliche Meinung. Das war eine wahrhaft unvergeßliche Zeit der Herausbildung jener wirklichen Volksdiplomatie, von der in den letzten Jahren so viel gesprochen worden ist.

Ich bedauere, daß die wertvolle Erfahrung jener Zeit wie auch die Menschen, die Verstand, Kenntnisse, Talent und Gesundheit für ein edles Ziel einsetzten, in Vergessenheit gerieten. Unter jenen Mitkämpfern gab es Menschen von Weltruf – hervorragende Gelehrte, Schriftsteller, Politiker, Parlamentarier, Geistliche. Manche von ihnen wurden später Staatschefs, Führer einflußreicher Parteien. Gerade in dieser Zeit wurde ich näher bekannt mit dem hervorragenden Franzosen Frédéric Joliot-Curie, der den Weltfriedensrat leitete. Zu ihm gehörten u. a. auch Simonow, Ehrenburg, Tichonow, Fadejew, Twardowski, Surkow und Fedin. Diese Tätigkeit war für mich eine unersetzliche Schule des politischen Kampfes. Mit Dankbarkeit erinnere ich mich jener Menschen, mit denen ich damals an etwas wahrhaft Historischem arbeitete.

Meine ersten Schritte in der internationalen Jugendbewegung führten mich 1948 auf dem Weg nach Paris auch über Berlin. Die wenigen Tage, die ich dort verbrachte, waren ausgefüllt mit Begegnungen. Die Stadt lag in Ruinen, mit der Abenddämmerung versank alles in Dunkelheit, nur hie und da leuchteten kleine Feuer. Ich richtete mich in einem von der Zerstörung verschonten Gebäude »Unter den Linden« ein, unweit des Zentralrates der »Freien Deutschen Jugend«. Dort machte ich Bekanntschaft mit Erich Honecker und seinen Genossen. Viele Stunden verbrachten wir mit endlosen Diskussionen. Die führenden Vertreter des Verbandes verhehlten nicht, daß vor ihnen eine unglaublich schwierige Aufgabe stand – der Kampf für die Schaffung eines neuen Lebens. Eines der entscheidenden Probleme war vielleicht gerade die Frage, mit wem die Jugend gehen wird.

Die Ausarbeitung einer Konzeption der neuen Jugendbewegung war eine sehr komplizierte Angelegenheit. Es gab bedeutend mehr Fragen als Antworten darauf. Erschwert wurde alles noch durch die spezifischen Bedingungen, unter denen man zu arbeiten gezwungen war. Denn alles war offen, es gab weder Grenzen noch Mauern. Man konnte die Menschen nur mit einem klaren Programm, mit konkreten praktischen Aktionen, die die Interessen jedes einzelnen berührten, gewinnen.

Bei der Klärung der Situation halfen uns Zusammenkünfte mit Vertretern der sowjetischen Administration. Zum Glück arbeiteten dort zahlreiche kluge, gut geschulte und begabte Menschen. Sie unternahmen alles, um zur deutschen Bevölkerung Beziehungen besonderer Art herzustellen. Wir waren dort keine Besatzer im buchstäblichen Sinne des Wortes. Die sowjetischen Behörden halfen, wo sie konnten. Das schuf eine Atmosphäre des Interesses und gegenseitigen Vertrauens. Die Grundlagen dafür legte Georgi Shukow.

Wichtig war es, in der Praxis zu zeigen, daß die sowjetischen Menschen keine Feindschaft empfanden und das deutsche Volk und seine junge Generation nicht mit der nazistischen Vergangenheit gleichsetzten. Trotzdem blieb es eine ungeheuer schwierige Aufgabe, die neue Gesellschaft auf den Ruinen des Faschismus aufzubauen. Ich erkannte das noch besser, als ich in späteren Jahren häufiger in der DDR weilte.

Vielleicht schicksalhaft war Ende April 1946 die Gründung der Sozialistischen Einheitspartei Deutschlands auf der Grundlage der Vereinigung von KPD und SPD. 620 000 Kommunisten vereinigten sich mit 680 000 Sozialdemokraten der Ostzone Deutschlands. Ich erwähne diese Ziffern nicht zufällig, werde später auf sie zurückkommen.

Bei einem bald folgenden zweiten Besuch in Berlin waren am wichtigsten wohl die Begegnungen mit Pieck, Grotewohl und Ulbricht. Neben der Gemeinsamkeit ihrer Ziele einte sie auch eine besondere Aufmerksamkeit für die Jugend. Sie betreuten sozusagen die neue Jugendbewegung, die auf antifaschistische, sozialistische Ideen orientiert wurde. Jene Menschen, die damals so viel Einfluß hatten, waren äußerst verschieden. Wilhelm Pieck gewinnend, offen, herzlich; Walter Ulbricht kategorisch in den Beurteilungen und betont geradlinig; Otto Grotewohl feinsinnig intellektuell, philosophisch und ein Demokrat im besten Sinne.

Nicht zu vergessen ist das gesamtdeutsche Treffen von über einer Million Jugendlichen in Berlin. Am Abend kam es im Schein unzähliger Fackeln zu einer grandiosen Kundgebung der Teilnehmer. Auf der Tribüne befanden sich Pieck, Grotewohl, Ulbricht, mit dem Vorsitzenden des Bundes der Weltjugend de Boysson auch prominente Vertreter der Öffentlichkeit. Als Leiter der Delegation der Sowjetjugend weilte auch ich dort und kann kaum die begeisterte Reaktion der Teilnehmer der Kundgebung auf das Grußtelegramm von Jossif Stalin beschreiben. So war es, aus der Geschichte läßt es sich nicht tilgen.

Erstmals erlebte ich damals Erich Honecker als Redner. Er konnte überzeugen und hatte einen starken Einfluß auf die Jugend. Ich gewann den Eindruck, daß er sich als Politiker gerade mit diesem Treffen profilierte und mit ihm eine große Gruppe von Funktionären. Später bildete sie den Kern der SED-Führung. Ich erwähnte schon, daß mein erster Besuch in Berlin 1948 im Zusammenhang mit meiner ersten Reise nach Frankreich stand. Eben dahin flog ich nach einigen Tagen des Aufenthaltes in Ostdeutschland.

Ende November 1977 stattete ich an der Spitze einer Delegation der Russischen Föderation Frankreich einen Besuch ab. Im damals größten Saal von Paris stand eine Begegnung mit Vertretern der französischen Öffentlichkeit auf dem Programm. Ich will eine gewisse Unruhe nicht verhehlen, schließlich hatte an eben diesem Ort 1949 der Weltkongreß der Friedensanhänger getagt und den Grundstein für eine breite Volksbewegung gelegt.

Manche meinen, es sei gefährlich demoralisierend, in die Vergangenheit zurückzublicken. Das gilt nach meiner Meinung sicher in unterschiedlicher Weise und wird auch von konkreten Zusammenhängen bestimmt. Ich jedenfalls fürchte nicht, mich auf meinem Weg umzuschauen. Der ehrliche Blick auf die Vergangenheit ist guter Anlaß für Selbstanalyse und die Bewertung des eigenen Platzes im komplizierten Leben. Zudem verleiht dieser Blick Kraft für die Gegenwart und die Zukunft.

In meiner Ansprache am 20. November 1977 in Paris sagte ich im Saal Pleiel: »Ich bin sicher, für uns alle wird das heutige Treffen denkwürdig sein. Ich persönlich empfinde eine besondere Bewegung auch deshalb, weil ich genau vor dreißig Jahren Gelegenheit hatte, gerade in diesem Saale vor französischen Freunden aufzutreten, ihre leidenschaftlichen Reden zu hören, die von Sorge um den Frieden und das Verständnis zwischen den Völkern durchdrungen waren. Wie heute, so kamen wir auch damals in einer Mission des guten Willens. Das war keine leichte Zeit, die Zeit der Prüfungen. Wir alle jedoch waren vom Optimismus, von der Hoffnung auf eine bessere Zukunft erfüllt. Die Zeit bestätigte die Lebenskraft und Richtigkeit dieser Position! Also wollen wir auch künftig, ohne unsere Kräfte zu schonen, unermüdlich für die hohen Ideale der Freundschaft zwischen den Völkern, für die Festigung der Sicherheit und des Friedens für heutige und künftige Generationen kämpfen.« Die Erwähnung des Zusammentreffens dieser Ereignisse an diesem Ort rief eine stürmische Reaktion im Saal hervor. Alle erhoben sich. Solcher Augenblicke wegen lohnt es sich zu leben, zu arbeiten und zu kämpfen.

Nach 1948 kam ich mehrfach und aus verschiedensten Gründen in die DDR. Zuerst in der Jugendbewegung, dann im Ministerium für Auswärtige Angelegenheiten und zuletzt als stellvertretender Vorsitzender der Regierung der Russischen Föderation tätig, weilte ich fast jedes Jahr in der DDR. Deshalb kann ich natürlich auch die Dynamik des Entstehens und Werdens dieser Republik vergleichen und bezeugen. Es ist sicher unnötig zu erwähnen, wie viele Bekannte und Freunde ich in jenen Jahren in diesem Land finden konnte.

Eine neue Ernennung

Im April 1983, ich arbeitete damals als stellvertretender Vorsitzender der Regierung Rußlands, wurde ich zu Juri Andropow geladen. Er empfing mich sofort, grüßte herzlich, bat mich, Platz zu nehmen. Man brachte Tee. Andropow sah müde aus. Sein hagerer Hals steckte in einem viel zu großen Hemdkragen. Das verstärkte den Eindruck gesundheitlicher Probleme.

»Unsere Beziehungen zur Führung der DDR gestalten sich nicht so einfach«, begann Andropow unser Gespräch. »Aber das ist unser wirtschaftlicher, politischer und militärstrategischer Hauptbündnispartner. Hinzu kommt die deutsche Frage. Sie ist wie ein festgezurrter Knoten. Wir handeln bei weitem nicht immer optimal. Und das Leben geht weiter, die Situation in Europa verändert sich, auch im Dreieck BRD,

DDR, West-Berlin. Hier liegen unsere Hauptinteressen. Wir sitzen in irgendeinem stereotypen Schema fest. Wir brauchen einen Botschafter, der fähig zu einem neuen Herangehen sowohl an die Beziehungen mit der DDR als auch die deutsche Problematik ist. Wir haben diese Frage mehrfach erörtert, und jedes Mal kamen wir zu der Schlußfolgerung, daß wir am besten Ihnen diesen Posten vorschlagen. Sie kennen die DDR«, setzte er fort, »arbeiteten dort. Wichtig ist, daß Sie schon lange gute Beziehungen zu Honecker und anderen Mitgliedern der Führung der Republik haben. All das berücksichtigend, möchte ich Sie fragen – wie würden Sie auf den Vorschlag reagieren, als Botschafter in die DDR zu gehen?« Ich schwieg.

»Ich persönlich«, setzte Andropow fort, »verstehe Sie gut. Hier gibt es viel Arbeit. Mit der Familie ist es nicht einfach. Und trotzdem wiederhole ich, wir haben viele Gründe, Ihnen vorzuschlagen, in die DDR zu gehen.« Nach kurzem Schweigen erwiderte ich, daß ich für das Vertrauen dankbar sei. Ich verstünde, daß es Situationen gebe, in denen das Persönliche zurücktreten müsse. Andropow nahm einen Schluck Tee, sah mich an und meinte: »Machen wir es so. Betrachten wir dieses Gespräch als inoffiziell. Wir denken darüber nach, erwägen alles und kommen dann zu dieser Frage zurück.« Als er mein Lächeln bemerkte, sagte er, daß er das aufrichtig meine. »Wahrhaftig, wollen wir nochmals nachdenken, bevor wir all das entscheiden.«

Bald darauf folgte die zweite Unterredung. Andropow fragte mich ohne irgendwelche Einleitungen geradeheraus: »Nun, haben Sie einen Entschluß gefaßt?« Ich erwiderte, daß ich einverstanden und bereit sei, in die DDR zu gehen. Innere Gemütsbewegungen hätten jetzt schon keine Bedeutung mehr. »Nun gut«, bemerkte Andropow, »da wir in der Führung diese Frage mehrmals erörterten, betrachten wir die Frage Ihrer Ernennung als entschieden«.

Daran wollte Andropow ausdrücklich einige Überlegungen anschließen. »Die erstrangige Aufgabe eines Botschafters ist der Ausbau der Beziehungen mit dem entsprechenden Land. Versuchen Sie bitte, Elemente des Mißtrauens abzubauen, die in unseren Beziehungen zutage treten. Es ist wichtig, daß man uns dort richtig versteht: Unsererseits müssen wir exakt und objektiv die Lage in der DDR und die Positionen der Führung einschätzen. Ich wiederhole, für den Botschafter sind die Interessen des eigenen Landes am wichtigsten, aber sie dürfen nicht einseitig verstanden werden, ohne Berücksichtigung der Interessen des Partners, seiner begründeten Positionen. Übrigens weiß ich, daß viele Ämter ihre Angelegenheiten mit der DDR ohne die gebührende Aufmerksamkeit und manchmal verantwortungslos erledigen. Unsere Unverbindlichkeit ist eine weit verbreitete Krankheit.«

Dann forderte er mich auf: »Schonen Sie unsere Ministerien und Ämter nicht, berichten Sie objektiv und genau, was wir falsch machen, wer an nichterfüllten Verpflichtungen, dem Bruch von Vereinbarungen schuld ist. Wenn es nötig wird, rufen Sie mich persönlich an. Wir haben große Reserven für den Ausbau der wirtschaftlichen, wissenschaftlich-technischen Beziehungen. Studieren Sie diese Probleme, machen Sie Vorschläge.« Besonderen Wert legte mein Gesprächspartner auf »mehr Interesse für die Erfahrungen der DDR«. Dort gebe es vieles, was man ohne weiteres bei der Lösung der eigenen Probleme verwenden könne. Für den Botschafter hätte das Vorrang.

»Natürlich«, setzte Andropow fort, »muß der Botschafter seine Aufmerksamkeit auf innere Probleme der DDR richten. Einige unserer Genossen verfallen in Extreme. Von vollem Einverständnis mit dem, was dort geschieht, bis zu Krittelei und Anschwärzen. Extreme sind hier sehr gefährlich. Deshalb: genaue, objektive Information bei der Einschätzung der Lage. Das ist es, was wir brauchen. Und keinesfalls irgendwelche Belehrungen. Keine Einmischung, sondern Geradlinigkeit von der Position der Kameradschaft, der Gleichberechtigung, des Wohlwollens und unter Berücksichtigung der realen Bedingungen. Wir brauchen einen Botschafter, keinen Gouverneur.«

Andropow verwies auf die entwickelten Parteibeziehungen zwischen KPdSU und SED. Wichtig sei, die Situation in der SED einzuschätzen. Bei einer Bevölkerung von 17 Millionen Einwohnern der DDR wurden fast 2,5 Millionen Parteimitglieder angegeben. Spiegelten diese Ziffern die reale Kraft der Partei, ihren Masseneinfluß wider? Gerade das sei die Frage aller Fragen. Die DDR bezeichnete Andropow als die »am weitesten nach Westen vorgeschobene Grenze unseres Bündnisses«. In mehrfacher Hinsicht gebe es dort einen äußerst scharfen politischen, wirtschaftlichen und einen Kampf der Informationen. »Das berührt und bestimmt häufig die geistige Haltung der Bevölkerung der DDR. Wie handelt die Partei unter diesen Bedingungen? Wird sie eine scharfe Wende der Ereignisse überstehen? Das aber ist eine Grundfrage, eine Lebensfrage der DDR. Das berührt auch unsere Interessen, die der gesamten sozialistischen Gemeinschaft.«

Dann kam der Generalsekretär zum Schluß: »Aus Ihrer früheren Tätigkeit in der DDR wissen Sie, welche Schwierigkeiten unter der Intelligenz entstanden – unter Wissenschaftlern, Schriftstellern, Kulturfunktionären. Mit ihrer fehlerhaften Politik stieß die Führung der DDR viele ehrliche Menschen von der Partei ab – manchmal nur, weil sie zu einigen Fragen Positionen bezogen, die nicht völlig mit den offiziellen übereinstimmten. Das brachte in bezug auf die Stimmung der Intelligenz, aber auch für die Autorität der DDR großen Schaden. Es ist sehr wichtig festzustellen, was sich auf diesem Gebiet in den letzten Jahren verändert hat.

Wie all das heute aussieht. Überspitzungen im Umgang mit der Intelligenz – Administrieren, Radikalismus und Dogmatismus – können sehr schlechte Folgen haben. Wem wäre nicht klar, daß gerade die Intelligenz vielfältig Stimmung und Haltung der Bürger beeinflußt. Der Botschafter benötigt gute Kontakte zur Intelligenz. Wer ihre Stimmungen nicht kennt, kann keine richtige Vorstellung von der Lage im Lande gewinnen.« Einige Tage danach wurde der Erlaß über meine Ernennung als Botschafter in der DDR verabschiedet.

Ich bin später oft auf dieses Gespräch und auf Andropows Rolle zurückgekommen. Jedes Mal kam ich zu ein und demselben Schluß: Er arbeitete exakt das Entscheidende heraus – als hätte er vorausgesehen, was geschehen würde.

Sofort nach der Ernennung begann die praktische Vorbereitung meiner neuen Tätigkeit. Ich hatte Materialien zu studieren, viele Gespräche zu führen. Vor der Abreise mußte ich mich mehr oder minder gut mit dem Stand der Beziehungen unserer Länder auf allen Gebieten vertraut machen, das Wesen der in der DDR vor sich gehenden Prozesse begreifen. Ein genauer Eindruck war aber nur in Berlin bei meiner Arbeit dort zu gewinnen.

Dann ging es um die Vorbereitung der Begegnung mit Honecker, des Gespräches mit ihm. Das erwies sich als schwierig. Nicht einfach wegen eines Mangels an Material oder fehlender Deutschlandexperten. Vor allem spürte ich Nuancen in den Einschätzungen, im Herangehen, in Positionen.

Mich verwunderte das Gespräch mit einem der Sekretäre des ZK der KPdSU, das nach dem Treffen mit Juri Andropow stattfand. Ich spreche von Konstantin Russakow, der für die Verbindungen mit den sozialistischen Ländern verantwortlich war. Er orientierte darauf, Honecker gleich bei der ersten Begegnung geradeheraus und offen kritische Einschätzungen einiger Aspekte der Innen- und Außenpolitik der SED-Führung gegenüber der BRD vorzutragen. Ich verstand, daß die erste Unterredung keinesfalls nur »wohlwollend« und einfach protokollarisch sein sollte. Die Politik der DDR-Führung einer kritischen Bewertung zu unterziehen hielt ich aber für unzulässig. Zudem hätte ich die Antwort provozieren können, daß der neue Botschafter Kritik äußert, bevor er sich um Kenntnis der Lage bemüht und Klarheit über die Probleme gewonnen hat. Erst danach konnte man irgendwelche Schlußfolgerungen ziehen. Und noch etwas: War das nun die Meinung des Botschafters oder der KPdSU-Führung? Falls es deren Einschätzung war, müßte man diese Probleme auf höchster Ebene besprechen. Ich entschied mich, solche Ratschläge nicht zu befolgen. Dies um so weniger, da Andropow offenbar so etwas vorausgesehen und mich vor Extremen in unseren Einschätzungen gewarnt hatte.

Bei Begegnungen mit führenden Persönlichkeiten des Verteidigungsministeriums spürte ich bestimmte Unterschiede im Herangehen zwischen diesem Amt und dem Ministerium für Auswärtige Angelegenheiten. Sie betrafen die Abrüstungsproblematik. Später überzeugte ich mich, daß das ein fast ständiger Faktor der Ausarbeitung unserer außenpolitischen Konzeptionen war.

Viele Probleme entstanden im Ministerrat, bei der obersten Planungsbehörde »Gosplan« und anderen staatlichen Strukturen, die sich mit der wirtschaftlichen und wissenschaftlich-technischen Zusammenarbeit befaßten. Augenfällig dabei: Bei vielen Unterredungen betonten unsere Mitarbeiter nachdrücklich Forderungen an die DDR, an ihre eigenen »Fehltritte« erinnerten sie sich überhaupt nicht.

Besonders hinweisen möchte ich auf ein Gespräch mit Andrej Gromyko. Er war sehr wohlwollend gestimmt, sagte ohne Umschweife, daß er sich über meine Ernennung freue. Während einer ziemlich langen Unterhaltung legte der Minister in der ihm eigenen Art deutlich seine Positionen dar. Er ging auf meine Arbeitsaufgaben in der DDR ein, gab praktische Ratschläge für die Arbeit des Botschafters.

Bei aller Vielfalt der Fragen lenkte er doch am stärksten die Aufmerksamkeit auf die deutsche Problematik. Er hielt es für notwendig , sie mit aller Aufmerksamkeit zu studieren, neue Herangehensweisen zu suchen und sich nicht vor »Initiativen« zu fürchten, die vielleicht nicht völlig mit den existierenden Vorstellungen übereinstimmten. Er behielt das deutsche Problem im Blick, betrachtete es als erstrangig. Ihm war die entsprechende Unterabteilung im Außenministerium faktisch direkt unterstellt. Im Außenministerium gab es eine spezielle Abteilung, die sich ausschließlich mit der BRD, der DDR, Westberlin und auch Österreich beschäftigte. Die Abteilung verfügte über hochqualifizierte Fachleute. Nach der »Versetzung« Gromykos auf einen anderen Posten wurde diese Unterabteilung nach einiger Zeit aufgelöst. Die DDR wurde in die Abteilung für sozialistische Länder Europas mit der Begründung eingegliedert, daß die DDR ein sozialistisches Land sei. Ich äußerte zweimal Ablehnung, als diese Frage vom neuen Minister, der mich zweimal in Berlin anrief, entschieden wurde. Dabei sagte ich ihm, daß man auf diese Weise künstlich die ganze deutsche Angelegenheit »auseinanderreißen« und Schritt für Schritt die Wechselbeziehungen und entsprechende Spezialisten verlieren würde. So geschah es dann auch.

Gromyko hatte bei unserem Gespräch betont, daß es sehr wichtig sei, wie sich die Beziehungen mit der Führung der DDR gestalten würden. »Soweit notwendig, berichten Sie bei Ihrem Treffen Erich Honecker vom Wesen der bei uns laufenden Prozesse. Es ist wichtig, daß er das vom Botschafter erfährt, dann können Sie auf Gegenseitigkeit zählen.«

Aufmerksam folgte ich dem Minister. Das war das Arbeitszimmer, in dem ich mich schon mehrmals aufgehalten hatte. Unwillkürlich entsann ich mich einer denkwürdigen Begegnung. An einem Tag des Jahres 1952, ich war damals Sekretär des Zentralkomitees des Komsomol, rief mich Molotow ins Außenministerium, wenn ich »nicht zu sehr beschäftigt« wäre. Eine halbe Stunde später war ich beim zweiten Mann der sowjetischen Führung. Ich erging mich in Vermutungen – wozu benötigte mich der Minister? Molotow empfing mich betont freundlich und kam sofort zur Sache. »Wir möchten Ihnen eine Arbeit im Bereich des Ministeriums für Auswärtige Angelegenheiten anbieten. Ich leugne nicht, daß ich Ihre Arbeit aufmerksam verfolge. Vieles habe ich von anderen gehört und mir eine Meinung über Sie gebildet. Deshalb betrachten Sie den Vorschlag keinesfalls als Zufall, sondern als einen völlig begründeten Schritt.«

Nach einiger Überlegung sagte ich, daß dieser Vorschlag mich vor eine schwere Wahl stelle. Die vielfältige Arbeit in der internationalen Jugend- und Friedensbewegung nähme mich derart in Anspruch und sei so interessant, daß ich mir den Abschied davon und einen Wechsel in den Staatsdienst überhaupt nicht vorstellen könne. Ehrlich gesagt träumte ich in meinen Jugendjahren von diplomatischer Tätigkeit, doch war diese Neigung eher von romantischen Vorstellungen genährt. Das reale Leben aber gestaltete sich völlig anders.

Ich bat, auf diesem Vorschlag nicht zu bestehen. Molotow beeilte sich nicht, das Gespräch zu beenden, und erklärte etwas später: »Je länger wir reden, desto mehr überzeuge ich mich davon, daß Sie der Mann sind, den wir brauchen. Überlegen Sie es sich, und wir kommen auf diese Frage später zurück.« Danach suchte ich sofort Scheljepin auf, den 1. Sekretär des ZK des Komsomol. Ich berichtete ihm von dem Treffen mit Molotow. Scheljepin überlegte nicht lange, nahm den Telefonhörer ab und rief den Minister an. Er bat ihn sehr, die Frage eines Wechsels von Kotschemassow in die diplomatische Arbeit nicht zu stellen. Nachdem sich Molotow geäußert hatte, wiederholte er seine Bitte. Schließlich war der Minister einverstanden, fügte aber hinzu, daß er Kotschemassow nochmals zu sehen wünscht. Tatsächlich lud er mich einige Zeit danach erneut ein. Er war freundlich, wie bereits bei der ersten Begegnung. Ich verstehe es so, sagte Molotow, daß es für Sie psychologisch schwierig ist, unseren Vorschlag anzunehmen. Aber ich möchte Ihnen einen Rat geben: Man darf sich am Komsomol nicht zu lange »festhalten«. Ungeachtet einer interessanten Arbeit sei er nur eine Schule für wichtigere und verantwortungsvollere Tätigkeiten. »Ich bin sicher, daß Sie Ihren Weg zur Diplomatie finden«, schloß er. Ich erinnerte mich häufig des Angebotes von Molotow, kam nach vielen Überlegungen zu der Erkenntnis, daß man es akzeptieren müsse ... Aber zurück zum eigentlichen Thema.

Mitte August 1983 flog ich nach Berlin. Mich erwartete eine neue Arbeit, ein großer Umschwung in meinem Leben. Mich bewegten zwiespältige Gefühle. Hinter mir lagen 21 Arbeitsjahre als Stellvertreter des Vorsitzenden der Regierung der Russischen Föderation. Diese Arbeit hatte mich völlig in Anspruch genommen und alle Kräfte gefordert, war vielfältig und interessant. Ich gewann einzigartige Erfahrungen.

Ich dachte an das, was mich seit den ersten Nachkriegsjahren mit der DDR verband. Ich versuchte, mir das moderne Antlitz der Republik vorzustellen. Mich beschäftigten die Besonderheit des Entstehens der DDR, ihr Einfluß auf das Kräfteverhältnis in Europa, auf das Schicksal des deutschen Volkes. Anders gesagt: Könnten unsere deutschen Verbündeten mit unserer Hilfe eine Ordnung schaffen, die im Wettbewerb mit Westdeutschland besteht? Wie könnte all das mit dem Schicksal eines in der Vergangenheit geeinten Volkes, das gemeinsame Kultur, Traditionen und eng verflochtene persönliche und Familienbeziehungen hatte, in Einklang gebracht werden? Kann ein Volk unendlich lange in durch Grenzen und Mauern geteilten Ländern leben? Kennen die deutschen Freunde und wir ein Mittel, das die Vereinigung der beiden deutschen Staaten verhindern könnte? Eine Antwort konnte nur die Geschichte geben.

Ich war kein Neuling in internationalen Angelegenheiten, kannte die Lage in den osteuropäischen sozialistischen Ländern ziemlich gut. Immer stärker gelangte nicht nur ich zu der Schlußfolgerung, daß Dogmatismus in der Politik, die Übertragung unserer Vorstellungen und Ansichten ohne Berücksichtigung der historischen Erfahrungen und Spezifik dieser Länder sowie das Breshnew-Prinzip der »begrenzten Souveränität« äußerst negative Folgen zeitigten.

1963 besuchte ich als gerade ernannter Stellvertreter des Vorsitzenden der Regierung Rußlands die Tschechoslowakei. Ich reiste durch das Land, sah vieles, begegnete verschiedenen Menschen. Eine Begegnung sei hier erwähnt. Am 7. November war ich zu einer offiziellen Kundgebung eingeladen, an der sämtliche führenden Persönlichkeiten des Landes teilnahmen. Am frühen Morgen ging ich zur Gästetribüne und gesellte mich zu einer dort stehenden Gruppe.

Plötzlich kam jemand auf mich zu. Mit breitem Lächeln wandte er sich an mich: »Wjatscheslaw, ich möchte dich begrüßen. Erkennst du mich nicht wieder? Ich bin Dubček, Alexander Dubček! In den 30er Jahren gingen wir in ein und dieselbe Klasse der Schule Nr. 8 in Gorki.« Mir ging ein Licht auf. Natürlich erinnerte ich mich an ihn. Wir umarmten uns brüderlich. Dubček wußte zwar von meiner Anwesenheit, hatte aber noch keine passende Gelegenheit zu einer Begegnung gefunden. »Wir haben einander vieles zu berichten«, fuhr er fort. »Beachte bitte, daß bei uns hinter der äußeren Zufriedenheit in Partei und Gesellschaft Probleme wachsen. Wir brauchen Veränderungen, und der größte Teil der

Führung will sie nicht. Ich weiß nicht, was daraus wird, aber ich entschied mich für den Kampf. Und ich stehe nicht allein. Mag sein, du hörst noch von uns. Wichtig ist, daß man bei euch versteht, es geht um die Interessen eurer und unserer Partei. Ich war froh, dich – wenn auch so kurz – vor den Augen der Führung zu treffen. Dort ist dein Platz, geh hin.«

Dubček berührte meine Schulter und stieß mich leicht. Man kann sich alles mögliche vorstellen, aber so etwas ... Man sagt, ein Berg kommt niemals zu einem anderen Berg, aber die Menschen ... Und wieder eine unvergeßliche Erinnerung im Herzen. Mit solchen Gefühlen und Überlegungen begab ich mich nach Berlin zu meiner neuen Arbeit.

Wieder in Berlin
Erste Begegnungen
Erste Eindrücke

Am Tag nach meiner Ankunft in Berlin empfing mich Erich Honecker zur Übergabe des Beglaubigungsschreibens. Er begrüßte mich betont freundlich. Nach dem offiziellen Akt lud er mich gemeinsam mit Außenminister Fischer in einen anderen Saal. Dort kam es zu einer ersten Unterredung. Üblicherweise dauert ein Gespräch in solchen Fällen 25 bis 30 Minuten, diesmal wurden es drei Stunden.

Honecker wandte sich mir zu und fragte: »Nun, womit fangen wir an? Vielleicht möchten Sie zuerst etwas sagen?« Ich willigte ein. Ohne mich in Details zu verlieren, begann ich einige prinzipielle Standpunkte aus unserer Sicht darzulegen, die das Niveau und die Perspektiven der Zusammenarbeit zwischen unseren Ländern und Parteien betrafen. Dabei hob ich nachdrücklich die Notwendigkeit hervor, gemeinsam nach Wegen zur Erhöhung ihrer Effektivität zu suchen, die real vorhandenen großen Reserven zu nutzen. Das wichtigste war dabei das Zusammenwirken auf den Gebieten Handel, Wirtschaft und im wissenschaftlich-technischen Bereich, eine genauere Bestimmung der Prioritäten, die Schaffung engster Kooperation und moderner Technologien.

Zudem äußerte ich einige Überlegungen zu Fragen der Beziehungen mit der DDR und unterstrich die Notwendigkeit einer verbesserten Koordination der Politik in den deutschen Angelegenheiten. Honecker hörte aufmerksam zu, machte sich Notizen. Allem Anschein nach hatte er sich auf dieses Gespräch vorbereitet und Fragen, auf die ich im Laufe der Unterredung zu sprechen kommen könnte, vorausgesehen. Nach dem ich geendet hatte, zog er einige kleine beschriebene Blätter aus der Tasche. Nach einem Blick darauf begann er zu sprechen.

Am Anfang erklärte er, daß es zwischen SED und KPdSU volle Übereinstimmung der Ansichten sowohl zu den bilateralen Beziehungen unserer Staaten als auch in den internationalen Angelegenheiten gäbe. Er betonte das lebenswichtige Interesse der DDR am Ausbau dieser Beziehungen, in erster Linie auf dem Gebiet der Wirtschaft. Nachdrücklich hob er die Errungenschaften der DDR hervor. »Unser prinzipieller Kurs auf Einheit der Wirtschafts- und Sozialpolitik hat sich völlig bestätigt«, sagte er. Er werde auch weiterhin das Wichtigste in Politik und Praxis der SED sein. Den Worten Honeckers zufolge näherte sich das Lebensniveau der Bevölkerung der DDR unentwegt dem der BRD. 1990 werde zum Beispiel die Wohnungsfrage als soziales Problem in der DDR gelöst. Die Stimmung der Menschen schätzte er als gut, die politische Situation in der Republik als stabil ein. Ich möchte sofort darauf hinweisen, daß ich vieles von dem, was er mir sagte, später in verschiedenen Variationen wieder hören konnte – bei Honeckers Begegnungen mit sowjetischen Vertretern, beginnend mit dem höchsten.

Von den Schwierigkeiten hob Honecker zwei Aspekte hervor. Der erste: die destruktive Politik der BRD gegenüber der DDR; der zweite: das Fehlen von Energieträgern in der Republik und deren fast völlige Abhängigkeit von der Sowjetunion auf diesem Gebiet. Er verbarg seine Unzufriedenheit nicht, daß die sowjetische Seite auf eine Ausweitung dieser Lieferungen nicht einging. Das Thema Erdöl- und Gaslieferungen aus der UdSSR zog sich durch alle Gespräche Honeckers mit den Mitgliedern unserer Führung. Es gab zum Beispiel mit Michail Gorbatschow keine einzige Begegnung, während der diese Frage nicht aufgeworfen wurde.

Ich möchte noch zwei Punkte erwähnen, die Honecker im Gespräch streifte. Er schätzte die Situation im Rat für Gegenseitige Wirtschaftshilfe ziemlich skeptisch ein, sprach sich für eine Reform dieser Organisation aus, damit sie effektiver werde. Bemerkenswert war auch ein weiterer Gedanke: In außenpolitischen Angelegenheiten müsse man den sozialistischen Ländern auch in internationalen Foren größere Möglichkeiten geben, die Gemeinschaft interessierende Fragen aufzuwerfen, ohne alles in einem Zentrum zu monopolisieren. Seiner Meinung nach war die Praxis der vorherigen Abstimmung außenpolitischer Schritte der Sowjetunion zu verbessern, bei der man »uns, wie es manchmal der Fall ist, in Kenntnis setzt, nachdem die Dinge schon erledigt sind«.

»Wahrscheinlich möchten Sie durch die DDR reisen?« fragte Honecker. Ich bestätigte, daß ich genau das vorhatte. »Dann rate ich Ihnen , mit Rostock zu beginnen. Sehen Sie sich um, sprechen Sie mit den Menschen. Es wird für mich sehr wichtig sein, Ihre Eindrücke zu hören.« Ich hatte Honecker einige Jahre nicht getroffen. Er sah ausgezeichnet aus, wirkte straff und konzentriert. Doch von seinen Augen hinter den Brillengläsern ließ sich schwer ablesen, was er in Wirklichkeit dachte.

Ich erinnerte mich einer Begegnung in Moskau auf dem offiziellen Empfang nach dem Abschluß des XXV. Parteitages der KPdSU. Gemeinsam mit meinen Arbeitskollegen stand ich bei ausländischen Gästen. Plötzlich kam ein junger Mann auf mich zu und sagte, daß man mich zum Tisch des Präsidiums bitte. Dort saßen die Mitglieder der sowjetischen Führung und die Leiter einiger ausländischer Delegationen. Ich kam heran, neben Breshnew hatte Honecker Platz genommen. Als er mich sah, stand er auf, begrüßte mich herzlich und sagte, daß er gebeten hätte, mich einzuladen – »Ich möchte Sie sehen.« Ich wurde gebeten, neben Honecker Platz zu nehmen. Er begann ausdrucksvoll, den Anwesenden von unserer langen Bekanntschaft zu erzählen, von gemeinsamer Arbeit in der internationalen Jugendbewegung, von Begegnungen im Berlin der ersten Nachkriegsjahre. Die Unterhaltung war unbefangen, offen und fand durchaus das Interesse der Zuhörer.

Welchen Eindruck hatte ich von der ersten Begegnung in Berlin gewonnen? Honecker zeigte sich als ein Mensch, der überzeugt war, alles optimal zu tun – die Führung der DDR hat ein durchdachtes, begründetes Programm, das kontinuierlich erfüllt werden muß und keine Zweifel zuläßt. Honeckers Umgebung verheimlichte nicht, daß es in der sozialistischen Gemeinschaft keine Persönlichkeit gab, die ihm gleich ist.

Es bedurfte großer Kunst, ihn zu einem offenen Gespräch zu bewegen, mehr noch zur Anerkennung von Fehlern und falschen Kalkulationen . Er war nicht völlig aufrichtig. Es gab Fragen, Themen, Sphären, die uns völlig verschlossen waren. Nein, man durfte ihn sich keinesfalls in der Rolle des gehorsamen Vollstreckers des Willens des »älteren Bruders« vorstellen. Für Honecker war Breshnew gerade richtig. Es gelang ihm, sich Breshnew zu nähern, indem er seine bekannten Schwächen ausnutzte. Honecker geriet leicht in Erregung und konnte in einem solchen Zustand extreme Einschätzungen abgeben und manchmal auch Entscheidungen treffen. Auch richtig ist, daß er angesichts überzeugender Beweise, Argumente und realer Faktoren häufig auch zu richtigen Schlußfolgerungen kam. Und noch eins. Augenfällig war seine Selbstdisziplin, was zu einer gewissen Glorifizierung seiner Persönlichkeit beitrug.

Binnen kurzem traf ich damals die Mitglieder des Politbüros des ZK der SED und der Regierung der DDR. Viele kannte ich seit langem aus meiner früheren Tätigkeit in der Republik. Die meisten erzählten mir gerne und, wie mir schien, offen von ihren Angelegenheiten. Trotzdem spürte ich bei manchen Treffen ein gewisse Zurückhaltung, irgendeine unsichtbare Grenze, die nicht überschritten wurde. Das war auch bei Zusammenkünften mit jenen offenkundig, zu denen ich in der Vergangenheit vertrauensvolle Beziehungen unterhalten hatte. Manchmal wurden scharfe Probleme berührt, aber nur unklar, in halben Andeutungen zusammengefaßt. Später verstand ich, was in den Klammern stand und die Partner nicht sagen mochten.

Sie alle unterlagen einer harten Disziplin, waren an streng festgesetzte offizielle Doktrinen gebunden. Daraus zog ich besonderen Nutzen. Um jene Beziehungen herzustellen, an denen der Botschafter interessiert war, mußte er umsichtig, aber aktiv und äußerst individuell handeln. Bis in Nuancierungen mußte er die Sphäre der Pflichten jedes Partners kennen, innere Triebfedern der kollektiven Verantwortung ausfindig machen. Ich begriff auch etwas anderes. Wenn man davon ausging, daß sich die Menschen mit der Zeit veränderten, warum könnte man dann nicht annehmen, daß das gleiche Gefühl auch bei der Zusammenkunft mit dem neuen Botschafter entsteht. Dies um so mehr, wenn man ihn bereits aus früherer Zeit gut kannte. Also war das reine Blatt Papier aufs neue auszufüllen.

Es waren einige Monate erforderlich, bevor ich mit dem »wer ist wer« zurechtkam und als wichtigstes die Kräftegruppierung in der Führung erkannte. Auf vieles kam ich allein, bei anderen Dingen halfen mir einzelne Mitglieder des Politbüros des ZK und der Regierung, Klarheit zu gewinnen. Aber nicht nur sie. Vieles erfuhr ich während der Reisen durch die Bezirke, bei den Begegnungen mit den Menschen. Hier gab es im Prinzip keine besonderen Probleme, es ging nur um die Auswahl und den Zeitpunkt.

Meine Reisen durch die Bezirke begann ich in Rostock. Diesmal sah ich eine ganz andere Stadt – die neu aufgebaute, gemütliche, von »Hansekolorit« gefärbte Stadt mit ihren liebevoll restaurierten alten Vierteln. Im neuen Hafen herrschte reger Schiffsverkehr. Die Küste entlang breiteten sich große Schiffswerften aus. Wir fuhren hin, überall wurde eifrig gearbeitet. Die Betriebe waren entweder neu oder gründlich rekonstruiert. Die Chefs des Bezirkes und der Werften betonten, daß all das in den letzten Jahren gebaut worden sei. Entstanden war es hauptsächlich, um Bestellungen aus der Sowjetunion auszuführen. Prinzipiell war der gesamte Schiffbau auf sowjetische Aufträge orientiert. Ich traf Vertreter unserer Vereinigung »Sudoimport«, Abnahmefachleute. Wie aus einem Munde äußerten sie hohe Wertschätzung für die Produktion. Einige deutsche Produzenten klagten freilich, daß die Abnehmer zuviel auszusetzen hätten und sie zwangen, viel Zeit bei der Beseitigung von Mängeln zu verlieren. Sie räumten jedoch ein, daß man auch eine gute Seite sehen könne – aus höherer Qualität zögen beide Seiten Vorteile.

Besonders reizvoll ist die Insel Rügen. Überall befinden sich Touristenzentren, Hotels, Camping-, Erholungs- und Sporteinrichtungen. Viele Gäste, besonders in der Sommersaison. Es gab viele Touristen aus der BRD, osteuropäischen Ländern, der Sowjetunion. Die Bezirksleitung meinte, daß es unglaublich kompliziert sei, so viele Gäste zu betreuen. Zudem war die Zentrale mit Hilfe nicht sehr freigiebig. An der Küste gab es einige Sanatorien und Hotels von internationaler Klasse, viele Privatvillen. Die Hausherren waren hauptsächlich Vertreter der Intelligenz. Selbstverständlich war es für mich interessant, die führenden Leute des Bezirkes anzuhören. Sie sprachen von Erfolgen, aber auch von Problemen.

Der Erste Sekretär der Bezirksleitung Rostock der SED, Timm, vertraute mir unter vier Augen seine Einschätzung der Lage in der Republik und in der SED an. Er äußerte sein Mißfallen, daß im ZK der SED praktisch jede Diskussion fehlte. ZK-Tagungen seien ein Gespräch »von oben nach unten«. Selbstkritik bliebe im Prinzip aus. Schüchterne Versuche zu einigen Anmerkungen blieben unbeachtet oder trafen – schlimmer noch – auf Abweisung. Viele seien mit einer solchen Situation unzufrieden, wüßten aber nicht, wie diese Praxis zu verändern wäre. Die Führung wolle die Basis nicht hören und das sei sehr schlecht.

Die nächste Stadt auf meiner Reise war Karl-Marx-Stadt, das frühere und heutige Chemnitz. Eines der größten Industriezentren der DDR. Am Ende des Krieges wurde es fast völlig zerstört. In der Stadt baute man große Wohngebiete, aber von einer einheitlichen städtebaulichen Idee fand sich keine Spur. Es gab einige besondere Bauten – die Universität, das Verwaltungszentrum der Industriekombinate, Kultur- und Sportobjekte. Ringsumher schöne Natur, ein entwickeltes Straßennetz. Vieles deutete auf die Nähe zur Grenze mit der BRD. Mein erster Besuch galt dem Kombinat für Werkzeugmaschinen. Ich interessierte mich dafür, weil ich wußte, daß es sich auf die Produktion modernster Werkzeugmaschinen spezialisiert hatte. Davon überzeugte ich mich und erfuhr auch, was eine Kooperation mit analogen Betrieben bei uns bringen konnte. Das Werk hatte Beziehungen zum Werkzeugmaschinenbetrieb in Iwanowo, der ebenfalls Produkte von Weltniveau herstellte. Natürlich wurde die dringende Notwendigkeit solcher Kooperation Hauptthema der Gespräche im Kombinat. Mir gefielen die Leiter, die ingenieur-technischen Mitarbeiter sehr. Das waren schöpferische, auf die Suche neuer Lösungen orientierte, energische und offene Menschen. Die Arbeiter mochten ihre Arbeit gern und waren stolz auf deren Ergebnisse.

In der Bezirksleitung der Partei lenkte der 1. Sekretär Lorenz die Aufmerksamkeit auf sich. Er war ein intelligenter, konzentrierter Mann, der seine Gedanken exakt formulierte, einen Blick für die Probleme des Landes besaß und sich in den Beziehungen mit der BRD gut auskannte. Er machte keine weitreichenden Einschätzungen, sah aber eine reale Gefahr für die Wirtschaft und auch die Partei. Er sagte, daß die Zahl der Organisationen der Partei keinesfalls das wichtigste Kriterium sei. In der Partei seien viele nach dem Prinzip »eingeschrieben«: Wenn die Partei regiert, so muß man drin sein. Lorenz stellte beharrlich die Frage der Entwicklung von Partnerbeziehungen der DDR-Bezirke mit Bezirken und Gebieten der Sowjetunion. Man könne sehr viel auf örtlicher Ebene tun, müsse den Menschen vielfältige Möglichkeiten für gegenseitige Besuche einräumen.

Anschließend kam ich nach Dresden. Für diese Stadt interessierte ich mich aus vielen Gründen. Dabei ging es um die besondere Geschichte der Stadt und um Hans Modrow, den ungewöhnlichen 1. Sekretär der Bezirksleitung. Das Schicksal der Stadt ist bekannt. Sie wurde ohne irgendeine militärische Notwendigkeit von amerikanischen Bombern völlig vernichtet, als schon das Ende des Krieges abzusehen war. Dresden war ein ganzer Komplex von Problemen. Es wurde nicht wenig gebaut, vieles war bereits wiederhergestellt.

Zugleich gab es einen Mangel an Wohnungen, Schwierigkeiten mit der Betreuung der großen Zahl von Touristen, die die einzigartigen und weltbekannten Werke der Kunst und Architektur besichtigen wollten.

Selbstverständlich besuchte ich mit Robotron eines der führenden Industriekombinate der DDR. Dort verbrachte ich fast einen ganzen Tag. Ich sprach mit Experten und Arbeitern. Ich überzeugte mich davon, daß man sich viel Mühe gab, die Mikroelektronik auf modernes Niveau zu bringen und das Kombinat in vielerlei Hinsicht auf den Export in die Sowjetunion orientiert wurde. Die Atmosphäre im Betrieb gefiel mir – Interesse an einer Zusammenarbeit mit uns, Suche nach modernsten technologischen Lösungen, Streben nach Kooperation mit entsprechenden Betrieben. Dresden unterhielt sehr enge Partnerbeziehungen mit Leningrad, dem heutigen St. Petersburg, worin die Bezirksleitung eine große Chance sah.

Modrow war sehr aufrichtig. Er kritisierte den administrativen Kommandostil in der Arbeit des Politbüros des ZK der SED und Erich Honeckers. Ich habe mehrfach versucht, sagte er, meine Beurteilungen auf Sitzungen des ZK der SED offen auszusprechen. Das sei aber entweder untersagt oder nicht »beachtet« worden. So dürfe es nicht weitergehen. Die Partei gerate in eine Krise und solange es nicht zu spät sei, müsse man vieles ändern. »Man kontrolliert mich«, setzte er fort. »Nach jedem ZK-Plenum reisen Kommissionen an und prüfen aus diesem oder jenem Anlaß. Ich verstehe, sie suchen einen Vorwand, mich von meinem Posten zu entbinden. Aber davor habe ich keine Angst und werde gegen diesen Schematismus kämpfen, der die Partei mit sich fortreißt.« Zuletzt stellte er mir unerwartet die Frage : »Wir haben eine Anordnung: Wenn der sowjetische Botschafter kommt, sind wir verpflichtet, darüber eine Information an das ZK der SED zu schicken. Ich möchte das mit Ihnen vorher abstimmen, was ich nach Berlin schicke.« Er las den Text vor, der in ein paar Tagen auf dem Tisch von Honecker liegen würde.

Die Persönlichkeit von Hans Modrow fand in der Republik großes Interesse. Vor allem natürlich in der Partei. Damals war es noch schwer vorauszusagen, wie sich alles entwickeln wird. Mit aller Bestimmtheit kann ich sagen, daß ich während meiner Reisen durch die Bezirke und auch aus anderen Anlässen zumeist eine hohe Wertschätzung für die Positionen Modrows seitens der Sekretäre der Bezirksleitungen feststellen konnte. Übrigens sagten mir einige, daß er sich vorsichtiger verhalten müsse – man könnte ihn sonst »aus dem Sattel werfen«.

Als nächste Stadt besuchte ich Leipzig. Im Vergleich zu früheren Aufenthalten war es im Zentrum kaum verändert. Riesige graue Gebäude, imposante Denkmäler, ein großer Universitätskomplex und die ausgezeichnete Konzerthalle des »Gewandhauses«. All das befand sich in der Umgebung alter, zuweilen baufälliger, verrußter Gebäude. Ein schwieriges wirtschaftliches Umfeld. Im Stadtzentrum lag der große Austellungskomplex, wo zweimal jährlich die Messe stattfand. Stets kam aus diesem Anlaß eine Regierungsdelegation der Sowjetunion.

Die Messen boten gute Möglichkeiten für wichtige Begegnungen der DDR-Führung mit westlichen Vertretern. Vor allem aus der BRD kamen bekannte Politiker und einflußreiche Vertreter der Geschäftswelt. Häufig fanden die wichtigsten Treffen mit Honecker unter vier Augen statt. Es genügt, sich an einige Gespräche mit Franz-Josef Strauß zu erinnern. Gerade bei solchen Gelegenheiten wurden heikle finanzielle und ökonomische Fragen, aber auch andere Dinge erörtert. Selbstverständlich ging es auch um die Bedingungen von Krediten der BRD für die DDR. Während meiner siebenjährigen Tätigkeit als UdSSR-Botschafter weilte ich mindestens zwanzigmal in Stadt und Bezirk. Leipzig war ein

Zentrum des Maschinenbaus, der Chemie, Elektronik, polygraphischen Industrie. Hier gab es neben bedeutsamen Einrichtungen der Wissenschaft, Ausbildung und Kultur auch eine Fülle von Problemen, die zur Lösung anstanden. Aus meinen ersten Gesprächen mit der Bezirksleitung konnte ich freilich nichts Bemerkenswertes entnehmen. Auffällig war hingegen eine umfangreiche Aktivität der Kirche. In der Stadt entstanden neue Gotteshäuser, die nicht nur kirchlichen Bedürfnissen entsprachen. Die Kirchen waren zugleich gut geeignet für die Massenarbeit mit der Bevölkerung, in erster Linie der Jugend. Ich komme darauf noch zurück, wenn sich Leipzig in einem anderen Licht zeigen wird.

Ich besuchte alle Bezirke der DDR, will aber nur noch das Wichtigste meiner Eindrücke von Reisen und Begegnungen mitteilen. Ich sah unzweifelhafte und offensichtliche Erfolge, wohltuende Umgestaltungen, aber auch komplizierte Probleme. Trotzdem war das schon eine andere DDR als jene vom Anfang der 70er Jahre. Die DDR gehörte nach dem Niveau der wirtschaftlichen Entwicklung und der Lebensqualität der Bevölkerung zu den zehn entwickeltsten Ländern der Welt. Ihre realen Errungenschaften auf sozialem Gebiet beeindruckten.

Anfang der 80er Jahre genoß die DDR breite internationale Anerkennung, gestaltete eine aktive Außenpolitik. Sie war gleichberechtigtes Mitglied der Organisation der Vereinten Nationen, Teilnehmer des KSZE-Prozesses. Sie spielte eine sehr wichtige Rolle in der sozialistischen Gemeinschaft, war faktisch unser wichtigster militär-strategischer, wirtschaftlicher und politischer Partner. Man kann sich die Außenpolitik der DDR auch nicht ohne Berücksichtigung ihrer großen und vielfältigen Hilfe für Entwicklungsländer und die nationalen Befreiungsbewegungen vorstellen. Sie fand in der Weltgemeinschaft großes Interesse. Die Republik wurde oft von Staatschefs und anderen Repräsentanten aus

Ländern aller Kontinente besucht. Und das war noch nicht der Gipfelpunkt der internationalen Position der DDR. Dieser wurde Mitte der 80er Jahre erreicht, als Honecker in die BRD und nach China reiste. Das ist die Wahrheit, so war es.

Man konnte aber auch hören, daß die Republik von einem hochbetagten und kranken Menschen geführt wurde. Solche Vereinfachung hilft jedoch nicht bei der Suche nach der Wahrheit. In der Führung gab es Leute, die wahrscheinlich hätten gehen müssen, um jüngeren Kräften freie Bahn zu geben. Solch eine Rotation war unumgänglich. Ein Rätsel bleibt es für mich bis heute, warum Honecker trotz dieser offenkundigen Erkenntnis hartnäckig nichts unternehmen wollte. Später ging er einzelne Schritte, die das Bild ein wenig veränderten. Vielleicht ließ ihn zögern, daß es um erfahrene, mit ihren Angelegenheiten vertraute Menschen ging. Sie waren auch vollkommen loyal, was sehr wichtig war. Unter den Ministern und den Bezirkssekretären gab es zahlreiche interessante, kenntnisreiche, energische und starke Persönlichkeiten. Mit vielen von ihnen arbeitete ich eng zusammen.

Den Gesamteindruck ergänzten meine Begegnungen mit den Vorsitzenden der sogenannten Blockparteien, die zur Nationalen Front gehörten. Mit ihnen traf ich mich häufig, und diese Begegnungen gaben mir viel. Vielleicht halfen sie mir auch, eine große politische Schicht besser zu erkennen, die nicht gebührend in das staatliche und gesellschaftliche Leben der DDR einbezogen wurde. Die Vorsitzenden der Parteien sagten mir während eines Treffens, daß sie einem sehr starken Druck der »Basis« ausgesetzt seien, die sich nicht mit der passiven Rolle ihrer Parteien zufrieden geben wolle. Wie ich mich später überzeugte, lag darin ein großer strategischer Fehler der SED-Führung. Er hatte später negative Folgen für die Partei.

Kontakte mit der Intelligenz hatten für den Botschafter in

seiner Tätigkeit ein zentrales Interesse. Sie weiteten sich mit der Zeit aus und trugen zum Verständnis der in der Republik ablaufenden Prozesse bei. Es wurde vor allem klar, daß sich gerade in diesem Milieu die wohl schärfsten Probleme anhäuften. Die SED selbst gab in erster Linie mit ihrer Politik auf dem Gebiet der Kultur und Wissenschaft vielerlei Anlässe für Unzufriedenheit in den Reihen der Intelligenz. Mehr noch. Eine scharfe Reaktion riefen Zeichen des Dogmatismus, die Angst vor einem offenen Wort, wahrhafter Darstellung des Lebens und Kritik seiner einzelnen Seiten hervor. Das war eine verschleppte Krankheit.

Bereits Ende der 60er Jahre bemerkte ich bei meiner erstmaligen Tätigkeit in der Botschaft häufig Anzeichen von Administrieren, der Ungeduld gegenüber der Freiheit des Schaffens. Wegen unbedeutender Zeichen des »freien Denkens« wurden Schriftsteller, Musiker, Künstler oder Wissenschaftler von bisweilen auf diesem Gebiet wenig beschlagenen Parteiorganen öffentlicher Kritik unterzogen. Ich entsinne mich eines Wortes von Kurt Hager, der damals im ZK der SED arbeitete. Er meinte, daß »eine unzulässige Situation entsteht. Falls das fortgesetzt wird, verlieren wir viele begabte Menschen und bleiben ohne Intelligenz.« Er leugnete nicht, daß all das von »oben« ausgeht. Und »oben« war Walter Ulbricht. Wir ließen nicht unbeachtet, was offenkundig wurde. Wir studierten und analysierten sorgfältig und setzten in einem politischen Sonderschreiben der Botschaft Nikita Chruschtschow davon persönlich in Kenntnis. Das Material war von mir und einem kleinen Kreis Diplomaten vorbereitet worden.

Interessant wurde es kurz danach. Chruschtschow nahm das Dokument der Botschaft zur Kenntnis und wurde unruhig. Schon beim ersten Treffen mit Ulbricht sprach er in der ihm eigenen kategorischen Form wegen des Verhaltens des ZK der SED gegenüber der Intelligenz seine Besorgnis aus.

Geradeheraus erklärte er, daß linke Überspitzungen, um so mehr die Herabsetzung von Vertretern schöpferischer Arbeit, zu einer ernsten Verschärfung der Situation im Lande führen könnten. Das ZK der SED nahm Korrekturen vor, begann Wege für eine erneuerte Zusammenarbeit mit der Intelligenz zu suchen und sich um die Verbesserung ihrer Arbeits- und Lebensbedingungen zu kümmern.

Als ich 1960 nach Moskau zurückkehrte, sah ich aber nur kurze Zeit später, was für eine Kampagne Chruschtschow selbst zur »Erziehung« der sowjetischen schöpferischen Intelligenz entfaltete. Wie man sagt, sind Gottes Wege unerforschlich. Ich hatte die Gelegenheit, an den bekannten Treffen der sowjetischen Führung mit den angesehensten Vertretern der Weltkultur und -kunst teilzunehmen. Im Gedächtnis blieben besonders jene im Kreml und im Pionierpalast auf den Lenin-Bergen. Aufgeregt »rüffelte« Chruschtschow einige Schriftsteller und Dichter. Kritik brach über Ehrenburg und einige andere herein und auf der Kunstaustellung in der Manege über Njeiswestny. Und das war »Tauwetter«! Ich verließ diese Treffen mit unguten Gefühlen.

Dabei dachte ich unwillkürlich an die DDR zurück. Die SED-Führung war in ihrer Politik gegenüber der Intelligenz keineswegs originell. Wenn man das alles weiter und von prinzipiellen Positionen aus betrachtete, kam man leicht zu der Schlußfolgerung, daß Diskrepanzen mit der Intelligenz, eine falsche Politik gegenüber Kunst- und Kulturschaffenden sämtlichen regierenden Parteien der osteuropäischen Länder eigen waren. In der DDR vertieften sie sich angesichts der Nachbarschaft mit der BRD. Scharfe Reaktionen fand bei Schriftstellern, Wissenschaftlern, Kulturschaffenden unter anderem die Praxis der Teilung in »Ausreisende« und »Hierbleiber«. Vor dem Hintergrund der Reisen von Millionen Menschen in die BRD und Westberlin sowie von dort in die DDR war das an und für sich schon beleidigend. Dabei nahm dieser Strom mit jedem Jahr zu. Das Vorgehen stand im Zeichen blanken Administrierens, was die Menschen zuweilen traumatisierte. Auf die Rolle der Intelligenz im Schicksal der DDR komme ich noch zurück.

Wie es sich gehörte, stattete ich den in der DDR akkreditierten Botschaftern Visiten ab. In den meisten Fällen trugen die Unterredungen protokollarischen Charakter, es gab aber auch Ausnahmen. Bei Zusammenkünften mit Botschaftern einiger westlicher Länder konnte man offenkundiges Interesse für die sowjetische Einschätzung der Lage in der DDR erkennen, für schwierige Probleme, die es nach ihrer Meinung im Verhältnis der Sowjetunion mit dem Gastland gab. Eigene Einschätzungen wurden dabei in der Regel vermieden. Später änderte sich das, und vielfach entwickelten sich sehr gute, interessante und sachliche Beziehungen. Wir kamen oft zusammen, aus verschiedenen Anlässen oder auch ohne. Viele Diplomaten verfügten über umfangreiche Erfahrungen, hatten bereits in mehreren Ländern gearbeitet. Sie waren hinreichend aufrichtig und leugneten nicht ein besonderes Interesse an ihrer Tätigkeit in der DDR. Ich bemerkte, daß sie sehr aktiv waren, besonderen Wert auf Kontakte mit der Elite der schöpferischen und wissenschaftlichen Intelligenz der DDR legten. Empfänge, musikalische und literarische Abende, an denen ich übrigens fast immer teilnahm, folgten einander häufig. Ich hatte freilich eigene umfangreiche persönliche Kontakte mit der Intelligenz, kannte diese Menschen gut und bemühte mich, ihnen meine Aufmerksamkeit zu widmen.

Mit der Zeit nahm das Interesse der Botschafter westlicher Länder für die DDR zu. Hier wurde eine Veränderung des Verhaltens gegenüber der ganzen deutschen Region seitens der Führungen dieser Länder offenkundig. Botschafter sagten mir, daß sie mindestens einmal im Jahr von den Präsidenten oder Regierungschefs zur persönlichen Berichterstattung geladen wurden. Der amerikanische Botschafter erwähnte beispielsweise, daß sowohl Reagan als auch Bush binnen drei Stunden ihre Informationen, Einschätzungen oder Prognosen, die die Situation in der DDR und der deutschen Region insgesamt betrafen, zur Kenntnis nahmen.

Mit solcher Aufmerksamkeit wurden wir nicht verwöhnt. Vor jedem Empfang bei Schewardnadse warnten mich seine Mitarbeiter streng: »Bitte, nicht länger als 5 Minuten.« So war das. Wenn ich bei Gorbatschow war, wurde ich gleichfalls gewarnt, daß er sehr beschäftigt wäre und mir nur einige Minuten widmen könne. Doch der Gerechtigkeit halber sei hinzugefügt, daß die Unterredungen mit Gorbatschow viel mehr Zeit in Anspruch nahmen, insbesondere in der ersten Periode. Er hörte mit einer besonderen Aufmerksamkeit dem Botschafter zu , erteilte Ratschläge und Anweisungen. Später war das aber nicht mehr der Fall.

Was die Botschafter der sozialistischen Länder betrifft, so überzeugte ich mich schon bei unseren ersten Zusammenkünften von ihrem aufrichtigen Interesse an möglichst engen, vertrauensvollen Beziehungen zum sowjetischen Botschafter. Sie hatten den Wunsch, ihre Wertungen mit unserer Sicht zu vergleichen. Zu ihnen gehörten Diplomaten von hohem Professionalismus. In ersten Gesprächen äußerten sich einige von ihnen zu Aspekten der Politik der DDR-Führung und werteten sie zuweilen kritisch. Insgesamt unterhielt ich während meiner Tätigkeit in der DDR gute Beziehungen zu vielen Botschaftern und erinnere mich ihrer mit Achtung und Wertschätzung.

Westberlin war für den sowjetischen Botschafter ein besonderes Aktionsfeld. Dieses teilte sich nach zwei Aspekten: in Beziehungen zu den führenden Kreisen und zur Öffentlichkeit von Westberlin sowie die Zusammenarbeit mit den Botschaftern der USA, Großbritanniens und Frankreichs in der BRD als Chefs der politischen und militärischen Administrationen dieser Länder in Westberlin. Ich stattete Richard von Weizsäcker als Regierendem Bürgermeister einen Besuch ab, kam mit ihm auch mehrere Male in seiner Residenz oder in der sowjetischen Botschaft zusammen. Er machte Eindruck, zeichnete sich durch Taktgefühl und Kompromißstreben in den nicht selten schwierigen Situationen aus. Bei Treffen mit ihm wurden dem Ausbau direkter, beiderseits nützlicher Beziehungen auf den Gebieten Wirtschaft, Wissenschaft, Kultur und Medizin zwischen Westberlin und der Sowjetunion erste Impulse gegeben. Die ersten Zusammenkünfte mit den westlichen Botschaftern als Partnern der Vierseitigen Vereinbarung trugen eher formalen Charakter. Nicht zu übersehen waren Versuche, diese Treffen für die Wiederholung längst bekannter Fragen an die sowjetische Seite zu nutzen und über den UdSSR-Botschafter Forderungen gegenüber der DDR geltend zu machen. Später konnten wir ein neues Herangehen in unseren Beziehungen gegenüber der Westberlin-Problematik ausarbeiten. Man muß unterstreichen, daß die Berlin-Frage ständig im Mittelpunkt der Aufmerksamkeit der sowjetischen Botschaft stand und sehr viel Zeit und Kraft forderte.

Einige Worte zur Botschaft. Hier arbeitete ein großes Kollektiv, darunter viele hochqualifizierte Diplomaten-Germanisten. Nur selten gab es in der Botschaft drei Berater-Gesandte. Leider wurden sie einer nach dem andren ins Zentrum abberufen. Übrigens wurden sie alle nach einiger Zeit selbst zu Botschaftern ernannt und damit »selbständig«. Ich bedauerte die Trennung von ihnen, denn das schadete unserer Tätigkeit und widersprach dem Vorrang, den die Arbeit in der DDR hatte. Eine besondere Stütze waren die Diplomaten auf der »mittleren« Ebene, in der Regel gut ausgebildete, initiativreiche und denkende Menschen. Sie trugen die Hauptlast einer vielfältigen und sehr komplizierten Arbeit.

Von ihrer besten Seite zeigten sie sich in den Jahren 1989/90, also der schwersten Zeit. Dankbar denke ich an sie und auch an jene zurück, die unmittelbar mit dem Botschafter zusammenarbeiteten. Nicht selten kam es aber auch vor, daß die Zentrale Menschen ohne jede Perspektiven entsandte, die der Vertretung kaum Nutzen brachten. Mehrfach forderte ich von Moskau Veränderungen in der Kaderpolitik, doch kam es zu keiner Verbesserung der Situation.

Die Perestroika und die DDR
Jakowlew bei Honecker
Ein Gespräch auf der Jagd

Der XXVII. Parteitag der KPdSU. Neue Konzeptionen, eine neue Zeitrechnung. Vielleicht ein neuer historischer Abschnitt von Weltbedeutung. Es gab viele Hinweise, daß der Kurs auf eine Umgestaltung der sowjetischen Gesellschaft vom Volk gebilligt wurde. Die Menschen schauten hoffnungsvoll auf den neuen Generalsekretär. Ein junger, energischer, schlagfertiger Mann. Die Blicke der Weltöffentlichkeit richteten sich wieder auf Moskau, erste Einschätzungen waren von einem vorsichtigen Optimismus geprägt.

Später las ich Publikationen, in denen die Autoren nicht nur rhetorisch fragten, ob die Perestroika überhaupt notwendig war. Auch von mir wollte man erfahren, wann, wo und weshalb die Ideen von Perestroika und Glasnost entstanden. Trotz aller Mängel waren die 70er und der Beginn der 80er Jahre, später als »Stagnationszeit« benannt, doch jene Periode, in der die Sowjetunion den Höhepunkt ihrer wirtschaftlichen Entwicklung erreichte. Sie gehörte zu den mächtigsten Staaten der Welt und übertraf diese in militär-strategischer Hinsicht sogar. Zwar blieb das Land in der Lebensqualität der Bevölkerung gegenüber dem Westen weit zurück, doch lebten die Menschen völlig ruhig, ganz zu schweigen von den offensichtlichen Errungenschaften in Wissenschaft, Bildung und Kultur. Mit solchen Einschätzungen kann man aber überhaupt nicht einverstanden sein. Gut bekannt ist, daß, abgesehen von der Verteidigungsindustrie, die Wirtschaft immer weiter hinter dem Weltniveau zurückblieb. Umgestaltung erwies sich als unvermeidlich. Die Menschen verstanden, daß man Veränderungen brauchte, daß man unmöglich so weiterleben konnte. Die Frage war aber, wie man in einem solch großen Land vorgehen kann und muß.

Die Umgestaltung in der Sowjetunion wurde von jener Lage diktiert, die sich Ende der 70er Jahre herausbildete. Der Generalsekretär Leonid Breshnew war nicht nur schwerkrank, sondern faktisch arbeitsunfähig. Die Gesellschaft geriet in die Krise. Die wirtschaftliche und politische Lage verschlechterte sich. Selbstverständlich wirkte sich das auch auf die internationalen Positionen des Landes aus. Juri Andropow schätzte als erster die Situation ehrlich ein und stellte die Frage nach der Notwendigkeit einer Perestroika. Gerade Andropow sagte dem Volk die Wahrheit, begründete einen neuen Kurs der Innen- und der Außenpolitik. Im Inneren gab er einer allmählichen Reform der Wirtschaft Vorrang, einer Erneuerung der Partei und dem kompromißlosen Kampf gegen Korruption und Verbrechen. Mit großer Hoffnung nahm das sowjetische Volk die von Andropow getroffenen Maßnahmen und seine Vorhaben auf. Dessen tragischer Tod nahm ihm jedoch die Möglichkeit, sie zu verwirklichen.

Den Staffelstab übernahm Michail Gorbatschow, als er 1985 zum Generalsekretär des ZK der KPdSU gewählt wurde. Das Programm der Perestroika legte er 1986 dem XXVII. Parteitag der KPdSU vor. Das Wesen der Konzeptionen lief in Kurzfassung auf eine neue wirtschaftliche Politik hinaus, einen allmählichen Übergang zu Marktverhältnissen, Demokratisierung der Gesellschaft und Glasnost. Die vergangenen Jahrzehnte wurden einer kritischen Analyse unterzogen. Das war nötig, um auf der Grundlage objektiver Einschätzungen prinzipielle Folgerungen zu ziehen, um sagen zu können, worauf wir verzichten und was wir stattdessen vorschlagen. Gorbatschow versuchte zu Beginn, die Gesellschaft evolutionär zu reformieren, und dieser Anfang war vielversprechend. Aber das überforderte die Kräfte Gorbatschows und seiner Mannschaft.

Es ging um ein gewaltiges multinationales Land, um einen großen Staat. Bei den Reformen kam es besonders unter der Losung »Beschleunigung« zu groben Fehlern und falschen Einschätzungen. Es offenbarte sich die Unfähigkeit, die Folgen dieser und jener Schritte vorauszusehen. Hinzu kam, daß immer stärker zerstörerische Kräfte zu wirken begannen. Zudem ist es immer leichter, zu zerstören, statt aufzubauen. Das Ergebnis: Zerfall des Staates, wirtschaftliches Chaos, Verarmung des Volkes, zwischennationale Konflikte.

Der Kurs des XXVII. Parteitages der KPdSU stand im Mittelpunkt des Interesses nicht nur unseres Landes, sondern faktisch überall. Ich erinnere mich des Interesses für die Ergebnisse des XXVII. Parteitages der KPdSU in buchstäblich allen Schichten der Gesellschaft der DDR. Wo ist der Botschafter damals nicht mit Vorträgen über die Perestroika aufgetreten – in Betriebskollektiven, landwirtschaftlichen Genossenschaften, Universitäten, Freundschaftsgesellschaften, beim Kulturbund ... Am verantwortungsvollsten waren wohl Auftritte an der Akademie für Gesellschaftswissenschaften, der Parteihochschule beim ZK der SED und auch offene »öffentliche« Auftritte, Pressekonferenzen des Botschafters im Haus der Sowjetischen Wissenschaft und Kultur, in großen Sälen der Botschaft. Es war klar, daß viele, sehr viele Menschen in der DDR die Konzeptionen des XXVII. Parteitages der KPdSU, die Perestroika begrüßten und auf einen Wandel in der DDR warteten und hofften.

Die Führung des ZK der SED und auch Honecker persönlich waren über mein Auftreten gut informiert. Kurz nach der Rede in der Akademie für Gesellschaftswissenschaften begrüßte mich der Generalsekretär mit den Worten: »Ich möchte Ihnen gratulieren.« Wozu, fragte ich. »Sie haben an der Akademie sehr gut gesprochen. Man hat mir alles berichtet, darunter auch, wie Sie auf zahlreiche Fragen geantwortet haben. Ich bitte Sie, treten Sie vor unseren Auditorien auf, das ist sehr wichtig.«

Dann änderte sich das Bild. Ich spürte, wie streng man zu reglementieren begann und unter welcher Kontrolle des Parteiapparats alles vor sich ging. Ich fragte mich: Würde die Führung der DDR die Unterstützung der Gesellschaft bei einem neuen Herangehen finden, wenn sie dazu bereit wäre? Offenkundig wurde ein Bruch zwischen der Stimmung der breiten Masse, der Basis der Partei, und der Führung des ZK der SED. Von ihr wurden prinzipielle Veränderungen erwartet, die sie aber nicht wünschte und zu denen sie auch nicht bereit war. Ich muß sofort einschränken, daß sich das später erst deutlicher offenbarte. Vorher fand der XI. Parteitag der SED statt, gab es Treffen mit Gorbatschow und ein gemeinsames Programm zur Gestaltung der Beziehungen zwischen UdSSR und der DDR auf neuem Niveau. In der zweiten Hälfte des Jahres 1987 erkannten wir in vollem Maße die Art des Herangehens der SED-Führung und Erich Honeckers an die Perestroika. Das waren keine Vermutungen mehr, sondern Schlüsse aus umfassenden Informationen und Analysen, über die die Botschaft verfügte. Moskau wurde vollständig informiert. Ich kann völlig sicher davon ausgehen, daß die Bevölkerung und die Öffentlichkeit der DDR die Beschlüsse des XXVII. Parteitages der KPdSU mit großer Hoffnung auf Veränderungen in der eigenen Republik aufnahmen. Wie aber war das nun bei der Führung der DDR?

Honecker kehrte vom XXVII. Parteitag der KPdSU offenbar sehr beeindruckt zurück. Mir gegenüber äußerte er viele gute Worte über die Bedeutung der Beschlüsse des Parteitages und seine volle Unterstützung. Es war aber auch spürbar, daß er seine Einschätzungen irgendwie teilte. Was den internationalen Kurs betraf, so befürwortete er ihn ohne Vorbehalte, bei der Bewertung unserer Konzeption für die innere Entwicklung blieb er jedoch zurückhaltend. Es war nun sehr wichtig festzustellen, mit welchen Positionen das ZK der SED im April auf dem XI. Parteitag auftreten würde. Wir erfuhren, daß einige Gruppen von Mitarbeitern des ZK, führende Vertreter der Gesellschaftswissenschaften und Ökonomen im Auftrag des Politbüros des ZK der SED sorgfältig die Materialien des XXVII. Parteitages der KPdSU studierten und Überlegungen für den Rechenschaftsbericht an den XI. Parteitag der SED vorbereiteten. Kurz darauf teilte ich Erich Honecker mit, daß eine Delegation des ZK der KPdSU unter Leitung von Michail Gorbatschow zum Parteitag kommen wird.

Man bereitete das Ereignis mit aller Sorgfalt vor, und es war klar, warum. Es waren nicht nur die Aufmerksamkeit der SED und der Bevölkerung der DDR auf Berlin gerichtet, sondern auch die Blicke der Öffentlichkeit anderer Länder. Man wartete, was denn nun dieser Parteitag, der faktisch sofort nach dem XXVII. Parteitag der KPdSU stattfand, sagen würde. Gorbatschow kam, verstand sehr gut, was der Parteitag für die DDR bedeutete. Seine Rede bereitete er äußerst sorgsam vor.

Natürlich beeindruckte vieles. Der Parteitag arbeitete mit großem Elan. Der Generalsekretär des ZK der KPdSU wurde sehr herzlich von den Teilnehmern des Parteitages begrüßt. Gorbatschow war in guter Stimmung, traf sich mit Delegierten und mit der Bevölkerung. Ich erinnere mich, wie mich Michail Sergejewitsch am zweiten Tag während einer Beratungspause in sein Auto bat und sagte: »Hör mal, fahren wir einfach in die Botschaft, zu zweit, andere Mitglieder der Delegation befassen sich mit ihren eigenen Angelegenheiten und kommen nach.« Fünf Minuten später waren wir in der Botschaft, nahmen in meinem Zimmer an einem Tisch Platz. »Ich wollte bei einem Täßchen Tee mit dir reden«, sagte der Generalsekretär. »Es ist wichtig für mich, deine Ansichten zur hiesigen Lage und den Problemen, die uns in diesem Zusammenhang interessieren, zu kennen.« Das Gespräch dauerte etwa drei Stunden, umfaßte eine Darlegung der Einschätzungen des Botschafters, Berichterstattung über die Lage, Mitteilungen über Personen und die Perspektiven des Ausbaus der Beziehungen zwischen der UdSSR und der DDR. Gorbatschow selbst sprach faktisch nicht. Ich sah, daß es ihm wichtig war, den Botschafter anzuhören.

Nach und nach kamen andere Mitglieder der Delegation, seine Berater. Gorbatschow wandte sich ihnen zu: »Wißt ihr, ich habe aus diesem Mann alles, was ich brauchte, herausgeholt und möchte sagen: Setzt euch an diesen Tisch und arbeitet am Entwurf meiner Rede an den Parteitag. Ich fahre in die Residenz.« Wir machten unsere Arbeit, begaben uns zu Gorbatschow. Er las aufmerksam, machte einige Korrekturen und bat, alles bis zum Morgen abzuschreiben. Auf der Morgensitzung des Parteitages hatte er die Rede zu halten. Nach Abschluß des Parteitages lud Gorbatschow zum Abend die Delegationsmitglieder und den Botschafter mit seiner Gattin zum Abendessen. Wie es hieß, »in unserem Kreis«. Der Hausherr war in ausgezeichneter Stimmung, redete viel.

Man konnte spüren, daß er mit der Begrüßung durch den Parteitag und der Aufnahme seiner Rede sehr zufrieden war.

Natürlich ging die Unterhaltung über den Parteitag und Fragen der DDR hinaus. Gorbatschow sprach viel von unseren inneren Angelegenheiten, erzählte alle möglichen interessanten Begebenheiten. Von Zeit zu Zeit schaltete sich Raissa Maximowna ein, dann unterbrach er sich sofort, hörte aufmerksam zu, stimmte ihr bei und setzte die Unterhaltung fort. Ich möchte nicht verhehlen, er machte in der Anfangszeit einen angenehmen Eindruck, bestach mit seiner Unbefangenheit, einfachem vertraulichem Umgang, Lockerheit. Später veränderte sich das. Aber in diesem konkreten Fall war es so.

Nach dem Parteitag und einem Aufenthalt in der DDR flog Michail Gorbatschow nach Moskau zurück. Die ganze Führung der DDR und Erich Honecker verabschiedeten ihn. Letzterer war in sehr guter Stimmung. Man spürte, daß ihm das damalige Herangehen Gorbatschows an die Probleme der DDR imponierte. Dazu kam auch ein betont freundschaftlicher Ton, um den sich unser Generalsekretär die ganze Zeit über bemühte.

Nach der Verabschiedung kehrte ich in die Botschaft zurück, ging in mein Arbeitszimmer. Da klingelt mein Sondertelefon, ich nehme ab und höre die Stimme Gorbatschows. »Ich habe beschlossen, dich noch aus der Maschine und mit frischen Eindrücken anzurufen«, sagte er. »Ich bitte dich um folgendes: Ich habe mich noch einmal davon überzeugt, wie wichtig es für uns ist, die DDR zu unterstützen und die Beziehungen mit ihr weiter auszubauen. Es gibt noch so viele ungenutzte Möglichkeiten in unserer Zusammenarbeit. Ich bitte dich, bereite einen umfangreichen Vorschlag über den Ausbau der Beziehungen zwischen unseren Ländern auf qualitativ neuem Niveau vor, alle Bereiche eingeschlossen, vor allem aber die Wirtschaft. Gehe so ernsthaft und kühn wie möglich heran. Je weitreichender diese Vorschläge, nicht einfach ausgedacht, sondern begründet und durchgearbeitet sein werden, desto besser. Ich wiederhole, wir müssen die Beziehungen mit der DDR auf ein qualitativ neues Niveau heben. Betrachte das als deine höchste Aufgabe. Ich bitte dich, befaß dich persönlich damit. Wo es nötig ist, bitte vorab deine Freunde um Rat. Wieviel Zeit brauchst du,« fragte der Generalsekretär dann, »um solche Vorschläge vorzubereiten?« Ich veranschlagte ungefähr drei Wochen. »Na gut, ich bin einverstanden«, meinte Gorbatschow. »Aber unter einer Bedingung – deine Überlegungen, auf die Länge mußt du nicht achten, schicke mir persönlich, nur mir. Abgemacht?« Ich sagte, daß wir uns damit beschäftigen und Mühe geben werden, ein Dokument zu erstellen, das die Aufmerksamkeit der Führung verdienen würde. »Ich will dir noch einmal sagen«, unterstrich Gorbatschow, »betrachte diesen Auftrag als allerwichtigsten. Ich wiederhole noch einmal – das Dokument schicke mir persönlich.«

Überflüssig zu erwähnen, daß mir eine solche Fragestellung, solch ein Auftrag imponierte und völlig meinen eigenen Vorstellungen und Erkenntnissen entsprach. An der Botschaft arbeiteten viele hochqualifizierte Fachleute, die sich bestens auskannten. Wir hatten umfangreiche Verbindungen zu DDR-Mitarbeitern verschiedener Bereiche. Bei entsprechender Organisation waren wir imstande, das benötigte Dokument zusammenzustellen. Einige Fragen wurden von uns vorher sondiert, darunter bei Mitgliedern der DDR-Führung. Als Honecker von diesen Überlegungen erfuhr, war er einfach begeistert. Er erklärte mir, daß er dieses Vorhaben voll und ganz unterstütze und unverzüglich die nötigen Aufträge für die Ausarbeitung entsprechender Vorschläge seitens der DDR erteilen werde. Es begann eine spannende Arbeit, an deren Ende ein solides Dokument stand, daß man getrost in Moskau vorlegen konnte.

Einige Tage danach erfuhr ich, daß sich Gorbatschow mit den Aufzeichnungen vertraut gemacht und einer großen Gruppe der Führung mit Nikolai Ryshkow an der Spitze Auftrag erteilt hatte, all das zu studieren und umfassende Vorschläge für den Übergang der Beziehungen mit der DDR auf ein qualitativ neues Niveau vorzulegen. Vielleicht war das eine jener Episoden, die bei mir das Gefühl der Befriedigung hinterließen, weil ich erkannte, daß wir eine für beide Länder notwendige Arbeit leisteten.

Kurz darauf kam es zum Beschluß des Ministerrates der UdSSR über den weiteren Ausbau der wirtschaftlichen, wissenschaftlich-technischen und humanitären Beziehungen zwischen der UdSSR und der DDR. Ein in seinen Maßstäben beispielloses Programm. Die Beziehungen der UdSSR und der DDR wurden viel intensiver, umfaßten buchstäblich alle Lebensbereiche. Kontakte auf verschiedenen Ebenen gewannen ungekannten Umfang. Zu erwähnen wären mehrere Visiten von Gorbatschow, Gromyko, Ryshkow, Schewardnadse, A. Jakowlew, W. Medwedjew, ja eigentlich aller Mitglieder der Führung des ZK der KPdSU und der Regierung. In Moskau und Berlin fanden von 1986 bis 1989 sechs Treffen Gorbatschows mit Honecker statt. Hinzu kamen noch Begegnungen in den Hauptstädten der Bündnisländer bei den turnusmäßigen Beratungen des Politischen Beratenden Ausschusses und des Warschauer Vertrages. Es gab Zeit für die Beratung jeglicher Fragen und Informationen aus erster Hand. Wenn man beachtet, daß in dieser Zeit faktisch sämtliche Mitglieder der Sowjetführung aus diesem oder jenem Anlaß Honecker aufsuchten, so ist es naiv zu sagen, daß wir etwas nicht wußten, das irgendwie beachtenswert war. Wenn wir dann noch die ständigen Kontakte der Minister beider Staaten, die Teilnahme an zahlreichen bilateralen Ausschüssen und die Abstimmung der militärischen Kooperation hinzufügen, wird das Bild noch eindrucksvoller. Die

Grundfrage besteht jedoch darin, wie effektiv diese Verbindungen waren, wie sie genutzt wurden.

Schon im Frühjahr 1987 zeichneten sich Veränderungen in der Stimmung vieler Mitarbeiter des Staats- und Parteiapparates, bei Vertretern der Wissenschaft und bei Kombinatschefs der DDR ab. Nach ihrer Rückkehr aus der Sowjetunion sprachen sie besorgt über die Medien. Sie verfielen ihrer Meinung nach in Extreme hinsichtlich der Einschätzung der Lage in der UdSSR, der Geschichte und einiger ihrer wichtigsten Etappen sowie der Darstellung gesellschaftlicher Unzulänglichkeiten.

Mehrmals nutzte Honecker unserer beider Anwesenheit auf Massenveranstaltungen für zuweilen erregte Fragen zu den Auftritten einiger sowjetischer Politologen und Vertreter der schöpferischen Intelligenz, die häufig nach Westberlin kamen. Er erklärte mir, daß manche Äußerung als Propaganda von »Ideen der Konterrevolution« zu verstehen sei. Zum wiederholten Male antwortete ich, daß die beste Reaktion auf die seiner Meinung nach »konterrevolutionären Auftritte« eine entsprechende Wertung in der Presse sein würde. »Das ist für uns schwer«, antwortete er. »Wir wollen keine direkte Polemik, denn es geht doch um die Sowjetunion.«

In dieser Zeit kam es häufig zu Begegnungen mit dem Generalsekretär. Üblich war, daß wir uns jede Woche am Freitag trafen. Dafür nahm er sich extra Zeit und ließ faktisch die laufenden Angelegenheiten warten. Die Gespräche dauerten drei bis vier Stunden, ich bereitete mich darauf sorgfältig vor. Manchmal bat ich Gorbatschow um Hinweise, wie bestimmte Vorgänge und Beschlüsse der Führung des ZK der KPdSU Honecker am besten zu erläutern wären. Natürlich ging es in erster Linie um Probleme, die Honecker kaum oder überhaupt nicht bemerkt hatte. Auch er war auf diese Unterredungen vorbereitet. Ich mußte auf unerwartete

Wendungen der Gespräche gefaßt sein. Mein Hauptziel war, Honecker von der Richtigkeit dieses oder jenes Schrittes, des Inhaltes der Vorgänge in Staat und Partei zu überzeugen. Ich versuchte, von seiner Umgebung zuweilen suggerierte negative Einschätzungen zu zerstreuen. Später bildete er sogar eine spezielle Gruppe, die ihm Materialien mit Einschätzungen der Vorgänge in der Sowjetunion vorbereitete. Ich wußte, daß er in die Tagesordnung der Sitzungen des Politbüros Anfang kommender Woche inhaltliche Schwerpunkte des Treffens mit dem sowjetischen Botschafter aufnahm.

Solche freitäglichen Zusammenkünfte gab es bis 1989. Sie hatten wahrlich nicht den Charakter einer Idylle, waren manchmal äußerst schwierig und forderten eine erhebliche Anspannung der Kräfte. Eines dieser Treffen verlief sehr scharf, und Honecker war es, der dann einlenkte. Er hatte etwas unberücksichtigt gelassen. Am Vorabend war der Berater der Botschaft M. Logwinow in die Propagandaabteilung des ZK der SED zitiert worden, wo man ihm »Einmischung in die inneren Angelegenheiten der DDR« vorwarf. Man berief sich auf ein Treffen des Beraters mit einem Funktionär der Berliner Stadtorganisation der CDU. Logwinow erklärte sofort, daß es sich um ein Mißverständnis handele. Eine solche Begegnung hätte nicht stattgefunden. Er sei deshalb äußerst verwundert über eine Einladung in das Zentralkomitee aus einem Anlaß, der ihn überhaupt nicht betraf. Logwinow kam zurück und legte mir den Sachverhalt dar. Schließlich stellte sich heraus, daß vor einiger Zeit der 3. Sekretär der Botschaft, O. Loginow, eine offizielle Unterredung im Berliner Vorstand der CDU hatte. Selbstverständlich wurden dabei keine Fragen aufgeworfen, die als eine Überschreitung des Rahmens üblicher diplomatischer Praxis gedeutet werden konnten. Wie sich zeigte, war Honecker von diesem Vorgang persönlich und schriftlich unterrichtet worden. Nur waren eben die Familiennamen verwechselt.

Die Unterredung hatte O. Loginow, und in das Zentralkomitee wurde M. Logwinow zitiert.

Während des Gespräches aber nahm Honecker ein Schreiben aus seiner Mappe und erklärte erregt, ihm sei bekannt geworden, daß ein »Mitarbeiter der sowjetischen Botschaft bei einem Gespräch im CDU-Vorstand die Politik der SED kritisiert« habe. Das Verhalten des sowjetischen Diplomaten könne er nur »als Einmischung in die inneren Angelegenheiten der DDR qualifizieren«. Ich versuchte, Honeckers Mißtrauen zu zerstreuen. Er aber hielt daran fest und berief sich auf die Dokumente. Damit war ich gezwungen, die Widerwärtigkeit und Unmotiviertheit dieses Mißtrauens deutlich zu machen, ganz zu schweigen von einer offensichtlichen Verwechslung der Personen. Honecker hörte mich nicht bis zu Ende an und erhob sich. Er setzte das Gespräch in unveränderter Weise fort, bis ich ihn unterbrach und direkt fragte: »Was sind die wahren Motive in dieser Sache? Das Bemühen, ruhig und objektiv das Wesen der Frage zu klären oder all das für eine mir unbegreifliche Verschärfung auszunutzen?« Ich stellte den Vorgang richtig und erklärte entschieden, daß ich diese erfundenen Beschuldigungen kategorisch zurückweise. Ich könne nicht verstehen, wie der Generalsekretär sie als Vorwurf gegenüber dem Vertreter seines Hauptverbündeten nutzen könne. Aber Honecker wollte sich nicht beruhigen. »Ich möchte Ihnen aufrichtig sagen«, erklärte er, »daß ich die Frage wie bei Ihrem Vorgänger stellen kann.« Damit spielte er auf Pjotr Abrassimow an, der 1983 auf Honeckers persönliches Betreiben aus der DDR abberufen worden war. Ich erwiderte, daß ich »weder die Motive noch diesen Ton, noch solche Positionen akzeptiere. Sie sind offensichtlich zu aufgeregt. Ich lehne entschieden alle Beschuldigungen als unbegründet ab, und Ihre Anspielungen auf mögliche Folgen verstehe ich überhaupt nicht. Peinlich, so etwas anzuhören ...«.

Nun sah er wohl ein, daß er zu weit gegangen war, und dachte nach. Er bemerkte, daß ich meine Papiere ordnete und die Mappe schloß. Schon in einem ganz anderen Ton meinte er: »Ja, irgendwie ist es nicht gutgegangen. Wollen wir uns einigen, daß dieses Gespräch nicht stattgefunden hat. Ich bitte Sie, es zu vergessen.« Ich antwortete: »Einverstanden, aber wollen wir doch unser Verhältnis bewahren. Außerdem sagen Sie jenen, die Papiere solcher Art vorlegen, sie müßten begreifen, wohin so etwas führen kann.« Das tat ich auch mit Blick auf die Tagesordnung der nächsten Sitzung des SED-Politbüros. Wahrscheinlich war die Arbeit des Botschafters nicht umsonst, Honecker zu überzeugen oder von fehlerhaften Auffassungen abzubringen. Nicht selten beriefen sich auch Mitglieder des Politbüros im Gespräch mit mir auf meine eigenen Unterredungen mit Honecker. Vielleicht halfen sie auch ihnen besser, manche Vorgänge und unser Herangehen an bestimmte, immer komplizierter werdende Fragen zu verstehen.

Ende 1986 wurde mir klar, daß Kräfte in der DDR-Führung den Kurs Honeckers mit Mißfallen beurteilten. Einmal traf ich mich mit dem Politbüromitglied und 1. Stellvertreter des Vorsitzenden des Ministerrates, Werner Krolikowski, zur Beratung einer konkreten Frage der wirtschaftlichen Kooperation. Krolikowski versprach, sich mit dem Problem zu befassen und in einigen Tagen konkret zu antworten. Danach wollte er das Gespräch jedoch fortsetzen. »Ich habe schon lange einen Vorwand dazu gesucht«, sagte er. »Es geht darum, daß im ZK der SED eine sehr schwierige Lage entstanden ist. Reinster Dogmatismus in der Politik, keine Diskussion, Zentralisierung, die bis ins Absurde führt, eine absolut falsche Informationspolitik. Alles wird nur in rosarotem Licht gezeigt. Man muß etwas unternehmen.« Ich frage, was denn? Er antwortet: »Man muß die Führung auswechseln.«

Nachdem ich für das Vertrauen gedankt hatte, fragte ich nach, ob noch jemand im Politbüro diesen Standpunkt vertrete. Krolikowski meinte, daß das auch für andere gelte. Dann sagte ich: »Mein Lieber, wenn es solche Kräfte gibt, dann müßt ihr selbst eure inneren Probleme lösen. Die Zeiten sind vorbei, als wir Generalsekretäre absetzten und ernannten. Verstehen Sie mich richtig. Wir werden natürlich nicht abseits bleiben. Immer werden wir gesunde Kräfte unterstützen, Maßnahmen im Interesse der Partei, des Volkes, der Beziehungen zwischen unseren Ländern. Alles, was Sie mir gesagt haben, bleibt nicht unbeachtet. Aber die Frage liegt nicht im Prinzip, sondern in der Methode. Man hat mir ja berichtet, wie man Erich Honeckers Ernennung vorbereitete. Die Politbüromitglieder wurden in die Residenz des sowjetischen Botschafters eingeladen, und dort wurde am Vorabend des Plenums des ZK der SED die Ablösung von Ulbricht und die Einsetzung Honeckers als Generalsekretär entschieden. Ist es denkbar, jetzt in solcher Art vorzugehen?« Krolikowski antwortete: »Ja, Sie haben recht. Ich verstehe und bin mit Ihnen einverstanden. Wir werden nachdenken.« Das war das erste Signal. Ein Sonder-Telegramm mit einem Bericht über den Inhalt dieses Gespräches ging nach Moskau. Eine Fortsetzung dieses Themas folgte einige Zeit später während einer Begegnung mit Willi Stoph.

Ich hatte direkte Beziehungen zu den Mitgliedern der Führung, es gab zahlreiche Anlässe für Zusammenkünfte, Besprechungen und eine Abstimmung herangereifter Probleme. So gewann ich auch eine Vorstellung von der Rolle, den Positionen und dem politischen Profil eines jeden. Ich wußte, an wen ich mich neben Honecker wenden konnte, wenn ich zur Lösung einer dringenden oder komplizierten Frage Verständnis und Entscheidungen benötigte. Nur selten gab es keine derartigen Treffen. Aus Moskau wurden viele Aufträge zu internationalen Problemen übermittelt, die über

Honecker oder über »die ihn vertretende Person« auszuführen waren. Er empfing mich unverzüglich, häufig sofort nach meinem Anruf. Diese »Brücke« der Information und Abstimmung arbeitete »in gebührender Weise«.

Oft wandten wir uns mit der Bitte um Informationen zur Lage in bestimmten Ländern und Regionen auch an das ZK der SED oder das Außenministerium der DDR. Jedes Mal erhielten wir präzise und ausführliche Angaben. Vieles wurde mit Hilfe faktisch aller Bereiche des Außenministeriums der DDR erledigt. Die Arbeitsorganisation war dort imponierend. Große Informiertheit, Konstruktivität beim Herangehen an manchmal sehr komplizierte Fragen, Exaktheit und Verbindlichkeit – all das ging von Minister Oskar Fischer und auch von Staatssekretär Herbert Krolikowski aus.

Eduard Schewardnadse verstand sich mit Fischer bei der ersten Begegnung nicht. Er rief mich irgendwann einmal an und meinte, daß der DDR-Minister auf ihn keinen Eindruck mache. Er wirke gehemmt, hätte unklare Positionen. Ich erwiderte, daß sich das vielleicht durch bestimmte Begleitumstände erkläre. Er sei ein sehr kundiger Mann mit einem weiten Blick. Die Befangenheit komme von der herrschenden Ordnung – keinen Schritt weiter, als der Generalsekretär vorgegeben habe. Einen Monat darauf äußerte Schewardnadse bereits eine ganz andere Meinung. Er erzählte von der Begegnung mit Fischer und räumte ein, daß er ihm gefallen habe. Der erste Eindruck sei falsch gewesen. Von nun an entwickelten sich zwischen ihnen normale Beziehungen.

Ich möchte dabei erwähnen, daß die Leitung des Außenministeriums der DDR der sowjetischen Seite mehrfach prinzipielle Fragen stellte, die eine Erhöhung der Effektivität der Zusammenarbeit der diplomatischen Dienste, die Organisation der Arbeit des Politischen Beratenden Ausschusses, des Warschauer Vertrages und des Rates für Gegenseitige

Wirtschaftshilfe betrafen. Auch während des letzten Besuches von Schewardnadse in der DDR im Juni 1989 wurden solche Probleme von Fischer und unserem Minister umfassend beraten. Das Hauptziel seiner Visite bestand aber in einer Information Honeckers über den bevorstehenden Besuch Gorbatschows in Bonn. Doch bleiben wir in der Chronologie.

Ende des Sommers 1987 kam Alexander Jakowlew in die DDR, um hier einen »Kurzurlaub« zu verbringen. Gorbatschow, so berichtete er, hätte ihm gesagt: »Fliege in die DDR, schau dich selbst um, sieh, was sich dort tut.« Schon vor seiner Ankunft war mir klar, daß sein Hauptziel eine Begegnung mit Honecker war. Jakowlew verbrachte seinen Urlaub in einer Residenz in der Thüringer Umgebung. Wunderschön, still, umgeben von bewaldeten Hügeln, kleinen Ortschaften, Seen. Dorthin lud mich Jakowlew zu einem »Waldspaziergang«. Er stellte viele Fragen. Sie betrafen die Situation in der Führung der DDR, deren Verhältnis zu den Umgestaltungen in der Sowjetunion.

»Worin liegt der Grund des Mißtrauens von Honecker, seiner Ablehnung einiger Prinzipien der Innen- und Außenpolitik, die von der Sowjetführung vorgeschlagen wurden«, fragte er. Ich versuchte zu erklären, daß diese Umgestaltungen ihn nicht allein nur dazu zwangen, seine eigene Politik zu überdenken. Sie forderten auch einen schmerzhaften Prozeß der neuen Interpretation, einer veränderten Einschätzung längst verfestigter Ansichten und grundlegender Prinzipien, zu denen sich die Führung und die Funktionäre der SED bekannten. Immer häufiger stellten sie sich die Frage, wohin die Entwicklung die Sowjetunion führt und wie sie die DDR, die ganze »sozialistische Gemeinschaft« beeinflußt.

Selbstverständlich berührte das Gespräch auch andere Themen. So fragte Jakowlew vorsichtig, als ob er sondierte: »Was denkst du, ist die Gruppe der Sowjettruppen in Deutschland nicht zu groß? Was geschieht, wenn wir sogar auf ihre einseitige Reduzierung eingehen würden?« Als ich das hörte, erinnerte ich mich eines Gespräches mit Michail Gorbatschow im ZK der KPdSU. Er empfing mich zur Berichterstattung. Die erste Frage, die mir gestellt wurde, betraf das Verhalten der Bevölkerung, von Behörden der DDR gegenüber den sowjetischen Truppen. Damals sagte ich ihm, daß es im allgemeinen ganz normal sei, wenn auch nicht ohne vereinzelte Ausschreitungen. »Weißt du«, meinte Gorbatschow, »warum ich diese Frage stelle? Man muß aufmerksam darauf achten, muß daran denken.« Als ich diese beiden Gespräche verglich, überzeugte ich mich später, daß sie nicht zufällig waren. In der Führung wurde ein neues Herangehen an die militär-strategischen Konzeptionen in Europa ausgearbeitet.

Jakowlew wünschte sehr, Honecker zu treffen. Nach meiner Rückkehr nach Berlin setzte ich mich mit Honecker in Verbindung, berichtete ihm von der Ankunft Jakowlews und fragte ihn direkt, wann er den Gast aus Moskau empfangen könne. »Ich werde in meinem Arbeitsplan nachsehen, und dann kommen wir zu diesem Thema zurück«, erwiderte er. Da ich den Charakter des Generalsekretärs kannte, verstand ich , daß es nicht einfach sein wird, das Treffen zu organisieren. So kam es auch.

Einige Zeit danach erinnerte ich Honecker an dieses Gespräch. Er überlegte und sagte, daß sich Jakowlew mit den Politbüromitgliedern Axen und Hager treffen werde. »Aber was mich betrifft – ich bemühe mich, kann aber keinen exakten Termin sagen. Wir haben mehrere wichtige Maßnahmen, die meine Teilnahme erfordern, zudem außerhalb Berlins.« Ich verstand, daß er nicht mit Jakowlew zusammentreffen wollte. Als ich erfuhr, daß Honecker an einer Massenveranstaltung außerhalb Berlins teilnehmen wird, wollte ich ihn bei dieser Gelegenheit »abfangen« und Klarheit gewinnen. Das gelang. Nach der Kundgebung ging ich zu ihm und fragte direkt, ob er Jakowlew empfange oder ob das unrealistisch sei. Er schaute mich an, schwieg und sagte dann, er werde ihn treffen, »wenn Sie es derart wünschen und für notwendig halten. Ich werde ihn empfangen, aber unbedingt nur gemeinsam mit Ihnen.«

Zum festgesetzten Zeitpunkt kamen Jakowlew und ich in die offizielle Residenz Honeckers außerhalb Berlins. Das war ein modernes Haus am Ufer eines Sees. Wir fuhren vor die völlig verglaste Hausfassade. Dahinter war Honecker zu sehen. Wir traten ein. Vor uns stand ein gut gekleideter, straffer und ausgezeichnet aussehender Mann. Wir tauschten Grüße aus. Ohne jedes Zeremoniell lud uns Honecker in einen Nebenraum. Dort nahm er selbst Platz in einem Sessel, während sich Jakowlew und ich auf einem großen Sofa einrichteten. Ich hatte Honecker schon sehr unterschiedlich erlebt, aber so betont offiziell zum ersten Mal.

»Sie wollten mich sehen«, wandte er sich an Jakowlew. »Ich bin zu einem Gespräch bereit. Womit fangen wir an? Vielleicht sagen Sie etwas?« Jakowlew fühlte sich sichtlich unbehaglich, hielt sich anfangs bedeckt. Er überbrachte einen Gruß von Gorbatschow, anderen Mitgliedern der Sowjetführung. Honecker dankte, blieb schweigsam und wartete, was Jakowlew sagen wird. Das Gespräch kam nicht in Gang. In der Luft schwebte eine gewisse Entfremdung. Dann begann Jakowlew nach einigen freundlichen Worten über seinen Aufenthalt in der DDR über die Lage in der UdSSR und der KPdSU zu berichten. Er verstand, daß nur eine aufrichtige Darlegung der schärfsten und schwierigsten Probleme, ein Bericht über das Wesen der Umgestaltungen in der sowjetischen Gesellschaft, die Erfolge und Mißerfolge von Honecker aufgenommen und sein Interesse finden würde.

Jakowlew unterstrich, daß die Umwandlungen in der

Sowjetunion von der Ende der 70er Jahre entstandenen Situation diktiert wurden. Die Gesellschaft geriet in die Krise, die wirtschaftliche und politische Lage im Lande verschlechterte sich. In der Innen- und auch Außenpolitik hatte man sich festgefahren. Das ließ keine andere Wahl, als ehrlich die Situation einzuschätzen, dem Volk offen die Wahrheit zu sagen und einen neuen Kurs einzuschlagen. Das wichtigste seien die neue Wirtschaftspolitik, eine Demokratisierung der Gesellschaft und Glasnost. Man sei gezwungen, kritisch die vergangenen Jahrzehnte einzuschätzen. Dabei habe man gar nicht vor, die Geschichte umzuschreiben – sie habe bereits stattgefunden. Es sei wichtig, auf der Grundlage objektiver Einschätzungen prinzipielle Folgerungen zu ziehen und zu sagen, wovon wir uns trennen und was wir als Aktionsprogramm vorschlagen. All das werde auf Initiative und unter der Führung der KPdSU getan. Das, was die Partei vorschlägt, wird von der Mehrheit des Volkes unterstützt, wobei der Prozeß der Umgestaltungen nicht einfach, sondern sogar schmerzhaft vor sich gehe. »Zum Schluß möchte ich unterstreichen«, sagte Jakowlew, »wir wollen unsere inneren Umwandlungen nicht exportieren, hoffen aber, daß die Freunde richtig verstehen, was die KPdSU und ihre Führung unternehmen.«

Honecker dankte für die Offenheit und erklärte, daß die Vorgänge in der Sowjetunion nicht ohne Auswirkungen auf die übrige Welt bleiben könnten. »Deshalb verfolgen wir mit wachsender Aufmerksamkeit die Ereignisse. Wir wünschen Erfolge bei der Perestroika und werden unseren Möglichkeiten entsprechend unseren Beitrag leisten.« Dann charakterisierte er kurz die Situation in der DDR, die er als eindeutig stabil einschätzte. Wir setzten unsere Prioritäten, erarbeiteten Prinzipien der wirtschaftlichen und politischen Entwicklung der Republik und werden sie in die Tat umsetzen, erklärte der Generalsekretär. Wir haben Probleme, wir sehen sie und bemühen uns, sie auf der Grundlage der von der SED erarbeiteten Konzeptionen zu lösen. Wir möchten auch weiterhin eine vielfältige Zusammenarbeit in großem Maßstab mit der Sowjetunion und der KPdSU ausbauen und rechnen auf ein größeres Verständnis der Sowjetführung für die Bedürfnisse der DDR.

Zum Ende der Unterredung lebte Honecker auf, sie hatte sein Interesse gefunden. Traditionell wünschte man dann Erfolge und bat, den führenden Persönlichkeiten Grüße zu übermitteln. Es gab für Jakowlew dann noch Gespräche mit Hager und Axen, die zur Einschätzung der Situation in der SED und der Republik wenig Neues brachten. Axen stellte freilich direkte Fragen, versuchte einige Positionen Jakowlews anzuzweifeln, wich aber einem ernsten Gespräch eher aus.

Auf meine Bitte traf sich Jakowlew noch mit dem diplomatischen Personal der Botschaft. Wir verabredeten vorher eine lockere Form, mit Fragen und Antworten. Er wirkte überzeugend, unbefangen, ging durch den Saal und antwortete auf zahlreiche, bisweilen direkte und scharfe Fragen. Alles beantwortete Jakowlew, ohne lange nachzudenken und anscheinend offen. Die Begegnung war interessant, ließ jedoch bei einzelnen Teilnehmern Fragen ungeklärt. Sie meinten, daß Jakowlew einige komplizierte Probleme bewußt vereinfachte und auf seine übliche Art zu kategorisch war. Ein übermäßiges Vertrauen in die Richtigkeit seiner eigenen Aussagen war auffällig. Der Gast selbst war mit dem Treffen zufrieden, bald darauf verabschiedete ich ihn nach Moskau. Jakowlew kam später noch einmal in die DDR, aber schon unter ganz anderen Umständen. Zum Parteitag der PDS.

Der Leser sollte nicht den Eindruck gewinnen, daß allein nur mit Honecker gesprochen wurde. Der Botschafter unterhielt ständige Kontakte mit sämtlichen Mitgliedern der

Führung. Natürlich hatte ich mit der Zeit ein Vorstellung von der Kräftegruppierung im Politbüro, in der Regierung, aber auch von den Positionen jedes einzelnen Politikers. Unseren Anstrengungen zum Trotz wurde das negative Verhältnis Honeckers zur Umgestaltung unserer Gesellschaft immer offensichtlicher. Zunehmend deutlicher wurde auch seine persönliche Ablehnung Gorbatschows, was die Situation noch komplizierter werden ließ.

Um das Bild zu vervollständigen, müssen wir etwas zurückgreifen. Während der ersten Monate meines Wirkens als Botschafter gab es eine recht bemerkenswerte Begegnung im Zentralrat des Jugendverbandes der DDR. Dessen Vorsitzender war damals Egon Krenz. Bereits in Moskau hatte man mir von ihm als einer wichtigen Persönlichkeit in der Jugendbewegung berichtet. Er besuchte mehrmals die Sowjetunion und hinterließ einen guten Eindruck. Krenz lud mich also eines Tages zu einem Treffen in den Zentralrat ein. Man nahm mich so herzlich auf, daß ich mich der allgemeinen Stimmung nicht entziehen konnte. Auf der Versammlung wurden viele gute Worte an mich gerichtet , in erster Linie aber an die Adresse des Sowjetlandes, seine Jugend. Hervorgehoben wurde die Bedeutung der Freundschaft mit ihr. Danach kam es zu einem längeren Gespräch mit Krenz und seiner nächsten Umgebung. Da gab es schon keine Euphorie und Extreme mehr, wir führten eine gründliche, sachliche und ziemlich aufrichtige Diskussion. Sie betraf die komplizierten Probleme, denen sich der Jugendverband gegenübersah. Danach traf ich Krenz mehrfach aus verschiedenen Anlässen auf verschiedenen Foren in der Botschaft und im Zentralrat des Jugendverbandes.

Einmal weilte ich ohne außergewöhnlichen Grund bei Honecker. Nach unserem Gespräch fragte er, ob ich Egon Krenz kennen würde. Ich bestätigte, daß ich mit ihm einige Male zusammengetroffen sei und viel von ihm gehört hätte.

»Und was haben Sie für einen Eindruck?« fragte der Generalsekretär. Krenz imponiere mit vielen Qualitäten, erwiderte ich. Er wirkt energisch, kann ausgezeichnet sprechen und die Zuhörer begeistern. Anders gesagt, er macht einen sehr angenehmen Eindruck. Honecker folgte aufmerksam, lächelte und bat mich, ihn »gründlicher« zu betrachten. »Danach berichten Sie mir von Ihren Eindrücken.« Wahrscheinlich hatte dieses Gespräch durchaus manchen Hintergedanken, doch vergaß ich es recht bald. Es gab viel zu tun, Reisen, Begegnungen. Aber ich versuchte, Krenz nicht aus dem Blick zu verlieren. Dies aber nicht speziell, es ergab sich vielmehr aus der Arbeit. Einige Monate später kam Honecker unerwartet auf seine Frage zurück. Er erinnerte mich an unser erstes Gespräch zu diesem Thema und fragte, welchen Eindruck ich von diesem Mann gewonnen hätte. Ich versuchte völlig objektiv das wiederzugeben, was ich gesehen hatte, wußte und wie mir der Vorsitzende des Zentralrates erschien. Kurz und bündig stellte ich fest, daß er als Funktionär schnell an Profil gewonnen habe und im politischen Hintergrund eine noch stärker auffallende Persönlichkeit geworden sei. Honecker präzisierte: »Ich frage Sie nicht zufällig, ich interessiere mich für Ihre Eindrücke. Ich habe mich entschieden, dem Zentralkomitee der SED zu empfehlen, ihn zum Mitglied des Politbüros und Sekretär des Zentralkomitees zu wählen. Er wird sich mit administrativen Fragen beschäftigen und mich, wenn alles normal verläuft, während der Urlaubszeit und bei Abwesenheit vertreten.« Bald darauf befand sich Egon Krenz in jener Rolle, die er bis Ende 1989 spielen sollte.

Gerade hier ist es an der Zeit, auf Willi Stoph und eine, wie sich später herausstellte, sehr wichtige Unterredung mit ihm zurückzukommen. Ich kannte Stoph noch aus der Zeit, da ich erstmals in der DDR arbeitete. Wir fanden schnell zu vertrauensvollen Beziehungen. Er war sehr aufrichtig, schätzte eindeutig negativ den Kurs, die Methoden und den Stil der Arbeit Honeckers ein. Dabei ließ er aber keine Extreme zu. Er konnte sich nicht abfinden mit der herrschenden Praxis, die Möglichkeiten der Regierung zu minimieren. Man drückte ihn in eine Situation, in der er faktisch nur das abstempelte, was bis hin zu Kleinigkeiten im Politbüro beschlossen wurde. Der mächtige Regierungsapparat arbeitete wenig effektiv, obwohl es unter den Ministern hochqualifizierte Personen gab, die sich Mühe gaben, Probleme in bester Weise zu lösen und die Geschäfte zu führen. Während eines der Treffen in seinem Arbeitszimmer gab ich ihm das Gespräch mit Werner Krolikowski wieder. Auch Stoph sagte ich, daß die Zeit vorbei sei, da Moskau die Generalsekretäre in den »Bruderländern« absetzte und ernannte.

Sofort verstand Stoph den Kern des Problems und meinte, daß Krolikowski die Situation vereinfache. Undenkbar sei es, »mit den Händen Moskaus« aktiv zu werden. Man dürfe die Kraft der Gegner Honeckers im Politbüro nicht überschätzen, innerhalb des Zentralkomitees gäbe es davon mehr. Übrigens, fügte Stoph hinzu, ändert sich jetzt die Situation. Dies ist mit der wachsenden Enttäuschung von Egon Krenz verbunden, den vieles bedrückt. Er denkt mehr und mehr daran, die Arbeit des ZK effektiver zu gestalten. Willi Stoph meinte dann, daß es »in der Führung noch einige Leute gibt, die einen Wandel wünschen. Aber wir dürfen die Ereignisse nicht forcieren. Es ist wichtig, Geduld zu haben und mit jenen zu arbeiten, auf die wir rechnen können. Was Krenz betrifft, sage ich eindeutig, daß man ihm vertrauen kann und helfen muß, seinen Platz und Kraft zu finden. Ich werde ihm dabei in jeder Beziehung zur Seite stehen.« Es entstand eine Situation, die ein sehr ausgewogenes Herangehen erforderte, besondere Genauigkeit, Vorsicht, Umsicht und eine richtige Bewertung des ganzen Prozesses in seiner Dynamik. Natürlich mußte man berücksichtigen, daß die Wurzeln der Problematik viel tiefer lagen und sich auf frühere Zeiten bezogen. In solchen Fällen hatte auch der subjektive Faktor seine Bedeutung. Man mußte aber die Positionen verschiedener Personen sehr genau und unvoreingenommen bewerten, möglichst breit und umfassend die Gesamtsituation der Führung zu berücksichtigen versuchen.

Die Ereignisse entwickelten sich aber nach ihrer eigenen Logik und brachten zuweilen auch Überraschungen. Nicht lange nach der Wahl von Krenz sagte mir Honecker, daß man während seiner Abwesenheit dringende Aufträge Moskaus gemeinsam mit Krenz ausführen müßte. Das tat ich auch. Allerdings ging ich betont offiziell vor, um keine Anlässe für Gerüchte zu geben. Das ging so von Monat zu Monat, und trotzdem ...

Irgendwann nach einer Festveranstaltung in einem Theater, bei der die Führung der DDR anwesend war, hielt ich mich in der Vorhalle auf und trat erst heraus, als alle Ehrengäste schon abgefahren waren. Außer einem. Vor dem Eingang stand ein Wagen und daneben Krenz, der auf jemanden wartete. Als er mich sah, kam er sofort auf mich zu. Er wirkte sehr besorgt und wandte sich an mich: »Ich warte auf Sie, weil ich Ihnen einige Worte sagen muß. Es geht darum, daß sich unser Generalsekretär sehr eifersüchtig gegenüber unseren Kontakten verhält, wie mir scheint. Vielleicht haben Sie bemerkt, daß ich Sie einige Tage nicht angerufen habe. Das tat ich bewußt. Und heute, nach der Sitzung des Politbüros, wandte sich Honecker plötzlich an mich und sagte: ›Egon, wo arbeiten Sie – im ZK der SED oder in der sowjetischen Botschaft?‹ Selbstverständlich antwortete ich ihm, wie es sich gehört. Aber ich verstand sehr deutlich, daß er unsere Kontakte sehr aufmerksam verfolgt. Vielleicht beunruhigt ihn jemand, indem er sein Mißtrauen ausnutzt. Ich möchte Ihnen das sagen, damit Sie es einfach im Blick haben. Es ist irgendwie eine neue Situation entstanden. Verstehen Sie mich richtig. Ich befürchte nichts, aber trotzdem ist der Fall symptomatisch.« Ich dankte Krenz für sein Vertrauen und versicherte ihm, daß ich seine Gefühle verstehe und für solche Bemerkungen keinen Anlaß gegeben habe und dies auch nicht tun werde.

Das war offenkundig alles nicht so einfach. Hinzu kam, daß man nach der Aufnahme von Günter Schabowski und Siegfried Lorenz in das Politbüro besonders aufmerksam verfolgte, wie führende Medien der BRD die Kräftegruppierungen im ZK der SED beleuchteten. Die solidesten Zeitschriften der BRD wie »Spiegel«, »Stern« und wichtige Zeitungen der BRD und Westberlins begannen buchstäblich von einem Tag zum anderen unter beliebigen Vorwänden Gerüchte über mögliche Nachfolger Honeckers zu verbreiten. Man bot verschiedene Kombinationen an, nannte aber am häufigsten als Nachfolger »Kronprinz« Krenz, Modrow, Lorenz und Schabowski. Diese Mannschaft blieb faktisch die ganze Zeit, nur die Namen wechselten ihre Plätze. Dabei wurden zuweilen gründliche Analysen und Voraussagen gemacht, sowohl starke als auch schwache Seiten jeder der möglichen Kandidaturen aufgezeigt. Überflüssig zu erwähnen, wie diese zielgerichtete Arbeit Honecker aufregte.

In der DDR gab es die »Diplomatenjagd«. Botschafter fuhren gemeinsam mit Mitgliedern der DDR-Führung zu Beginn jedes Jahres zur Jagd in einen der Bezirke. Das war ein sorgfältig ausgearbeitetes Ritual. Alles wurde nach höchsten Standards des diplomatischen Protokolls durchgeführt. Einige Stunden nach der Abfahrt aus Berlin traf der Sonderzug mit den Teilnehmern in Magdeburg, Erfurt oder einer anderen Bezirkshauptstadt ein. Wir richteten uns im besten Hotel ein und fuhren am frühen Morgen zur Jagd. An der Spitze der Kolonne fuhr ein Bus mit Honecker und anderen Mitgliedern der Führung. Dann stiegen alle in Militär-LKW um und begaben sich über Feldwege zu ihrem Ansitz. Die Jagd dauerte den ganzen Tag. Gewöhnlich machten wir nur eine Pause. Die Jäger konnten sich in großen Zelten mit einem Essen, bei Tee und Kaffee, jedoch nicht mit starken Getränken aufwärmen. Abends kehrten alle ins Hotel und dann nach Berlin zu rück. Sinn der Sache war, jedem Botschafter die Möglichkeit zu geben, mit Vertretern der DDR-Führung zusammenzutreffen. Die Botschafter schätzten das sehr und ließen solche Anlässe nicht ungenutzt verstreichen.

Während der Jagd im Januar 1988 wurde ich von Honecker bei einer Rast wie gewöhnlich in das Zelt gebeten, wo sich die Mitglieder der Führung aufhielten. Man nahm mit Vergnügen den ausgezeichneten traditionellen Erbseneintopf zu sich. Rasch wärmten wir uns auf, man brachte Tee und Kaffee. Dann sagte Honecker, daß er mit mir unter vier Augen sprechen möchte.Wir setzten uns an einen Extratisch. Honecker wandte sich mir zu und begann nachdrücklich davon zu sprechen, daß man nach sorgfältigem Für und Wider beschlossen habe, den Terminus »Perestroika« aus offiziellen Dokumenten zu streichen.

»Die Sache ist die«, erläuterte er, »daß wir mit einigen Prinzipien nicht einverstanden sein können, die hinter diesem Wort stehen. Sie wissen, daß wir die Hauptthesen des Berichtes Gorbatschows an den XXVII. Parteitag gebilligt und das mehrmals bekräftigt sowie die wichtigsten Dokumente breit propagiert haben. Aber mit der Zeit haben wir festgestellt, daß die Führung der KPdSU zur direkten Revision Leninscher Prinzipien übergegangen ist, daß sie Gewicht auf das Aufzeigen von Fehlern und Mängeln der Vergangenheit legt und negiert, worauf nicht nur die sowjetischen Menschen, sondern alle aufrichtigen Freunde der UdSSR mit Recht stolz waren. Wir sind gegen die Praxis der reinsten Verleumdung der Geschichte der KPdSU, des sozialistischen Aufbaus in der UdSSR. Erstaunen erregen sehr zweifelhafte Experimente in der Wirtschaft, ganz zu schweigen von der Informationssphäre. Verstehen Sie mich richtig. Jahrzehnte haben wir die Bürger der DDR am Beispiel der KPdSU, des heroischen Kampfes des sowjetischen Volkes erzogen. Jetzt erfahren wir aber, daß das eine Kette von Fehlern war. Die Menschen fragen, woran sie glaubten, wie sie sich zu all dem verhalten sollen. Oft finden wir keine Antwort auf diese Fragen.«

Ich erwiderte Honecker, daß das alles sehr ernst sei. Es liege gar nicht an der Terminologie, sondern an der Politik, an den Prinzipien. Die Tatsache, daß die Führung der UdSSR Kurs auf die Erneuerung des Landes nahm, wurde von einer historischen Notwendigkeit diktiert und hat eine lebenswichtige Bedeutung für die Entwicklung der sowjetischen Gesellschaft, die Geschicke des Sozialismus. Wir würden niemandem etwas aufzwingen und hätten noch weniger vor, unseren Verbündeten zu schaden.

Das Gespräch kam unerwartet zustande, aber es verwunderte mich nicht. Ich wußte bereits, daß Honecker seit einiger Zeit, besonders nach Sitzungen des Politbüros des ZK der SED, mit kritischen Bemerkungen an unsere Adresse auftrat und abfällig über die Politik und das praktische Vorgehen der KPdSU-Führung sprach. Eben in dieser Periode sagte er im Kreis enger Vertrauter: »Wenn Gorbatschow so weitermacht, zerstört er in zwei Jahren die Partei und das Land.« Honecker geriet leicht in Erregung und konnte in solchem Zustand extreme Einschätzungen abgeben, Abstriche an seinen Äußerungen waren also notwendig. Doch immerhin mußte man berücksichtigen, was das Denken und Tun des DDR-Führers zu beeinflussen begann.

Als eine meiner Hauptaufgaben verstand ich, grundsätzliche Materialien zur Entwicklung in der Sowjetunion, ihrem Wesen und Inhalt, der Öffentlichkeit zu unterbreiten. In jener Zeit führten die Medien der DDR, natürlich auf direkte Weisungen des ZK der SED, faktisch eine Zensur dagegen ein. Um sie zu »durchbrechen«, war ich oft gezwungen, mich persönlich an Erich Honecker zu wenden. Erst dann wurden offizielle Materialien, Reden von Michail Gorbatschow und anderen Mitgliedern der Führung zentral herausgegeben. Faktisch stießen wir auf den Versuch der Führung der DDR, einen speziellen Informationsvorhang fallen zu lassen. Dieser Schritt war insofern abwegig, weil alle, die sich für die Lage in unserem Lande interessierten, darüber in den westlichen Medien und in erster Linie dem BRD-Fernsehen, das fast überall in der DDR zu empfangen war, etwas erfahren konnten. Die Führung der DDR erwies sich einen sehr schlechten Dienst. Sie schadete sich selbst, weil sie eine immer größere Empörung der Bevölkerung gegen die gesamte Informationspolitik der SED provozierte. Wir wußten, daß Honecker nicht nur nach seinen persönlichen Eindrücken handelte, sondern sich auch unter dem Einfluß seiner Umgebung, einiger Historiker, Gesellschaftswissenschaftler und Politologen befand. Er ließ sich sogar zum Verbot unserer Zeitschrift »Sputnik« hinreißen, die in der DDR ein großes Interesse fand. Das rief buchstäblich einen Ausbruch von Empörung in erster Linie bei der Intelligenz hervor. Später wurde das Verbot aufgehoben, aber das konnte den negativen Eindruck nicht mehr verwischen. Wie wir erfuhren, rief die Informationspolitik der SED bei der Bevölkerung große Unzufriedenheit hervor und war ein ernster Anlaß für die Herausbildung eines insgesamt negativen Verhältnisses zur Führung.

Neben anderem war Honecker unzufrieden mit der Konzeption der »allgemeinmenschlichen Werte«, ihrer Priorität gegenüber den Klasseninteressen und lehnte sie ab. Schwierigkeiten hatte er auch mit dem Begriff »Bau des gesamteuropäischen Hauses«, da er darin eine Politik von Konzessionen gegenüber Forderungen des Westens nach Offenheit, Glasnost und Durchlässigkeit der Grenzen sah.

Bezeichnend war in diesem Zusammenhang das Verhältnis Honeckers zur Wiener Tagung und ihrem Abschlußdokument. Im Rahmen des gesamteuropäischen Prozesses fand in Wien eine internationale Beratung zu humanitären Fragen statt. Auf der Beratung gelang es nach langen, fast zwei Jahre dauernden Diskussionen endlich, ein annehmbares Dokument auszuarbeiten. Es war zur Unterzeichnung bereit. Alles jedoch wurde davon gebremst, daß Rumänien und die DDR ihre Unterschriften nicht darunter setzen wollten.

Wir beschlossen, darüber mit Honecker zu sprechen. Fischer sagte direkt, daß er hier nichts machen könne, seine Möglichkeiten seien erschöpft. Honecker empfing den Leiter der sowjetischen Delegation bei den Wiener Verhandlungen und mich. Wir äußerten deutlich unsere Besorgnis angesichts der Situation, die nun entstanden war. Alle Länder waren zur Unterzeichnung bereit, außer der DDR und Rumänien. »Natürlich können Sie in Gesellschaft von Ceauşescu bleiben und das Dokument nicht unterzeichnen. Aber ist es vernünftig, an dieses ernste Problem heranzugehen, ohne dabei die Situation in Europa und offenkundige Fortschritte in den Beziehungen zwischen den Ländern zu berücksichtigen?« fragten wir.

Dann erläuterten wir, daß es um gut bekannte Fragen ging und wir in ihnen nichts entdeckten, was die DDR-Führung zwang, das Abschlußkommuniqué faktisch zu blockieren. Natürlich »können Sie das Dokument nicht signieren. Aber man muß sich überlegen, wie die DDR dastehen wird, was sie damit international und in den Augen der Bevölkerung der Republik gewinnt.« Honecker hörte aufmerksam zu. Dann erklärte er: »Sehen Sie, aus dem Entwurf des Dokuments geht hervor, daß wir uns faktisch völlig öffnen und unsere Einwilligung zur Schaffung konterrevolutionärer Organisationen auf dem Territorium der DDR geben müssen. Wir sollen die Verbreitung von Literatur, die uns untergräbt, genehmigen. Wir können in eine sehr schwierige Situation geraten. Während wir uns unter massiven Druck des Westens befinden, sollen wir das alles nun faktisch legalisieren. Wir sind dazu verpflichtet, uns darum zu sorgen, wie sich das auf die Lage in der DDR auswirkt. Das Dokument berücksichtigt nicht die Spezifik, unter der wir arbeiten müssen. Das ist der Grund, warum wir dieses Dokument nicht unterzeichnen können.« Wir wiesen Honecker darauf hin, daß die Wiener Deklaration nichts grundlegend Neues im Vergleich zum Abschlußdokument der Konferenz von Helsinki enthalte. Es konkretisierte nur das, was in Helsinki verkündet und von den europäischen Staaten, den Vereinigten Staaten und Kanada unterzeichnet worden war. »Sie nahmen ja an der Konferenz teil, Ihre Unterschrift als Staatschef steht unter diesem Dokument.« Honecker lebte spürbar auf, blickte uns an: »Das ist richtig. Ja, meine Unterschrift steht dort neben der von Kanzler Schmidt.« Er lachte kurz auf. »Worin besteht dann das Problem?« fragten wir weiter. »Dank der Schlußakte von Helsinki haben Sie die Möglichkeit, ohne Schaden für die Interessen der DDR das Abschlußkommuniqué von Wien zu unterzeichnen.« Wir wiederholten, daß es darin nichts prinzipiell Neues gegenüber Helsinki gab. Dort wurden nur konkret jene Sachverhalte dargelegt, die in Helsinki besprochen und angenommen worden waren.

Was die Anwendung dieses Dokuments betrifft, also die Realisierung der Empfehlungen und Vorschriften, so ist das eine Frage, die Sie unter Berücksichtigung der Spezifik der DDR lösen können, erläuterten wir. »Mit anderen Worten, was Ihnen paßt, können Sie annehmen, was unter Ihren Bedingungen nicht möglich oder bis jetzt unmöglich ist, können Sie unterlassen.« Honecker lenkte ein: »Na gut, ich bin einverstanden. Wir geben Weisung, dieses Dokument zu unterzeichnen, werden es aber nicht erfüllen.« Er lachte, fügte dann aber hinzu: »Ich scherze natürlich. Wir werden sehen, was sich unter unseren Bedingungen tun läßt.« Am nächsten Tag erhielt die Delegation der DDR entsprechende Weisung, und das Dokument wurde unterzeichnet. Das ist eines der Beispiele für partielles Miß- oder sogar Unverständnis zwischen uns in prinzipiellen internationalen Fragen. Man konnte das nur ausräumen, indem man geduldig das Wesen der Vorgänge und die Bedeutung abgestimmter Handlungen im übergeordneten Interesse erläuterte.

Wenn wir alles, was in der Folgezeit geschah, von der heutigen Position aus einschätzen, kann man natürlich diese oder jene Vorgänge unterschiedlich interpretieren. Auch dann aber und besonders nach so langer Zeit ist klar, daß Honecker Angst hatte, daß die sowjetischen Umgestaltungen eine zerstörerische Wirkung auf die Lage in der DDR haben könnten. Der daraus erwachsende Dogmatismus vertiefte die bereits offenkundige Trennung der Führung von dem, was in der DDR selbst und rings um sie herum geschah. Er hätte auf eine Veränderung des Kurses im Interesse von Partei und Volk eingehen müssen.

Was die Informationspolitik betraf, so sprach ich darüber sowohl mit Honecker als auch mit Joachim Herrmann. Um so mehr, wenn man in der Presse der DDR irgendwelche wichtigen Materialien schneller veröffentlichen sollte, verabredete ich das mit Honecker persönlich. Ich wußte, wenn er sein Einverständnis verweigerte, würde in der Presse nichts erscheinen. Deshalb verfügte ich über die Genehmigung der sowjetischen Führung, mit Honecker noch vor der Veröffentlichung irgendwelcher Materialien und Reden abzusprechen, wie sie publiziert werden konnten. Es gab keinen einzigen Fall, daß Honecker das nach einer Verabredung nicht getan hätte. Aber es forderte vom Botschafter eine harte und angespannte Arbeit und viel Kraft. Aber so war er. Er war geneigt, sich von »einflußreichen Menschen« beeinflussen zu lassen. Wir kannten sie. Leider bemühten sich einige in dieser Hinsicht sehr eifrig und erwiesen zum Schluß Honecker einen schlechten Dienst.

Was ist nun eigentlich mit dem gemeinsamen Programm, der »Konzeption der wirtschaftlichen und wissenschaftlich-technischen Zusammenarbeit zwischen der UdSSR und der DDR bis zum Jahr 2000« geschehen? In der zweiten Hälfte der 80er Jahre erzielte die DDR die höchsten Kennziffern in der Entwicklung von Wirtschaft, Wissenschaft und Technik. Die Republik stellte nach der Sowjetunion den wirtschaftlich am stärksten entwickelten Staat in der »sozialistischen Gemeinschaft« dar. Sie wurde zu einem noch wichtigeren Faktor in der Zusammenarbeit mit der UdSSR. Mit der DDR hatte die UdSSR den größten Warenaustausch. Daraus resultierte eine vorrangige Bedeutung des Ausbaus der bilateralen Beziehungen mit unserem wichtigsten Handels- und Wirtschaftspartner.

Eine weitere Erhöhung der Effektivität dieser Zusammenarbeit konnte man nur auf dem Wege der Integration der Volkswirtschaften beider Länder, einer breiten Kooperation und Spezialisierung sowie des Überganges zu neuen Formen der Beziehungen erreichen. Dieses neue Herangehen berücksichtigte man auch bei der Ausarbeitung der erwähnten »Konzeption«. Die praktische Arbeit zur Verwirklichung solcher neuen Formen der Zusammenarbeit wurde ab 1986 begonnen. Zuvor hatte es mehrere Beratungen und Treffen auf allen Ebenen, einschließlich der höchsten, gegeben. Nun war das Vorgehen in entsprechenden Vereinbarungen zwischen den Regierungen fixiert. Doch von Anfang an kam man nur schwer voran. Dies besonders bei der Bildung von gemeinsamen Unternehmen und wissenschaftlichen Kollektiven. Dafür gab es mehrere Gründe. Erstens fehlte es uns an Erfahrung, sowjetische Betriebe und Organisationen zeigten nur schwache Aktivität. Zweitens handelte die DDR-Seite vorsichtig, suchte sich Zugänge zu neuen Formen der wirtschaftlichen Zusammenarbeit aus. Drittens hemmten Unterschiede in den Strukturen der Wirtschaftsverwaltung beider Länder, das mit den Kombinaten der DDR streng zentralisierte Leitungssystem, wesentlich ihre Aktionen. Man mußte neue Normen und Strukturen schaffen, die Initiative und Selbständigkeit eine gesetzliche Grundlage geben konnten.

Es gab beeindruckende Ziffern. So bezog die Abstimmung des Übergangs zu neuen Formen der Zusammenarbeit – Kooperation, gemeinsame Unternehmen und wissenschaftliche Kollektive – mehr als 600 Industriebetriebe und wissenschaftliche Institute ein. Doch beschränkte sich die Zusammenarbeit häufig auch auf Erfahrungs- und Informationsaustausch, Reisen von Fachleuten zuweilen unter der Bezeichnung »Industrietourismus«. Je tiefer wir das Wesen der handels-wirtschaftlichen und wissenschaftlich-technischen Zusammenarbeit zwischen der UdSSR und der DDR erkannten, desto deutlicher wurden die Realitäten. Sie mußten verändert werden. Für die UdSSR war das eine uneffektive Struktur des Warenaustausches, an dem Exporte von Energieträgern und Rohstoffen den größten Anteil hatten. Mit dem Rückgang der Weltmarktpreise für Erdöl und weitere Rohstoffe zeichnete sich eine wachsende Negativ-Bilanz der gegenseitigen Abrechnungen und die Stagnation des Warenaustausches zwischen beiden Ländern ab.

Im Laufe der Zeit wurde auf dem Hintergrund hervorragender Leistungen des Westens die niedrige Qualität der gegenseitig gelieferten Ausrüstungen, Maschinen und anderer Waren immer deutlicher. Zudem betrug der Anteil solcher Lieferungen am Gesamtexport der UdSSR in die DDR nur 12 bis 13 Prozent. Aber dabei konnten wir auch Produkte und Technologien von Weltniveau anbieten. Ganz zu schweigen davon, daß man all das viel leichter hätte gemeinsam herstellen können. Wo die Dinge gut liefen – das waren

Sonderausrüstungen. Und es ist klar, warum – sie wurden in unserer Verteidigungsindustrie produziert. Es stellte sich die Frage, ob man nicht die Konversion nutzen konnte, die gewaltigen Möglichkeiten der UdSSR. Wovor hatte man Angst? Vor der Aufdeckung von Geheimnissen. Aber man »offenbarte« auch Hunderte der modernsten MiG-Jäger, die wir der NVA lieferten. Jetzt ist damit bekanntlich die Bundeswehr ausgerüstet.

Wir gingen in die Verhandlungen mit der DDR mit dem Ziel, die für beide Staaten ungünstige Situation zu verändern. Die DDR war mit unserem Vorschlag einverstanden, daß beide Seiten zuerst zur gegenseitigen Lieferung von Ausrüstungen, Maschinen, Geräten, Konsumgütern mit Valutaverrechnung übergehen. Jedes Land sollte von nun an nur das liefern, was dem internationalen Qualitätsstandard und demzufolge auch Weltmarktpreisen entsprach. Das war ein gewaltiger Schritt, er sollte alle Hersteller und Lieferanten zum Kampf um die entschiedene Erhöhung der Qualität der Produktion, um ihre Konkurrenzfähigkeit anspornen. Zweitens war die Regierung der DDR mit unserem Vorschlag einverstanden, fast um das Dreifache die Einfuhr sowjetischer Maschinen und Ausrüstungen in die DDR zu erhöhen. Wir gaben unsere Einwilligung, die Lieferungen von Energieträgern aus der UdSSR in die DDR auf dem bestehenden Niveau zu fixieren, obwohl das keine einfache Aufgabe war.

Nach zahlreichen Beratungen einigten wir uns über die Änderung der ganzen Praxis der Koordination von Fünfjahrplänen. Sie unterschied sich nun wesentlich von der früher üblichen. Anfang 1989 faßte die Regierung der DDR einen Beschluß, der neben den Planungsorganen und Ministerien auch Vereinigungen, Kombinate und Betriebe als gleichberechtigte und direkte Teilnehmer der Koordinierung der Pläne vorsah. Ihnen wurden das Recht und Möglichkeiten eingeräumt, im Rahmen von Direktbeziehungen den

Umfang von Lieferungen und Dienstleistungen, die Auswahl der Kooperationspartner zu bestimmen. Damit erhielten die Kombinate der DDR die Möglichkeit zu größter Initiative, man gab ihnen freie Hand.

Man muß ehrlich einräumen, daß Abstimmung, Überarbeitung und Formulierung der Vereinbarungen kompliziert verliefen. Man verschwendete viel Zeit für Reisen, Zusammenkünfte, Verhandlungen, Präzisierungen. In die Arbeit wurden fast alle unsere Ministerien und Institutionen einbezogen. Hier trat unsere alte Krankheit zutage – Langsamkeit, Angst vor dem Neuen, außerordentliche Zentralisierung sowie Vermeidung von Verantwortung, Unternehmergeist und Initiative.

Die Leitung der Regierung der UdSSR verstand die Probleme der DDR gut, die Bedeutung ihres wirtschaftlichen Potentials. Es begann die Suche nach Projekten großen Maßstabs, an denen sich die Republik nach ihren wirtschaftlichen Möglichkeiten beteiligen konnte. Einmal kam der stellvertretende Vorsitzende des Ministerrates der UdSSR und Vorsitzende von Gosplan Nikolai Baibakow nach Berlin. Er hatte Unterredungen mit Honecker und auch Willi Stoph und Günter Mittag. Es wurden die aktuellsten Probleme der bilateralen Zusammenarbeit besprochen, um in den schwierigsten Fällen gemeinsam eine Lösung zu finden. Unter anderem schlug Baibakow der DDR vor, an der Erschließung einer Lagerstätte von Erdöl- und Gaskondensat im Schelf bei Astrachan teilzunehmen. Man einigte sich auf die technische Beteiligung der DDR und deren Bezahlung mit Anteilen an den gewonnenen Produkten. Die DDR-Führung willigte sofort ein, doch alles zog sich derart in die Länge, daß es nicht mehr zu konkreten Schritten kam.

Ein anderes Beispiel bezieht sich auf die Erschließung und Rekonstruktion der Ausbeutung von Erdöl- und Gaslagerstätten im Norden des Tjumener Gebietes. Hier ging es abermals um die Bezahlung mit Lieferungen von Energieträgern. Das ist auch heute noch ein Problem von außerordentlicher Wichtigkeit, für das Lösungen gefragt sind. Noch immer geht die jährliche Erdölgewinnung zurück, gibt es enorme Verluste an dazugehörigen Gasen, werden neue Fundstätten nur langsam erschlossen. Von sowjetischer Seite schlug Juri Masljukow damals im Gespräch mit Honecker vor, an den Programmen der Erschließung und Rekonstruktion der Erdöl- und Gasfundstätten im Tjumener-Gebiet gegen eine Kompensation der Aufwendungen mit Energieträgern teilzunehmen. Das fand sofort Unterstützung. Aber wie auch im ersten Fall führte alles zu nichts. Leider. Hätte man diese Vorschläge in die Tat umgesetzt, wären reale Möglichkeiten für eine wesentliche Stärkung der Wirtschaft der DDR eröffnet worden. Ganz zu schweigen von unseren eigenen unmittelbaren Interessen.

Was ging zu jener Zeit wirklich in den Handels- und Wirtschaftsbeziehungen zwischen der UdSSR und der DDR vor? Wichtig ist dazu ein Blick auf den Hintergrund. Dort finden sich zwei bedeutsame Umstände. Erstens offenbarten sich Stagnationsprozesse der Wirtschaft der DDR. Die Ziffern des statistischen Amtes der DDR, die den vierteljährlichen Zuwachs zeigten, waren sichtlich überhöht. Wir wußten das. Der Grund: Schwierigkeiten mit dem Absatz der Produktion wegen starker Konkurrenz auf dem Weltmarkt. Veraltete Grundfonds wirkten sich auf Arbeitsproduktivität und Qualität aus, die ökologische Situation verschlechterte sich, Schwierigkeiten in der Energetik und beim Transport nahmen zu. Schließlich gab es eine Verschuldung gegenüber dem Westen, die keine Tendenz zur Reduzierung zeigte, sondern im Gegenteil von Monat zu Monat zunahm. Auf unserer Seite kamen negative Folgen einiger wirtschaftlicher Neuerungen zum Vorschein, die nicht zu Verbesserungen, sondern Verschlechterungen geführt hatten. Das wirkte sich auch sofort auf den Außenhandel aus – unzureichende Lieferungen, niedrige Qualität der Produkte, Absage an früher getroffene Vereinbarungen, Störungen beim Transport.

Manchmal stauten sich an der Grenze Polen-DDR in Frankfurt/Oder und an der polnisch-sowjetischen Grenze bis zu 80 oder sogar 100 Güterzüge mit Konsumgütern, die von DDR-Betrieben auf Bestellung der Sowjetunion produziert worden waren. Honecker und Stoph baten mich mehrmals, einzugreifen. In solchen Fällen bemühte ich mich um entschiedenstes Vorgehen. Ich setzte mich mit der Führung in Verbindung und bat Gorbatschow oder Ryshkow, die dringend notwendigen Maßnahmen zu treffen. Auf mein Drängen kam der Minister für Verkehrswesen der UdSSR einige Male in die DDR. Mit Müh und Not gelang es irgendwie, diese Probleme zu lösen.

Im Handel mit der DDR bürgerten sich merkwürdige Dinge ein. Auf Weisung der Regierung suchte ich Honecker oder Stoph auf und übermittelte ihnen Bitten, Lieferungen von Millionen Tonnen Kartoffeln oder ganz zu schweigen von Fleisch, Fleischprodukten und Butter zu veranlassen. Eines Tages rief mich ein Stellvertreter Ryshkows an und bat, daß ich mich an die Regierung der DDR wende. Benötigt wurden einige tausend Tonnen Salzgurken. Ich war entrüstet, konnte mich nicht beherrschen und sagte, daß ich das nicht tun werde. Als Vertreter eines solch großen Staates wie der UdSSR schämte ich mich, gegenüber der DDR-Führung mit einer solchen Bitte aufzutreten. Was die jährlichen Lieferungen von Kartoffeln betraf, so erforderte das eine riesige Kräfteanspannung sowohl von der DDR als auch unseren Organisationen. Die DDR erfüllte alle Bitten korrekt und rechtzeitig. Aber man muß im Auge behalten, daß die Beförderung der Kartoffeln zu den Abfertigungshäfen vom Transport- und Militärkontingent der Westgruppe der Streitkräfte organisiert wurde. Wie untergrub all das unsere Autorität, ganz zu schweigen von den materiellen Verlusten, die einfach schwer einzuschätzen waren.

Und doch gelang es auf den Sitzungen der gemeinsamen Ausschüsse der Regierungen Anfang und Ende 1989, grundsätzliche Fragen abzustimmen und gegenseitig annehmbare Vereinbarungen zu treffen. Auf den Sitzungen in Berlin und Moskau hofften wir noch auf Perspektiven. Zumindest was die Verrechnungen, Pläne und abgestimmte Vereinbarungen anging. Wir blickten in unseren Kalkulationen sogar über die Schwelle des Jahres 2000.

Man darf die ganze Problematik, über die ich hier schreibe, nicht losgelöst vom Faktor BRD betrachten. Ohne seine Berücksichtigung kann man die Spezifik des Charakters und der Perspektiven der Wirtschafts- und Handelsbeziehungen, die in dem einzigartigen »Dreieck« UdSSR – BRD – DDR existierten, nicht verstehen. Hier ist es notwendig, einen wichtigen Aspekt in Erwägung zu ziehen. Für die Führung der DDR war die Entwicklung der Zusammenarbeit der UdSSR mit der BRD immer kompliziert und nicht unproblematisch. Es formierte sich ein besonderer Komplex von Interessen, der ständig Ausgleich und Wahrung der Balance erforderte. Er bestand aus mehreren Elementen: militär-strategische, wirtschaftliche und politische. Die Besonderheit des wirtschaftlichen Elements bestand darin, daß das Geflecht der Beziehungen zwischen der DDR und der BRD auf der Grundlage einer kontinuierlichen wirtschaftlichen und wissenschaftlich-technischen, das heißt »innerdeutschen« Zusammenarbeit immer enger wurde. Bei der ganzen Zweiseitigkeit einer solcher Tendenz durfte man doch die Realitäten einer wachsenden einseitigen wirtschaftlichen Abhängigkeit der DDR von der BRD nicht unbeachtet lassen. Die Republik war bei der BRD stark verschuldet, und das nahm weiter zu. Daraus folgten politische Konsequenzen, das war offensichtlich.

Natürlich sah die Führung der DDR diese Entwicklung. Es

wurden Versuche unternommen, neue Märkte zu erschließen. Die Zusammenarbeit mit Frankreich, Schweden, Finnland und besonders mit Österreich wurde aktiviert. Man hegte besondere Hoffnungen gegenüber China. Doch erreichten der Warenaustausch und die wirtschaftliche Kooperation mit China praktisch kein hohes Niveau. Die Chinesen erwiesen sich als äußerst kleinlich und anspruchsvoll in bezug auf die Qualität. Die Möglichkeiten der DDR waren jedoch beschränkt. Wie nun aber weiter? Wieder den Blick und die wichtigsten Hoffnungen auf die UdSSR und die BRD richten?

Vor der sowjetischen Seite stand die Aufgabe, die entstandene Situation einzuschätzen und ihre Prinzipien und Praktiken zu bestimmen. Ich berührte dieses Thema in einer Rede auf der wissenschaftlich-technischen Konferenz des Außenministeriums der UdSSR, die im Frühling 1987 stattfand. Michail Gorbatschow hielt dort den Hauptvortrag. Daraus ergaben sich ein neues Herangehen des Generalsekretärs des ZK der KPdSU und neue Festlegungen in Fragen der Außenpolitik und Diplomatie der Sowjetunion. Von der Idee her ging es um eine bedeutende Wende in den außenpolitischen Angelegenheiten unseres Landes.

In der Diskussion zum Vortrag äußerte ich mich unter anderem zum Charakter der wirtschaftlichen Beziehungen mit der DDR und der BRD. Ich erlaube mir, mich hier kurz zu zitieren. »Wir haben im Prinzip die Vereinbarung mit der DDR über die Abstimmung der wirtschaftlichen und wissenschaftlich-technischen Beziehungen unserer beiden Länder mit der BRD. Eine vollständige Koordinierung gibt es jedoch nicht. Die DDR offenbart nicht ihre Pläne und wir nicht unsere. Es gibt nur eine gegenseitige Information über bereits vollzogene Schritte. Wir brauchen ein völlig neues Herangehen. Erstens muß man sich darüber klar werden, daß die besonderen Handelsbeziehungen DDR – BRD, der

»innerdeutsche Handel«, ein direkter Kanal für den Eintritt der sozialistischen Gemeinschaft in den Markt der Europäischen Gemeinschaft, darunter des technologischen, ist, der ab 1992 einheitlich sein soll. Aus diesem Grund müssen wir uns – und das zum zweiten – überlegen, wie weit heute unsere ständige Wachsamkeit in bezug auf die wirtschaftlichen und Handelsbeziehungen der DDR und der BRD gerechtfertigt ist. Der einseitigen Abhängigkeit der Republik von der BRD kann man im Gegenteil wohl nur entgehen, wenn wir mit gemeinsamen Bemühungen den Zustand einer gegenseitigen Abhängigkeit, der Einbeziehung der Westdeutschen in die Zusammenarbeit mit der UdSSR und der DDR erreichen. Also geht es um eine multilaterale Grundlage in noch größeren als den derzeitigen Maßstäben, die Nutzung unkonventioneller Formen ...«

Tatsächlich gab es einige Jahre lang das geschlossene »Büro für die Koordinierung der handelswirtschaftlichen Beziehungen zwischen der UdSSR und der DDR mit der BRD«. Von sowjetischer Seite waren dort ein stellvertretender Vorsitzender des Ministerrates und der Botschafter in der DDR vertreten, seitens der DDR Günter Mittag, Mitglied des Politbüros des ZK der SED, und der Vorsitzende der Staatlichen Plankommission, der Stellvertretende Vorsitzende des Ministerrates, Gerhard Schürer. Das Büro funktionierte faktisch nicht. Einmal rief bei mir in der Botschaft der Stellvertreter Ryshkows und sowjetische Ko-Vorsitzende des »Büros« Nikolai Antonow an und übermittelte die Auffassung unseres Premiers, das »Büro« abzuschaffen, weil es nicht arbeite. Antonow interessierte sich für meine Stellungnahme. Abschaffen sei die einfachste Lösung, erwiderte ich, die Führung der DDR würde sofort damit einverstanden sein. Man müsse aber gut nachdenken, bevor man etwas derartiges unternehme. Einige Tage danach rief ich bei Antonow zurück und äußerte meine Meinung über die Notwendigkeit eines Überganges zur dreiseitigen Koordinierung: UdSSR – DDR – BRD. Ich begründete diesen Vorschlag, Antonow zeigte Interesse. Er kannte die Problematik gut, zudem war er Ko-Vorsitzender des Ausschusses für die wirtschaftliche Zusammenarbeit mit der BRD. Er bat mich, diesen Vorschlag offiziell in Moskau zu unterbreiten. Ein entsprechendes Telegramm mit allen Begründungen wurde abgeschickt.

Inzwischen teilte man mir mit, daß mich Herr Wolff von Amerongen sehen möchte – ein Mann, der Kanzler Kohl nahestand. Er leitete den Ausschuß für die Förderung des Osthandels. Ich willigte sofort ein, das Treffen fand in der Botschaft statt. Mein Gast wurde begleitet von seinen engsten Mitarbeitern. Wofür interessierte sich dieser bekannte Vertreter der Industriellen? Für den Stand der wirtschaftlichen Lage in der DDR, für sie bedrohende Gefahren und Überlegungen, was sich im Interesse von DDR und BRD als auch der Sowjetunion tun ließe. Seine Hauptidee war, eine trilaterale wirtschaftliche und technische Zusammenarbeit, der Übergang zu neuen Formen. Ohne Umschweife verwies er darauf, daß an dieser Zusammenarbeit in erster Linie mittlere und kleine Unternehmen der BRD interessiert seien. Man darf die Chance nicht verpassen, unterstrich er.

Aus diesem unerwarteten gemeinsamen Herangehen ergaben sich auch neue Möglichkeiten. Von nun an ging es um praktische Schritte. Die politischen Ereignisse warfen jedoch ihren Schatten auf alle unsere Programme und Verabredungen. Man kann durchaus sagen, daß sich die Wirtschaft, in der Verbindung UdSSR – DDR – BRD betrachtet, als eine Geisel der Politik erwies. Trotzdem möchte ich betonen, daß selbst in dieser äußerst komplizierten Zeit intensiv Lösungen der brennenden Probleme der wirtschaftlichen Zusammenarbeit zwischen den interessierten Seiten gesucht wurden.

War eine andere Entwicklung möglich?

1986 stand Erich Honecker vor einer schweren Entscheidung. Zu jener Zeit, da ich in der DDR tätig war, aber auch noch danach machte ich mir häufig Gedanken über die Frage, ob es dort die Möglichkeit einer anderen Entwicklung gegeben habe. Bestimmend war die Position der von Honecker geführten SED. Daß diese Politik schließlich zum Verschwinden der Partei und auch der DDR führte, ist schwer zu erklären. Um Antwort zu finden, muß man die Frage von einer anderen Seite betrachten. Tatsächlich bietet das Leben viele Beispiele, wie man ein und dasselbe Ereignis ganz anders sehen kann. Wichtig ist der Versuch, das zu bestimmen, was sich bewährt hat, was nicht, was zu verändern war und wie. Naiv wäre die Vorstellung, daß ein derart erfahrener Politiker wie Honecker nicht ernsthaft darüber nachgedacht hätte, was aus der Konzeption des XXVII. Parteitages der KPdSU für die Politik und Praxis der SED und ihres ZK folgen würde.

Was Honeckers Herangehen betrifft, ist zumindest ein gewisses Auf und Ab zu erkennen. Am Anfang findet sich, wenn auch ein vorsichtiges, im ganzen billigendes Verhältnis gegenüber den von Gorbatschow verkündeten Umgestaltungen der sowjetischen Gesellschaft. Tiefpunkt war dann die negative Bewertung der Perestroika, wie sie in der Praxis verwirklicht wurde, faktisch die Absage an deren Unterstützung. Im Sommer 1989 kam es im Gefolge der Reise Honeckers nach Moskau und Magnitogorsk wieder zu einer Verbesserung der Beziehungen, wenigstens erklärten Honecker und das Politbüro des ZK der SED offiziell ihre Unterstützung der Perestroika und die Bereitschaft, im eigenen Land irgend etwas zu unternehmen. Dabei hatte man in erster Linie den bevorstehenden XII. Parteitag der SED im Auge.

Um zur richtigen Schlußfolgerung zu gelangen, muß man die Prozesse in der DDR unter Berücksichtigung von mindestens drei Faktoren betrachten. Erstens: Was ging im gesellschaftspolitischen und wirtschaftlichen Leben der DDR und in der SED vor? Zweitens: Wie entwickelte sich der Sozialismus in den osteuropäischen Ländern, und welche Lehren mußten daraus gezogen werden? Drittens: Keine Trennung der Entwicklung der DDR von den gesamteuropäischen Prozessen. Es ist gut bekannt, wie schnell sich die Situation in Europa veränderte – militärstrategisch, wirtschaftlich und politisch. In vielerlei Hinsicht wurden diese Veränderungen vom neuen Herangehen der Sowjetunion an die gesamteuropäischen Angelegenheiten und an die internationalen Beziehungen insgesamt initiiert.

Schon lange vor 1985 begannen sich in der SED und der gesamten Gesellschaft komplizierte Prozesse zu entwickeln. Sie kamen außer 1953 nicht offen zum Vorschein, vielleicht auf Grund einer kontinuierlichen Entwicklung der Wirtschaft, realer Erfolge in der sozialistischen Sphäre, der Festigung der internationalen Positionen der DDR. Nichtsdestoweniger hätte die offenkundige Realität als Hauptkriterium die Führung des ZK der SED zwingen müssen, zumindest in strategischer Hinsicht die Folgen des verkündeten Kurses einzuschätzen. Dieser bestand aber in der unumstrittenen Befolgung eines gewissen niederdrückenden Dogmas, das weder geändert noch bezweifelt werden durfte. Die Lebensqualität in der DDR blieb aber hinter jener in der BRD zurück. Das wußten, das sahen die Menschen in der DDR. Ungeachtet aller Reglementierungen durch die DDR-Behörden wurden umfangreichste Kontakte zwischen Millionen Einwohnern der BRD, der DDR und Westberlins hergestellt. Ununterbrochen nahm das »wechselseitige Eindringen« zu, viele Menschen auf beiden Seiten der Grenze waren durch verwandtschaftliche Bande oder Interessen verbunden. Keine offizielle Propaganda konnte mehr den Eindruck von einem anziehenderen, angenehmeren Leben »drüben im Westen« ändern. Der menschliche Faktor gewann also immer größere Bedeutung, und das berücksichtigten die regierenden Kreise der BRD. Sie verlangten von der DDR unentwegt »menschliche Erleichterungen«. Selbst die Gewährung von Krediten an die DDR wurde fast jedes Mal von derartigen Forderungen begleitet. Das war eine durchdachte, zielgerichtete Politik , die schließlich Früchte trug.

Als dann in der Sowjetunion ein Reformprogramm verkündet wurde, waren die führenden Politiker der DDR gezwungen, die Lage zu bewerten und Überlegungen für das weitere Vorgehen anzustellen. Ich möchte nicht irgendwelche Ratschläge erteilen oder Rezepte ausstellen, sondern einfach das zu akkumulieren versuchen, was von Vertretern verschiedener gesellschaftlicher Schichten geäußert wurde.

Da wir umfangreiche Kontakte unterhielten, hatten wir auch die Möglichkeit, das Wichtigste herauszufinden: Was beunruhigte die Menschen, was gefiel ihnen, was billigten sie? Womit waren sie unzufrieden, und was hielten sie für möglich, um »die DDR zu verbessern«?

Vor allem möchte ich unterstreichen, daß die staatlichen und gesellschaftlichen Strukturen der DDR es gestatteten, die breitesten Bevölkerungsschichten, alle demokratischen Kräfte der Gesellschaft in die Gestaltung des Landes einzuschalten. Formell war die DDR ein Mehrparteienstaat. Außer der Regierungspartei SED gab es noch andere Parteien – LDPD, CDU, NDPD, DBD. Sie vereinigten sich in einem Block der Nationalen Front. Das Entstehen dieser Parteien wurde seinerzeit durch die Notwendigkeit der gesellschaftspolitischen Willensbildung eines bestimmten Teils der Bevölkerung Ostdeutschlands und später der DDR diktiert. Nachdem sie die Vergangenheit bewertet und sich von ihr getrennt hatten, wollten sie aktiv am demokratischen Prozeß, am Aufbau eines neuen Deutschland mitwirken.

Was konnte man nun eigentlich tun? Die SED selbst hätte die Möglichkeiten dieser Parteien im gesellschaftlichen Leben, in Wirtschaft und Politik erhöhen müssen. Es kam jedoch so, daß aus diesen Parteien Unzufriedene und Enttäuschte austraten, die Mitgliederzahlen zurückgingen. Die Menschen verließen diese Parteien, weil sie keine Möglichkeit sahen, irgendwie den Zustand in den Organisationen selbst und folglich in der Republik zu beeinflussen. Die Vorsitzenden dieser Parteien äußerten mir gegenüber mehrfach Besorgnis. Sie sprachen unumwunden davon, daß sie einen immer größeren Druck der »Basis« verspürten. Alles wies daraufhin, daß der Parteienblock unter solchen Umständen nicht mehr lange existieren konnte. Er mußte sich unvermeidlich in ein Anhängsel der Staatsstruktur verwandeln. Das, was die SED hätte vorschlagen können, aber unterließ, machten dann unter anderen Bedingungen die Parteien selbst. Gestützt auf die Basis begannen sie, Ansprüche zur realen Teilnahme an der Leitung der Gesellschaft zu erheben. In den für die SED schwierigsten Monaten schlugen sie nicht nur das Bündnis mit der ehemaligen Regierungspartei aus, sondern gingen auf die Positionen ihrer aktiven Gegner über.

Während meiner siebenjährigen Arbeit als Botschafter in der DDR versäumte ich keine einzige Sitzung der Volkskammer der DDR. Wie auch andere Botschafter verhielt ich mich mit der gebührenden Achtung gegenüber diesem höchsten Forum der Staatsmacht der Republik. Mit anhaltender Aufmerksamkeit verfolgte ich alles, was im Sitzungssaal vorging, hörte, hörte ... Aber was haben meine Kollegen Diplomaten und auch ich dort erlebt? Es ist schwer, Worte zu finden, um klar und ehrlich jenen traurigen Eindruck wiederzugeben, den die Parlamentssitzungen gewöhnlich hervorriefen. Diskreditierung der Idee der Volksmacht selbst? Irgendwelche kategorischen Einschätzungen sind vielleicht fehl am Platze, aber besser ehrlich gesagt, als den Anschein erweckt, daß Einschätzung nicht meine Sache ist.

Die Volkskammer. Gesetze, manchmal wichtige, werden ohne Diskussion unter dem Vorwand angenommen, daß sie vorher in den Fraktionen besprochen worden seien. Vollständiges Fehlen gegensätzlicher Meinungen und Positionen bei der Suche nach optimalen Entscheidungen, die die Interessen des Volkes berühren. Bestätigung der führenden Personen ohne Diskussion und sogar ohne Fragen. Sitzungen, bei denen binnen anderthalb bis zwei Stunden manchmal Dutzende von Gesetzen und Beschlüsse angenommen werden. Interesse weckte in seltenen Fällen das Auftreten eines der Mitglieder der Führung. Das aber änderte das Gesamtbild im Prinzip nicht. Alles, was ich zu diesem Thema schreibe, ist keineswegs originell. Aus jenem einfachen Grund, daß ungefähr in dem gleichen Stil auch der Oberste Sowjet der UdSSR während der sogenannten Stagnationsperiode arbeitete.

Der frühere und inzwischen bereits verstorbene Präsident der Volkskammer, Horst Sindermann, mit dem ich regelmäßige Kontakte unterhielt, war ein erfahrener Politiker und interessanter Gesprächspartner. Mehrmals sprachen wir über die Entwicklung der zwischenparlamentarischen Zusammenarbeit der DDR mit der UdSSR. Jedes Mal äußerte Sindermann viele interessante Überlegungen, hörte uns aufmerksam und gern an. Er verheimlichte nicht, daß sowohl das ganze Parlamentssystem in den sozialistischen Ländern als auch die Volkskammer der DDR in der Praxis und auch einigen Grundsätzen weit entfernt von Vollkommenheit waren. Aber weiter als bis zu solchen Eingeständnissen ging auch er nicht.

Aber es hätte auch anders sein können, natürlich unter Berücksichtigung der Traditionen, Erfahrungen und Bedingungen der DDR. Wenn wir proklamieren, daß die ganze Macht tatsächlich vom Volk ausgehen soll, so brauchen wir auch eine gewisse pluralistische parlamentarische Demokratie, starke Volksvertretungen auf allen Ebenen. Gefordert wäre eine strenge gesellschaftliche Kontrolle über die Wahlen, die Entstellungen und mehr noch irgendwelche Mißbräuche ausschlösse. Eine besondere Frage: die Achtung der vom Gesetz garantierten Bürgerrechte und ihr obligatorischer Schutz durch das Recht. Das, was ich niederschreibe, sind keineswegs meine Rezepte. Davon sprachen viele, das ist das, was buchstäblich in der Luft »schwebte« Aber wenn notwenigerweise die Praxis vieler Jahre verändert werden mußte, so hätte die SED als Initiator eines demokratischen Parlamentarismus auftreten müssen. Ansonsten würden das andere tun, was eigentlich auch so geschah.

Die Herausbildung eines demokratischen parlamentarischen Systems ist keinesfalls ein einfacher Vorgang. Die

Geschichte des Parlamentarismus in den westlichen Ländern ist dafür Beispiel genug. Man darf es keineswegs idealisieren und sich als Vorlage für mechanische Kopien vorstellen. Und trotzdem, wenn ich die Frage der Volksdemokratie in der DDR berühre, dann hat es einen Grund. Hier waren, meiner Meinung nach, Möglichkeiten für die kontinuierliche Entwicklung eines eigenen Modells gegeben.

Die verstärkt in das Bewußtsein der Menschen gebrachte These vom Zusammenbruch der Wirtschaft der ehemaligen DDR hatte offenkundig vorsätzlichen Charakter. Nur eine ehrliche und objektive Einschätzung der wirtschaftlichen Entwicklung der DDR unter Berücksichtigung der wichtigsten sie bestimmenden Faktoren kann ein reales Bild verschaffen. Vor allem ist es ungerecht, die vergangenen 40 Jahre völlig abfällig zu beurteilen, sie nicht nur der Leitung, sondern auch dem Volk abzusprechen – das ist eine Erniedrigung. Kann man streichen, daß während dieser 40 Jahre soviel gebaut, dank der Arbeit des Volkes soviel geschaffen wurde? Und das ohne Marshall-Plan und trotz hoher Reparationsleistungen. Die SED-Politik, gerichtet auf eine Verbindung der Wirtschaft und der sozialen Entwicklung, war richtig und brachte ihre Erfolge. Doch nicht jeder berücksichtigte, daß breite soziale Vergünstigungen und Dienstleistungen für die Werktätigen der DDR die Wirtschaft schwer belasteten. Dies hemmte natürlich auch Manövriermöglichkeiten bei der Nutzung von Reserven für die Reproduktion, Einführung der modernsten Technologien, Erhöhung der Arbeitsproduktivität und Qualität.

Die Planung der wirtschaftlichen und sozialen Entwicklung der Republik stand auf wissenschaftlicher Grundlage, gründete sich auf eine optimale Bestimmung von Prioritäten, auf die Möglichkeiten der mehrseitigen Zusammenarbeit im Rahmen des RGW. Viele Probleme, die unmittelbar die Interessen des ganzen Volkes berührten, konnten gelöst werden. Gibt es denn eigentlich irgendein westliches Land, wo in größerem oder geringerem Maße keine staatliche Regelung der wirtschaftlichen und sozialen Entwicklung vorgenommen wird? Und das geschieht unter den Bedingungen des Marktes. Oder nehmen wir das Beispiel China, freilich kein allumfassendes, aber lehrreiches. Regt es nicht Überlegungen an und vor allem die Suche nach einem neuen Herangehen?

Es gibt noch eine andere Wahrheit. Sie besteht darin, daß das absolut zentralisierte System der Wirtschaftsführung in immer größeren Widerspruch zu den objektiven Wirtschaftsgesetzen geriet. Man brauchte Korrekturen. Unter den Fachleuten, mit denen wir rege Beziehungen pflegten, gab es eine vorherrschende Auffassung. Die Rechte der Produzenten sollten ausgeweitet und unter Berücksichtigung von Erfahrungen mit verschiedenen Eigentumsformen an Produktionsmitteln schrittweise regulierende Marktbeziehungen eingeführt werden. Man wollte mit Versuchen beginnen, vielleicht einzelne Regionen auswählen und erst dann in größeren Maßstäben das einführen, was in der Praxis den gewünschten Effekt brachte. Die Ausweitung des privaten Sektors war für die DDR keineswegs neu. Sie verfügte über interessante Erfahrungen, in erster Linie im Handel, im Bereich Dienstleistungen und in einem bestimmten Umfang auch in der Produktion. So entstand die Möglichkeit eines dritten Weges auf der Grundlage der Verbindung der Vorteile der Marktwirtschaft mit den Vorzügen des gesellschaftlichen Eigentums in richtigen Proportionen. Es ging um eine qualitative Veränderung der herrschenden Interessen bei garantierter sozialer Sicherheit. Ich wußte, daß in dieser Richtung bereits wissenschaftliche und praktische Untersuchungen liefen. Dies um so mehr, da sich die außenwirtschaftlichen Beziehungen veränderten und die Probleme in der DDR immer komplizierter wurden – wie übrigens auch in der UdSSR.

Es ist ratsam, uns in Erinnerung zu rufen, wie der Binnenmarkt der DDR, das Konsumniveau der Bevölkerung bei Industriewaren, Lebensmitteln und Dienstleistungen aussah. Der Käufer hatte eine recht breite Auswahl von Waren. Doch spürbar blieb die ganze Zeit ein Defizit an hochwertigen Gütern, in erster Linie leistungsfähiger Haushaltstechnik, Audio- und Videogeräten, wertvollen Elektronikerzeugnissen. Hinzu kam natürlich die fehlende Auswahl bei Autos. Man durfte dabei die DDR-Produktion wegen ihrer niedrigen Qualität nicht ernstlich in Rechnung stellen, obwohl auch sie nur schwer zu beschaffen war. Ein anderes Bild gab es bei den Lebensmitteln. Hier fand sich alles Notwendige und in ausreichender Auswahl; in speziellen Geschäften gab es Lebensmittel von höchster Qualität. Ich erinnere daran, daß die DDR im Verbrauch pro Kopf der Bevölkerung bei Fleisch, Butter und anderen Hauptnahrungsmitteln die entwickeltsten Länder übertraf. Der Fleischverbrauch beispielsweise belief sich jährlich pro Kopf auf mehr als 101 Kilogramm, was bereits über den anerkannten physiologischen Normen lag. Nicht zureichend war das Angebot an Fisch, Delikatessen, Zitrusfrüchten. Abschließend möchte ich jenes große Potential hervorheben, das in der Wirtschaft der DDR vorhanden war. Das bestätigte sich, als Ende 1989/Anfang 1990 die bekannten zerstörerischen Prozesse vor sich gingen, unter anderem im Zusammenhang mit dem Abriß der Berliner Mauer. Dabei ist die Rede natürlich nicht von jener Berliner Mauer, die das Symbol der Teilung der Nation und ein Rudiment des Kalten Krieges darstellte. Der große russische Schriftsteller Lew Tolstoi schrieb 1900 in seinem Tagebuch: »Bevor man über den Nutzen der Befriedigung von Bedürfnissen entscheidet, muß man feststellen, welche Bedürfnisse einen Nutzen darstellen.« Es gibt also durchaus Anlaß zum Nachdenken.

Die staatliche, mit anderen Worten die Parteipolitik auf

den Gebieten Wissenschaft und Kultur verdient besondere Beachtung. Sie löste in Kreisen der Intelligenz der DDR viel Streit und Diskussionen aus. Bei allen Meinungsverschiedenheiten war freilich der kritische Ansatz vorherrschend. Es wäre jedoch ein großer Fehler, all das nunmehr zu vereinfachen. Wer mag leugnen, daß die DDR auch ihr eigenes Gesicht in der Kultur hatte, sich die Führung der DDR aufmerksam um die Schaffung einer materiellen Grundlage für Kultur und Kunst, zur Wiederherstellung des kulturellen, architektonischen und historischen Erbes des Volkes bemühte.

Erinnern wir uns beispielsweise, was alles zum 750. Jubiläum Berlins getan wurde. Denkmäler der Architektur und Kunst wurden mit viel Liebe und sorgsam restauriert. Wiederhergestellt wurde das historische und künstlerische Antlitz einmaliger Ensembles, Plätze, Straßen und Stadtviertel. So auch der Platz der Akademie mit den einzigartigen Kirchen und seinem dominierenden Gebäude, dem als Meisterwerk von europäischem Rang hervorragend und vollständig wiederhergestellten »Schauspielhaus«. Ein Ort mit Anziehungskraft nicht nur für Bürger der BRD, sondern auch vieler anderer Länder. Dann die Museumsinsel mit ihren Meisterwerken der Weltkultur und das »Pergamonmuseum«, dazu das erstklassige Revuetheater »Friedrichstadtpalast«. Und auch das wiedererstandene Ensemble aus früheren Zeiten am Spreeufer, ein liebenswerter Ort der Erholung mitten im Zentrum einer großen Stadt mit einmaligem Kolorit. Gerade so etwas wurde zum Jubiläum neben dem Wohnungsbau und der Überholung der Hauptverkehrsadern vollbracht. Und ... kein einziger Behördenbau! Das war eine gut durchdachte Politik, die Früchte trug für die Menschen. All das kostete viel Geld, materielle Ressourcen. Man war gezwungen, zeitweilig bei den Bezirken sozusagen etwas zu »borgen«, womit natürlich die dortigen örtlichen Leiter und die Öffentlichkeit nicht zufrieden waren. Aber es lohnte sich schon, dafür etwas herzugeben. Das Bild würde bei weitem nicht vollständig, bliebe unerwähnt, was in solchen historischen Städten wie Weimar, Gera, Jena, Suhl und schließlich in Potsdam geleistet wurde. Die Liste kann fortgesetzt werden.

Gerieten denn etwa das selbst nach höchsten Ansprüchen erstklassige Leipziger Gewandhausorchester unter dem hervorragenden Dirigenten Kurt Masur in Vergessenheit, das Dresdener Symphonieorchester und der dort neu erbaute Komplex des Operntheaters, das Berliner Symphonieorchester, die Berliner »Komische Oper« ... Das deutsche Volk schenkte der Welt große Komponisten, und ihre Musik erklang überall in der DDR. Auch staatliche Zuschüsse für die Theater, die Museen, Künstlerverbände, für die Verbesserung der Lebensbedingungen der Maler, Schauspieler und anderer waren Realität.

Und trotzdem ... Die Parteipolitik auf einem solch sensiblen Gebiet wie dem geistigen Leben gab vielfach Anlässe für Unzufriedenheit. Die Dinge waren durchaus zum Besseren zu wenden, aber dafür war mit Dogmatismus, einer außerordentlichen Ideologisierung und Reglementierung zu brechen. Das bezieht sich auch auf die verlegerische Praxis und die Spielplanpolitik im Theater und beim Film. Zeichen des »Liberalismus« riefen scharfe Reaktion in der Führung und entsprechenden Abteilungen des ZK der SED hervor.

Einmal sagte mir Kulturminister Hoffmann, ein Mann mit weitem Blick und kluger Politiker, daß er scharf kritisiert und allem Anschein nach seines Postens enthoben werde. Ich ließ das nicht unbeachtet. Hinzu kam, daß sich Honecker mir gegenüber bei einer Begegnung unzufrieden mit der Tätigkeit des Kulturministers zeigte. Ich hörte Honecker zu, machte ihn dann aber deutlich darauf aufmerksam, daß nach meiner Kenntnis Hoffmann Autorität bei den Kulturschaffenden genießt und seine Entlassung negativ aufgenommen wird. »Überlegen Sie es sich noch einmal, bevor Sie diese Frage entscheiden werden«, bat ich. Das Gespräch endete mit keiner Festlegung, doch einige Zeit später konnten wir es fortsetzen. Ich kann mich des direkten Anlasses dieses Treffens mit Honecker nicht mehr entsinnen, doch am Ende des Gespräches sagte er plötzlich: »Wissen Sie, was den Fall Hoffmann betrifft, haben wir noch einmal nachgedacht und sind zu dem Schluß gekommen, daß er die Arbeit fortsetzen kann.« Offenbar war unser erstes Gespräch nicht in Vergessenheit geraten.

Was wollten nun die Intellektuellen? Ein breiteres, nicht von Dogmen verstelltes Herangehen an ihr Schaffen, Verständnis für die Kultur als Mittel des individuellen Ausdrucks, Vielfalt und Geduld als wichtigste Qualität jeder Gesellschaft, jedes würdigen Menschen. Natürlich ging es ihnen um eine erfüllte und lebensbejahende Selbstverwirklichung.

Ein wichtiger Gradmesser für Politik ist die Beachtung der nationalen Traditionen, die einen Teil der vielfältigen Weltkultur darstellen. Ein weiterer: kein Administrieren, um eine aktive Teilnahme der schöpferischen Intelligenz an der Gestaltung der Politik auf dem Gebiet des im weiten Sinne des Wortes geistigen Lebens der Gesellschaft zu ermöglichen. In der DDR begegnete ich häufig führenden Vertretern der Intelligenz – Literaten, Wissenschaftlern, Künstlern, Musikern – Persönlichkeiten von Weltrang. Sie nahmen sich die Situation in der Gesellschaft sehr zu Herzen. Nicht selten konnte man von ihnen hören: »Man muß etwas unternehmen, so geht es nicht weiter.« Aber was tun? Es vollzog sich eine qualvolle, oftmals widersprüchliche Suche nach der Wahrheit, ein Nachdenken über ihre Rolle in jenem schicksalhaften Jahr 1989. Mit schöpferischer Arbeit befaßte Menschen verfügen über besondere Fähigkeiten des Fühlens und Denkens. Das ist ihr Segen und ihr Unglück.

Erkannten die Vertreter der Intelligenz in jener stürmischen Zeit die Folgen des massierten Drucks auf die Geisteshaltung des Volkes, ihre eigene Verantwortung für das Schicksal des Staates, der Gesellschaft?

Bei einer der letzten Begegnungen im Mai 1990 in Berlin sagte mir ein bekannter und einflußreicher Schriftsteller, dessen Namen ich aus verständlichen Gründen nicht nennen möchte, etwas sehr Einprägsames: »Sehr geehrter Botschafter. Es ist mir schwer zumute, aber ich hoffe, Sie werden die Gründe dieses Zustandes begreifen. Ich bin keine Ausnahme, so empfinden auch andere. Als wir die Führung der SED, ihre Politik kritisierten und gegen Entstellungen, die sie zuließ, auftraten, wollten wir keinesfalls die Zerstörung der DDR. Wir kämpften für die Verbesserung der Gesellschaft, aber keineswegs für das Verschwinden der DDR. Heute verschwindet der Staat. Und das war unser Staat, in dem wir lebten, mit dem uns so vieles verband. Es ist sehr schwer, so etwas zu durchleben.«

Der Übergang einer Gesellschaft von einer Form zu einer anderen ist kompliziert, schmerzhaft und mit großen Qualen verbunden. Aber jede Veränderung enthält auch Momente der Bewahrung, sonst ist es keine Veränderung, sondern Zerfall.

Meiner Ansicht nach muß die Rolle der Intelligenz die Kritik der Fehler der Macht sein. Die Macht muß wissen, daß sie sich im starken Scheinwerferlicht der Öffentlichkeit, in erster Linie der schöpferischen Intelligenz befindet.

Ja, das Umfeld des Lebens hat sich verändert. Wie man in diesem neuen Milieu weiterleben und sein menschliches Antlitz bewahren kann, ist Sache jedes einzelnen. Aufklärende Anweisungen dazu gibt es nicht. Das wichtigste, daß der Mensch ein Mensch bleibt, ein Mensch ohne Komplexe.

Dem könnten manche widersprechen, daß ja endlich

genau die Freiheit der Selbstverwirklichung des Künstlers, die unter dem »Totalitarismus« grausam unterdrückt wurde, erreicht ist. Sie können auf die Rückkehr verbotener Namen und die Wiederaufnahme verschiedener Richtungen der Kunst, Philosophie und des gesellschaftlichen Denkens verweisen. Das ist wahr, wahr ist aber auch, daß eine Regelung der kulturellen Angelegenheiten mit den wirtschaftlichen Mitteln des »freien Marktes« in Aktion tritt. Was aber ist dann zu erwarten?

Wieviel wurde über die Informationspolitik der SED gesprochen? Die Parteiführung reagierte krankhaft auf jeden Versuch, die in den Massenmedien entstandene Situation zur Diskussion zu stellen und sich der notwendigen gesellschaftlichen Kontrolle, ohne die demokratische Macht nicht denkbar ist, zuzuwenden. Daraus erwächst natürlich die Frage: Waren denn nicht die Medien, die unwidersprochen den Direktiven der SED folgten, faktisch die vierte Macht? Man kann mir antworten, daß der Generalsekretär des ZK persönlich als »Zensor« auftrat und unter diesen Bedingungen »Freiheiten« undenkbar waren, »organisatorische Folgen« drohten. Die Medien der DDR arbeiteten unter Bedingungen, die einem Informations-Totalitarismus nahekamen, und viele arbeiteten nicht gewissenhaft, sondern mit Angst.

Nach den Ereignissen der Jahre 1989 und 1990 wendeten sich Presse und Fernsehen wie auf Kommando um 180 Grad und begannen mit der Zerstörung und Anschwärzung dessen, was sie früher selbst gepriesen hatten. Das ging manchmal in politisch-moralischen Terror über. Auch das war die »vierte Macht«. Aber wenn das richtig ist, dann war sie bereits »frei« und sollte sich wenigstens in wichtigen Fragen bemühen, objektiv die widersprüchlichen Prozesse Nachkriegsdeutschlands und der 40jährigen Existenz der DDR zu verdeutlichen. Schließlich sollte sie von Positionen der Gerechtigkeit ausgehen und nicht der Rache an jenen, die unschuldig und an Mißbräuchen nicht beteiligt waren. Es wurden falsche, auf Sensation berechnete Tatsachen publiziert. Viele bestätigten sich nach einer Prüfung nicht, doch in der Öffentlichkeit und im Volk provozierten sie extreme Aufregung und Ungeduld.

Die offizielle Politik der Auslegung der Wahrheit wurde ersetzt durch eine andere, ebenfalls unduldsam gegenüber Andersdenkenden. Zuweilen verbreiteten jene, die noch vor kurzem »die absoluten Wahrheiten des entwickelten Sozialismus« verkündeten, nun die neuen Ideen. Sie können sagen, es war vielleicht Einsicht? Vielleicht. Wir befinden uns alle heute in einer Zeit des Überdenkens der Werte. Aber es kann nicht Einsicht in die Wahrheit sein, wenn sie von kategorischer Einseitigkeit, Erbitterung und Nihilismus begleitet wird.

Aber zurück zur SED. Bestand sie die Prüfung der Verantwortung in einem scharfen Umschwung der Geschichte der DDR? Jetzt kann man eindeutig sagen, daß das nicht der Fall war. Warum? Wollen wir versuchen, diese Frage zu beantworten. Die Perspektive einer Regierungspartei hängt insgesamt davon ab, wie sie sich in den Prozeß der qualitativen Erneuerung der Gesellschaft oder in das Streben danach einfügt. Die im politischen und organisatorischen Sinne von ideologischem Dogmatismus und Sektierertum freie, aber den sozialistischen Idealen treue Partei wird eine Zukunft haben. Ja, die Gesellschaft der DDR forderte Erneuerung. Gerade dabei hätte die Partei das Tempo bestimmen müssen.

Die Kampffähigkeit der Partei hängt unmittelbar von ihrem Verhältnis zur möglichen Herausbildung verschiedener Strömungen in ihr selbst ab. Es handelt sich um Richtungen, die sich zur sozialistischen Wahl bekennen und gleichzeitig die totalitaristischen Entstellungen des Sozialismus ablehnen. Gerade auf solch zwiefache und zugleich einheitliche weltanschauliche Grundlage gründet sich die Perspektive des Erhalts der Einheit der Partei. Darunter ist die Konsolidierung unterschiedlich denkender, doch für das Schicksal des Landes in gleichem Maße verantwortlicher Kräfte zu verstehen.

Ich meine, es ist an der Zeit, auf die Frage der Vereinigung der Kommunistischen Partei und der Sozialdemokratischen Partei Deutschlands im Jahre 1946 zurückzukommen, aus der als vereinigte Partei die SED hervorging. Mancher Leser könnte fragen: Warum blättert der Autor bis zu diesen Seiten der Geschichte zurück? Nur deshalb, weil das Schicksal jener traurig ist, denen die historische Wahrheit verloren geht. Meiner Meinung nach verdienten die Ideen der Sozialdemokraten, die gleich den demokratischen Traditionen der ehemaligen SPD nicht beachtet wurden, besondere Aufmerksamkeit. Es kam zu einer offenkundigen Ungerechtigkeit. Die Auffassungen der Sozialdemokraten wurden verworfen, gemeinsame Strukturen zerstört und immer mehr ehemalige Sozialdemokraten aus Leitungsebenen entfernt. Damit war die Möglichkeit verloren, aktiv auf die Politik der SED Einfluß zu nehmen. Die Tatsache, daß einigen prominenten Sozialdemokraten hohe Posten verliehen wurden, veränderte das Gesamtbild nicht. Es hätte aber zu einer anderen Entwicklung kommen können, wenn jene Menschen, von denen alles abhing, klüger und weitsichtiger gewesen wären. Nicht zu bezweifeln ist, daß deren Herangehen unausweichlich zum dogmatischen Denken verurteilte. Dem Pluralismus der Meinungen und des Herangehens wurde schon damals ein Ende gesetzt.

Wenn wir auf die Ursprünge eingehen, müssen wir ehrlich und deutlich fragen, ob es in jenen Jahren, da die theoretischen Konzeptionen der späteren Regierungspartei begründet wurden, eine Alternative gab. Das Leben zeigte, daß man die Genesis der Sozialdemokratie, ihre soziale Grundlage nicht vergessen durfte und ebensowenig das, was die Kommunisten objektiv mit sozialdemokratischen Kräften verbindet. Es ist auch angebracht, daran zu erinnern, daß es in Osteuropa Länder der Volksdemokratie mit pluralistischen politischen Systemen gab. Die Entfernung von Parteien aus der politischen Arena, die auf der Welle des Kampfes gegen den Faschismus entstanden waren, trug bei weitem nicht immer gesetzmäßigen Charakter.

Im Politbüro des ZK der SED herrschte ein falsches Verständnis der führenden Rolle der Partei. Deren Auslegung lief darauf hinaus, daß nur die Parteiführung über die volle Wahrheit der Entwicklung des Landes, der politischen Prinzipien verfügte. Es wurden weder neue internationale Erscheinungen noch die Verschärfung einiger innerer Probleme zur Kenntnis genommen. Die in der Gesellschaft real vor sich gehenden Prozesse, Veränderungen in der Stimmung der Bevölkerung wurden nicht ständig berücksichtigt. Die Erfahrung bestätigt, daß besonders eine regierende Partei daran denken muß, daß ein Monopol auf Macht, Wahrheit und Eigentum in sich bereits die Gefahr des Verfaulens trägt. Ihre Prioritäten kann sie stützen auf den Intellekt, weite Sichten und Horizonte, das ungestörte Zusammenwirken von Mensch, Gesellschaft und Natur, das klare Verständnis der Gesetze der gesellschaftlichen und staatlichen Entwicklung. Nur dann wird sie für breite Schichten der Werktätigen eine anziehende Kraft.

Der XI. Parteitag der SED zeigte, daß die Parteiführung keine strategische Konzeption für die Zukunft, keine Antworten auf die Herausforderungen der Zeit hatte. Die Lage war die, daß die Partei nur äußerlich als eine monolithe und kampffähige Kraft erschien. Ein bis zum Absoluten getriebener Zentralismus hemmte die Initiative, brachte Passivität hervor, ließ die Gewohnheit wachsen, nur auf Anweisungen der Zentrale zu handeln. Unter diesen Bedingungen gab es keinen Nährboden für die Suche nach Alternativen. Da die

Partei über das Machtmonopol verfügte, hätte sie innere Instrumente als Garantie gegen die Degenerierung ihrer politischen und organisatorischen Stabilität besitzen müssen. Solche Hilfsmittel hätten Selbstkritik, ehrliche und objektive Selbstanalyse, ein entwickeltes Verantwortungsgefühl in allen Gliederungen werden können – und besonders wichtig: die Möglichkeit der Gegenüberstellung verschiedener Standpunkte. Das fehlte.

Eine Demokratisierung des innerparteilichen Lebens war dringend erforderlich. Das wurde aber nicht erkannt oder akzeptiert. Ebensowenig ein neues Herangehen an die Kaderpolitik, an einen ständigen Wechsel der Parteikader. Für mich ist es bis heute rätselhaft, warum Honecker nicht wollte, daß Schlüsselpositionen in der Partei von Menschen eingenommen werden, die das intellektuelle Potential der besten Kräfte einen und auf die Ausarbeitung einer neuen Ideologie und Politik konzentrieren konnten, um die Einheit von Partei und Volk zu sichern.

Ein Teil der Führung mit Honecker an der Spitze ging von einem falschen Verhältnis zu den sogenannten Andersdenkenden aus. Das war ein prinzipieller Fehler. Die »Andersdenkenden«, die im Herbst 1989 auf die Straßen gingen, wollten eine »bessere DDR«. Aus ihrer Sicht verlor das in der DDR herrschende System die Fähigkeit, den Interessen der Menschen unter den neuen Bedingungen zu entsprechen. Selbstverständlich liegt die Schlußfolgerung nahe, daß man der dramatischen Entwicklung der Ereignisse hätte zuvorkommen können. Dazu hätte sich die Führung des ZK der SED mit voller Aufmerksamkeit jenen Fragen zuwenden müssen, die einer Lösung bedurften und vom realen Leben diktiert wurden. Auf solche Weise hätte sie nicht nur die Überzeugungen der »Andersdenkenden« tolerieren, sondern auch zusammen mit ihnen nach einer Lösung der Schicksalsfragen der Republik suchen können.

Hier gibt es einen wichtigen Umstand. Wie funktionierte eigentlich das Zentralkomitee der SED? Es ist durchaus bekannt, daß es aus vielen aktiven, ehrlichen, den sozialistischen Idealen treu ergebenen Menschen bestand. Sein Unglück bestand darin, daß es faktisch von der Erörterung und Entscheidung wichtiger Fragen ausgeschlossen wurde. Jeder, der den Arbeitsstil des Politbüros zu kritisieren versuchte, wurde fast eines feindseligen Vorgehens gegen Partei und Staat verdächtigt. Damit wird erklärlich, warum die wirkliche Opposition, die sich um die Kirche und neue Bewegungen und Parteien gruppierte, geistigen Einfluß auf die Gesellschaft gewinnen konnte. Mit anderen Worten: Eine lebenswichtige Angelegenheit der Partei wurde anderen Kräften preisgegeben. Die Kirche, oppositionelle Bewegungen und Gruppen erkannten realistischer als die Führung des ZK der SED die Probleme. So kam es dazu, daß in einer für das Land äußerst schwierigen Zeit nicht einmal die Mitglieder des ZK der SED die entstandene Lage besprechen konnten, ganz zu schweigen von unteren Strukturen oder einfachen Parteimitgliedern. Sie erhielten keine präzisen und ehrlichen Informationen, konnten ihre Meinung zu möglichen Wegen einer Stabilisierung der Gesellschaft nicht aussprechen.

Diese Krise brach völlig unerwartet, aber vor allem wegen eines Defizits an Kompetenz und der Erschlaffung des politischen Willens aus. Gerade hier liegt eine Antwort auf viele Fragen, die die öffentliche Meinung beunruhigten. Es ist für mich bis heute unbegreiflich, warum Honecker Ende August und im September 1989, als die ersten bedrohlichen Donnerschläge hallten, nicht eine Sitzung des Zentralkomitees der SED einberief. Dort hätte man die Lage besprechen, ein prinzipielles Herangehen an die Politik und die Taktik ausarbeiten, aktiv, verantwortungsvoll und umsichtig handeln können. Ich meine dabei auch mögliche Alternativen. Was steckte jedoch hinter dieser Passivität – Angst vor Verantwortung, Selbstsicherheit oder vielleicht Verwirrung? Ich habe keine klare Antworten auf diese Fragen. Wahrscheinlich wirkten alle diese Faktoren.

Nachdem ich den Abschnitt zur Partei noch einmal gelesen hatte, dachte ich: Nun kommt der Augenblick der Schlußfolgerungen. Das Problem besteht nicht darin, nochmals die Schuldigen des Dramas zu benennen, sondern Ursachen und Resultate des Geschehens zu erkennen. Rätselhaft bleibt besonders eine Frage. Am 7. Oktober 1989 kam Gorbatschow zum letzten Mal mit Honecker in Berlin zusammen und anschließend mit allen Mitgliedern des Politbüros des ZK der SED. In Moskau war ich am Vorabend meiner eiligen Rückkehr nach Berlin bei ihm. Gerade erst war ich in einem Sanatorium bei Moskau eingetroffen, um mich nach drei Jahren Arbeit, die von Urlaub nicht unterbrochen worden war, zu erholen. Da erfuhr ich aus den Berichten westlicher »Stimmen« von den Ausreisen der DDR-Bürger über die österreichisch-ungarische Grenze in die BRD. Sofort begab ich mich nach Moskau. Im ZK der KPdSU ging ich bei Jakowlew vorbei und sagte ihm, ich hätte eine böse Vorahnung und würde unbedingt nach Berlin zurückkehren. Zu Anfang maß er meiner Besorgnis keine Bedeutung bei. Es gäbe vielleicht gar keinen Grund zur Dramatisierung, meinte er. Nach kurzem Nachdenken sagte er aber: »Im Prinzip hast du wohl doch recht, besser dort zu sein. Schau dich um, ruf mich an.« Schewardnadse, den ich ebenfalls an diesem Tag aufsuchte, war einverstanden: »Ich verstehe, daß Sie vier Jahre ohne Urlaub bleiben werden, aber Sie haben recht – der Platz des Botschafters ist in Berlin.« Am nächsten Tag war ich in der Hauptstadt der DDR.

Vorher hatte ich Gorbatschow hartnäckig überzeugt, daß er anläßlich der Feiern des 40. Jahrestages der DDR unbedingt nach Berlin kommt. Dabei hatte ich die Notwendigkeit zweier Treffen begründet – zuerst mit Honecker und danach mit dem kompletten Politbüro. Gorbatschow willigte ungern ein. Es war mir völlig klar, daß er nicht hinfahren wollte. Trotzdem zeigte er sich nach einigem Nachdenken einverstanden, alles Notwendige sollte vorbereitet werden. Übrigens wünschte auch Honecker den Besuch Gorbatschows sehr, da sich die Führer der anderen befreundeten Staaten nach ihm richteten. Honecker betrachtete diese Frage vor allem vom Standpunkt des Ansehens der DDR und seines eigenen.

Gorbatschow kam am 6. Oktober nach Berlin. Am gleichen Abend fand ein großer Fackelzug der Jugend statt. Auf der Ehrentribüne befanden sich die DDR-Führung, die Vertreter der ausländischen Delegationen, des diplomatischen Korps und der Öffentlichkeit. Mitten auf der Tribüne stand Gorbatschow gemeinsam mit Honecker. Er reagierte lebhaft auf dieses Massenschauspiel, das ausgezeichnet organisiert war. Kolonnen der Jugend aus der Hauptstadt und allen Bezirken der DDR marschierten vorbei. Es regnete ununterbrochen, doch ungeachtet des schlechten Wetters hob sich unwillkürlich die Stimmung. Kleine Gruppen, die »Gorbi! Gorbi!« skandierten, zogen die Aufmerksamkeit auf sich. Es war klar, daß sie ihren eigenen Sinn hineinlegten.

Nach der Manifestation begleitete ich Gorbatschow in seine übliche Residenz, das Schloß Niederschönhausen. Als ich mich verabschieden wollte, sagte Gorbatschow: »Warte noch, komm in fünf Minuten nach oben. Wir werden uns zusammensetzen, in unserem Kreis zu Abend essen.« Kurz danach gingen wir in den Saal, wo der Tisch gedeckt war und an dem bereits Gorbatschow mit Raissa Maximowna, Walentin Falin und Georgi Schachnasarow Platz genommen hatten. Der Raum war uns wohlbekannt, hatte doch Gorbatschow während seiner Aufenthalte in Berlin hier stets ähnliche Essen gegeben. Der Hausherr war gutgelaunt, teilte seine

Eindrücke mit. Unter anderem sagte er, daß wir alle Zeugen einer eindrucksvollen Manifestation der Jugend gewesen seien. Besondere Probleme berührte er nicht, das Gespräch war ungezwungen und hatte verschiedene Themen. Ich erinnere mich jedoch, daß er plötzlich feststellte: »Unser Volk wird es uns nicht verzeihen, wenn etwas mit der DDR geschieht. Besonders schwer werden das die Kriegsveteranen und ehemaligen Arbeiter des Hinterlandes aufnehmen.« Das wiederholte er, blickte mich dabei aufmerksam an. Alle schwiegen. Oft frage ich mich, warum er das sagte, ob es aufrichtig war. Schließlich kannte er die Situation genau und verstand, daß Veränderungen in der DDR unabwendbar waren.

Am 7. Oktober kam es in Berlin zu den vorbereiteten Treffen, zuerst mit Honecker und dann mit allen Mitgliedern der Führung des ZK. Ich nahm an beiden Begegnungen teil. Gorbatschow sprach aus seiner Sicht über die Lage, spielte auf die Notwendigkeit von Umgestaltungen in der Politik der SED an. Die SED müsse an der Spitze der Umgestaltungen stehen, die Situation gestatte das der Partei heute noch. Aber morgen könne es zu spät sein. Honecker hob im Gegenteil nachdrücklich hervor, daß das ZK die Situation beherrsche und keine Gründe für eine Dramatisierung sähe. Er versuchte, die entstandenen Schwierigkeiten mit der Einmischung westlicher Kräfte zu erklären. Sie seien Folge eines Komplotts der BRD mit Ungarn, das die Grenzen zu Österreich öffnete. Eigentlich konnte man bei diesem Gespräch nichts Prinzipielles und Konkretes vereinbaren. Gorbatschow war die Stimmung verdorben.

Das gleiche wiederholte sich dann auch beim Treffen mit den Mitgliedern der Führung des ZK der SED. In seiner Rede legte Gorbatschow ungeschminkt einen Hauptgedanken dar, dessen Inhalt im wesentlichen folgender war: Wir verkündeten das Recht jeder Partei, ihre Politik und Prinzipien selbst zu bestimmen. Aber das Recht setzt auch Verantwortung voraus. Die Situation ist die, daß die Führung des ZK der SED wählen muß: entweder die Lage umfassend einschätzen und einen neuen Kurs einschlagen oder es können ernste Komplikationen eintreten. Die Partei gerät dann in eine neue Situation, in der sie gezwungen wird, Entscheidungen unter äußerst schwierigen Bedingungen zu treffen – elementare Kräfte fegen sie weg. Honecker sagte im Vergleich zum ersten Treffen nichts Neues, er wiederholte faktisch das, was wir bereits gehört hatten. Was taten nun die Mitglieder des Politbüros? Alle saßen schweigend, keiner ließ ein Wort fallen, wenn wir einmal von einer kurzen privaten Frage Schürers absehen. Man saß, man wartete. Alles war zu Ende. Man stand auf, ging auseinander. Gorbatschow trat mit uns auf den Gang, blieb stehen und sagte: »Was kann man da noch machen? Als würde man Erbsen an die Wand werfen. Nichts wollen sie annehmen.« Trotzdem möchte ich betonen – die Treffen mit Gorbatschow waren nicht überflüssig, es wurde ein Anstoß gegeben.

Oft denke ich an diesen Tag zurück, an diese Treffen. Auf die Fragen sind nur schwer exakte Antworten zu finden. Eine von ihnen: Warum schwiegen die Mitglieder der Führung des ZK der SED ungeachtet einer deutlichen Erklärung Gorbatschows? Wollten sie etwa nichts in seiner Anwesenheit unternehmen? Meinten sie, daß alles direkter Einmischung und Druck der Führung der KPdSU ähnelte? Vielleicht aber hofften sie darauf, daß Honecker schließlich selbst die Notwendigkeit seines Rücktritts vom Posten des Generalsekretärs erkennt? Oder vielleicht ging es hier um ein rein menschliches Gefühl? Halbe Fragen zu stellen hatte nicht viel Sinn, es ging allein um das Kardinalproblem der Ablösung Honeckers. Das nun aber ausgerechnet am 7. Oktober, dem Tag des 40. Jahrestages der Republik ... Mir waren die Stimmung und die Absicht einer Gruppe von Politbüromitgliedern mit Egon Krenz und Willi Stoph an der Spitze wohlvertraut. Noch vor diesem Tag waren sie zu einer eindeutigen Schlußfolgerung gelangt. Man kann annehmen, daß sie beabsichtigten, diese Frage in einiger Zeit zu lösen, nochmals alles abzusprechen und sorgfältig vorzubereiten.

Wahrscheinlich wirkten all diese Faktoren gemeinsam. Hinzu kam jedoch noch ein sehr wichtiger Umstand, den Honecker nicht kannte. Im September 1989 kam eines der Mitglieder des Politbüros des ZK der SED nach Moskau. Er war bei Gorbatschow, berichtete ihm von der Situation in der DDR und davon, daß eine Gruppe von Mitgliedern des Politbüros des ZK der SED zu der Schlußfolgerung gelangt sei, daß die Ablösung Honeckers notwendig ist. Genau so wurde entschieden, die Führung des ZK der KPdSU in Kenntnis zu setzen. Und somit ist kein Raum für Spekulationen um die »Hand Moskaus«. Das war eine Angelegenheit des Politbüros des ZK der SED. Hinweise der Art, daß wir »jemanden auslieferten« sind unangebracht, weil sie der Wirklichkeit nicht entsprechen.

Inzwischen verschlechterte sich sehr rasch die Situation. Am 5. Oktober gab es in Dresden eine Demonstration, deren Teilnehmer ihre Ablehnung der Politik des ZK der SED ausdrückten. Die Manifestation hatte friedlichen Charakter, und es kam zu keinen Ausschreitungen. Am 7. Oktober fuhr Gorbatschow zum Flugplatz, um nach Moskau zurückzukehren, als im Zentrum Berlins Tausende Demonstranten eine Veränderung forderten. Zur Auflösung der Manifestation wurden grobe Polizeimaßnahmen angewandt. Die Ereignisse bekamen einen qualitativ neuen Charakter. Auf dem Flughafen sagte mir Gorbatschow bei der Verabschiedung: »Ich bitte dich, berichte mir persönlich von der Entwicklung der Ereignisse. Zu jeder Tageszeit.« Schachnasarow meinte: »Nun, Sie bleiben hier. Ich beneide Sie nicht, Freunde. Sie haben eine sehr schwere Zeit vor sich.«

Wie ich erfuhr, berichtete Gorbatschow nach seiner Ankunft in Moskau noch auf dem Flughafen den Mitgliedern des Politbüros des ZK der KPdSU von seinen Eindrücken. Er sagte, daß er von dem Gesehenen verblüfft war. Während der feierlichen Demonstration zogen an der Tribüne Jugendgruppen vorbei, die gegen Honecker, die ganze Leitung skandierten. Nach seinen eigenen Worten sagte Gorbatschow zu Honecker: »Sie werden sich nicht halten, wenn Sie nicht sofort Reformen beginnen.«

Natürlich habe ich dazu zwei Fragen. Die erste: Warum sprach Gorbatschow davon nicht während des Treffens mit den Mitgliedern der Führung des ZK der SED am 7. Oktober, um seine Argumentation mit neu gewonnenen Eindrücken zu verstärken? Die zweite: Am Abend des 6. Oktober verlor Gorbatschow nach dem Fackelzug der Jugend bei unserem Zusammensein in der Residenz kein Wort über derartige Wahrnehmungen. Er sprach im Gegenteil von einer eindrucksvollen Manifestation. Wo ist hier nun die Wahrheit?

Ich werde noch auf die Ereignisse des Herbstes 1989 zurückkommen, möchte aber vorerst die Frage weiterführen, ob in der DDR eine andere Entwicklung möglich war? Wollen wir die Faktoren abwägen, indem wir aus einiger Distanz die Ereignisse historisch und unter Berücksichtigung wichtiger und widersprüchlicher Erscheinungen bewerten. Immer wieder komme ich zu dem Schluß: Die Führung des ZK der SED hatte Chancen, die Entwicklung der Gesellschaft auf den Weg der Reformen im sozialistischen Rahmen, im Interesse des Volkes zu bringen. Doch wurden diese Chancen jedes Mal verpaßt. Vielleicht war das Ende der 70er Jahre ein Anlaß für Umgestaltungen. Hätte die sozialistische Gemeinschaft nach den Ereignissen in der Tschechoslowakei 1968 sowohl Vorteile als auch Mängel des Modells des Sozialismus einer kollektiven Analyse unterzogen und entsprechende Schlußfolgerungen gezogen, hätte historisch vieles anders verlaufen können. Die Möglichkeit von Veränderungen nach den tschechoslowakischen Ereignissen ist rein hypothetisch, denn ich stelle mir die Situation, die handelnden Personen jener Zeit und Breshnews »Konzeption« einer »begrenzten Souveränität« vor. Nur schwer wäre in der sozialistischen Gemeinschaft ein Politiker ausfindig zu machen gewesen, der ein neues Herangehen hätte vorschlagen können.

Eine andere Sache sind die 1985 in der Sowjetunion begonnenen Umgestaltungen. Sie lieferten einen unmittelbaren Anlaß für eine strategische Wahl des Entwicklungsweges auch in der DDR. Selbstverständlich ist dieses Problem vielschichtig und nicht gelöst von der konkreten Wirklichkeit, unter anderem der zweifellos zu stellenden nationalen Frage, zu betrachten. Aber diese Frage würde früher oder später ohnehin aufgeworfen. Allerdings war sie von der Führung der DDR wenig weitsichtig und undialektisch »abgeschlossen« worden, obwohl sie damit auf die Lage im Zentrum Europas stark hätte einwirken können – bei Wahrung ihres Gesichtes und mit der historischen Erfahrung eines jungen deutschen sozialistischen Staates, mit durchdachten Konzeptionen über Formen, Etappen und Bedingungen. Freilich sollte man dieses Problem nicht auf Kundgebungen und den Plätzen, sondern in vertrauensvollen Konsultationen vor allem mit der Führung der Sowjetunion lösen.

Getrennt von der Situation in den sozialistischen Ländern ist das nicht zu betrachten, dort lief längst nicht alles glücklich. Was die DDR betrifft, so fragen wir uns selbst, wer am Geschehenen schuld ist? Wer hat das Höchstmögliche unternommen, daß die Entwicklung einen anderen Weg nimmt? Man konnte wohl nur unter einer Bedingung einen Umschwung erreichen: wenn die Führung der SED, aber keinesfalls die UdSSR, die Initiative in ihre Hände genommen hätte. Es gab viele Diskussionen darüber, in welchem Maße die in Osteuropa ablaufenden Prozesse mit der »Perestroika« in der Sowjetunion verbunden waren. Darauf gibt es keine eindeutige Antwort. Natürlich kam es zu gewaltigen Veränderungen. Das sehen alle. Aber die lebenswichtige Frage lautet – waren die dort geschaffenen Modelle jener Sozialismus, den man beschützen mußte. Wär es nicht richtiger, zu sagen, daß in den Ländern Osteuropas weder der Sozialismus noch die sozialistische Idee zusammenbrachen, sondern jene Version des Sozialismus, die auch von der ehemaligen Sowjetunion abgelehnt worden war.

Wenn ich auf das Jahr 1990, auf die Ereignisse in der DDR zurückkomme, so war ich damals von ihrer unmittelbaren Verbindung mit der »Perestroika« und ihrem Scheitern in der Sowjetunion nicht überzeugt. Ich habe bewußt das Wort »Scheitern« gewählt, da es sonst schwer wäre, jene katastrophalen Folgen, die unserem Land die unbedachten »Reformen« Gorbatschows und seiner Mannschaft brachten, zu charakterisieren. Ich erinnere mich eines Gespräches, das ich mit dem ehemaligen Minister der DDR Gerhard Beil, einem klugen und exakten Politiker, führte. Während eines Empfanges beim Botschafter Frankreichs anläßlich eines Besuches von Mitterrand sagte mir Beil, daß die Ereignisse in der DDR durch zwei Dinge ausgelöst wurden – durch »unsere deutsche Selbstsicherheit und den Mißerfolg der Perestroika bei Ihnen«. Ähnliches hörte ich auch von anderen.

Nach einigen Jahren komme ich nun unter Berücksichtigung der in dieser Zeit vonstatten gegangenen kardinalen Veränderungen und neuen, noch unbekannten Bedrohungen zu dem eindeutigen Schluß: Ja, zwischen dem Geschehen in der bereits ehemaligen Sowjetunion und dem Schicksal der DDR gibt es eine direkte Verbindung. Als alles in dem »gesamteuropäischen Haus« zerfiel, hätte die DDR in ihrer damaligen Form allein ohnehin nicht standhalten können. Gleichzeitig wiederhole ich nochmals – es war auch eine andere Entwicklung möglich . Real war sie 1985, wenn in der DDR Politiker gefunden worden wären, die die europäischen Umwandlungen erkannt hätten. Die zunehmende Integration führte zur wirtschaftlichen Vereinigung der Europäischen Gemeinschaft und zur Krise der kommunistischen Parteien in vielen westlichen Ländern. Das geschah vor dem Hintergrund eines uneffektiven Rates für Gegenseitige Wirtschaftshilfe, der Zunahme wirtschaftlicher und politischer Schwierigkeiten in den osteuropäischen Ländern, vor allem aber in der UdSSR.

1980 hatte ich in Italien als Leiter einer Delegation der Russischen Föderation eine bemerkenswerte Begegnung. Während unseres Aufenthaltes in Rom wurde ich von Enrico Berlinguer in das Zentralkomitee der Italienischen Kommunistischen Partei eingeladen. Es war eine freundschaftliche und aufrichtige Unterredung. Uns verbanden alte Beziehungen. Am häufigsten trafen wir uns, als er Präsident des Weltbundes der Demokratischen Jugend war. Rasch wuchs er als ein politischer Funktionär, und absolut folgerichtig stand er nach dem Tod von Palmiro Togliatti an der Spitze der größten Kommunistischen Partei in Westeuropa.

Besonders interessant waren seine Einschätzungen zur Lage in Italien und vor allem zur Situation der Partei. Er sagte: »Das Problem besteht darin, daß sich die soziale Basis für die Kommunistische Partei verändert. Das ist nicht nur für die Italienische Kommunistische Partei ein Problem, ein ähnliches Bild gibt es in fast allen Ländern Westeuropas. Nicht zufällig verlieren die kommunistischen Parteien in diesen Ländern ihren Einfluß, gehen die Mitgliederzahlen zurück, werden sie in ihrem Bestand älter, geht der Zustrom Jugendlicher stark zurück. Worin liegt nun der Grund für eine solche Situation? Traditionell waren bei uns Arbeiter, Bauern und schlecht bezahlte Vertreter der Intelligenz Hauptstütze der Partei. Jetzt bildete sich eine breite Schicht heraus, genauer eine mittlere Klasse verhältnismäßig wohlhabender Menschen. Sie wollen radikale Losungen nicht mehr akzeptieren. Sie versuchen, entweder überhaupt der Politik fernzubleiben oder sich auf Parteien und Bewegungen links-zentristischen Charakters zu orientieren. Unsere früheren Konzeptionen verlieren ihre alte Wirkung. Gefordert ist deren Korrektur unter Berücksichtigung der heutigen Realitäten. Man braucht keine revolutionären Phrasen, sondern Programme, die die Interessen eines breiten Spektrums der Bevölkerung widerspiegeln. Man muß allgemein demokratische Werte beachten, und wenn es strategisch und taktisch gerechtfertigt ist, mit geistig nahestehenden potentiellen linken Verbündeten und auch dem Teil der Christdemokraten koalieren, der gegen die korrumpierte Führungsgruppe der eigenen Partei auftritt.«

Der Dogmatismus, erklärte Berlinguer, wird die kommunistischen Parteien zugrunde richten. Eigentlich gäbe es bereits in einigen Ländern solche Beispiele. In sehr komplizierten Debatten, einem schwierigen Kampf gegen Dogmatiker und Konservative müsse man neue Wege zu Herz und Verstand der Menschen suchen. »Ich möchte noch einmal wiederholen«, unterstrich Berlinguer, »wir brauchen eine breitere politische Plattform, den Kampf für Rechts- und Verfassungsgarantien, für sozialen Schutz der Menschen angesichts des Zusammenwachsens korrumpierter Gruppen mit Regierungsstrukturen, gegen ihren Einfluß auf die Lage im Lande.« Wichtig wäre zudem, die Kunst des parlamentarischen Kampfes zu entwickeln, sich Stützen in den örtlichen Selbstverwaltungen zu schaffen. Nach dem Krieg hatte das Parlament traditionell starke Positionen, deshalb wäre dort die Verstärkung des linken Flügels äußerst wichtig. Berlinguer hatte längst die Sympatien jener gefunden, die Gelegenheit hatten, ihm zu begegnen und mit ihm zu arbeiten. Er war ein bezaubernder Mensch, schlicht und ein glänzender

Redner. Er starb als Kämpfer für die Idee der Gerechtigkeit während einer Wahlkundgebung.

Mir scheint der Hinweis auf Italien völlig berechtigt. Wer sich für Politik interessiert, mußte unbedingt das Beispiel Italiens, des Landes des »wahren« entwickelten Kapitalismus, beachten. Es zeigt, daß auch in einem wohlhabenden Land mit alten demokratischen Traditionen die Wähler ohne weiteres andere politische Kräfte an die Macht rufen und sogenannte traditionelle Kräfte ablehnen können. So erlitten Ende November 1993 die klassischen bürgerlichen Parteien der Regierungskoalition eine verheerende Niederlage, und Sieger wurden in vielen Städten linke Kräfte der früheren Italienischen Kommunistischen Partei. In der zweiten entscheidenden Runde der Munizipalwahlen am 5. Dezember verlief die Generalprobe für die Parlamentswahlen erfolgreich – in Rom, Neapel, Genua, Venedig, Triest und vielen anderen Städten und Ortschaften wurden Kandidaten der Linken zu Bürgermeistern gewählt. Das war trotz der dann folgenden Entwicklungen ein Beweis dafür, daß nicht nur in einigen ehemaligen sozialistischen Ländern Osteuropas eine Wahl zugunsten der linken Kräfte getroffen werden kann, sondern auch in großen kapitalistischen Staaten.

Zunehmend verbreitet die auch in Rußland zu hörende Radiostation »Deutsche Welle« Artikelübersichten aus namhaften deutschen Zeitungen. Häufig wird darin die wirtschaftliche und politische Lage in den Ländern Ostdeutschlands analysiert. Aber nicht nur das. So ist zu erfahren, daß nach heftiger Begeisterung für die Demokratie 1990 heute klar wird, daß diese Demokratie in den östlichen Ländern keine Wurzeln schlagen konnte. Die Popularität der sozialistischen Lebensweise nimmt zu, die PDS gewinnt Stimmen. Bei den Kommunalwahlen in Brandenburg erhielt sie nicht 12 Prozent wie in den vorherigen Jahren, sondern 20 Prozent. Nicht wenige vertreten die Meinung, daß der Sozialismus viel Gutes für das Volk beinhaltete. Die sozialistische Idee sei gut, das Unglück bestehe darin, daß sie schlecht in die Tat umgesetzt wurde.

Jetzt sucht man nun eine Art dritten Weg zwischen Kapitalismus und Sozialismus, auf dem sich die Vorteile des einen und des anderen vereinigen könnten. Allein mit Versprechungen sind die Menschen, insbesondere in einer schweren Lebenssituation, nicht zu trösten. Soziologische Untersuchungen verweisen auf Unzufriedenheit mit der Politik und den Politikern. Die Stunde des Triumphes ist vorbei, Zwietracht unter den gegnerischen Parteien beraubte die politische Elite ihrer Sicherheit, und sie geriet über die Perspektiven der gesellschaftlichen Entwicklung in die Sackgasse.

Zahlreiche Autoren verweisen darauf, daß die Menschen beobachten, wie sich der Streit um die Macht zwischen den politischen Parteien verstärkt, doch die eigentlichen Interessen der Menschen unbeachtet bleiben. Die bürgerliche Demokratie in Deutschland durchlebt eine Krise. Man kritisiert immer stärker die Mechanismen des Wahlsystems. Nicht das Volk, sondern Parteien und Vereinigungen verteilen die Mandate. In den Zeitungen ist die Rede von einer Unterschätzung des Volkswillens durch alle Parteien, darunter auch die CDU. Das Volk sinkt in politische Apathie, weil es immer mehr davon überzeugt ist, daß man es faktisch von einem realen Einfluß auf das Leben im Lande fernhält. Für die Parteien ist Gruppenegoismus charakteristisch. Dessen Gefahr besteht darin, daß er alle Lebenssphären umfaßt. Viele politische Funktionäre sorgen sich nicht um die Lebensbedingungen des Volkes. Der Gruppenegoismus drang ebenfalls schon in kirchliche Kreise ein.

Die Landesregierungen genießen übermäßige Privilegien: Minister, die andere Posten übernehmen oder in Rente gehen, behalten 75 Prozent ihrer Einkünfte. Die Parteinomenklatur hat Anspruch auf große Vergünstigungen, nach dem Mitgliedsbuch als Hauptkriterium werden Ämter verteilt. Die Parteien sind weit entfernt vom Volk. Immer mehr Menschen, insbesondere die Jugend, wenden ihnen den Rücken zu. Das ist eine sehr große Gefahr für das Schicksal der Demokratie. Um aus der jetzigen Lage herauszukommen, denkt man über zwei Wege nach – die Bildung neuer Parteien oder Volksbefragungen. Ich habe bemerkt, daß die Deutschen, wie wir auch, die Gewohnheit haben, alles zuzuspitzen ... Trotzdem ist das Auftauchen solcher Stimmen symptomatisch.

Unter den Politologen wird immer wieder die bekannte Hypothese des Nobelpreisträgers und Akademiemitgliedes Sacharow über die unvermeidliche Annäherung und »Konvergenz« der kapitalistischen und sozialistischen Systeme diskutiert. Sacharow war kein Anhänger einer unsinnigen und noch weniger einer gewaltsamen Hinwendung des Landes zum Kapitalismus. Nur der Wettbewerb mit dem Sozialismus, der Druck der Arbeiterklasse ermöglichten den sozialen Fortschritt des 20. Jahrhunderts und mehr noch die Annäherung beider Systeme. Nach Sacharows Meinung durfte die Annäherung mit der kapitalistischen Welt nicht ein prinzipienloses, volksfeindliches Komplott der »regierenden Gruppierungen« sein, sondern sollte auf gesamtgesellschaftlicher demokratischer Grundlage unter Kontrolle der öffentlichen Meinung, vermittels demokratischer Institutionen wie Glasnost, Wahlen usw. vor sich gehen. Hier ist eine intellektuelle Freiheit absolut notwendig, die dem Volk die Möglichkeit der Kontrolle und fachkundiger gesellschaftlicher Bewertung aller Aktionen, Vorhaben und Entscheidungen der Macht gibt.

Eine Mehrheit stimmt darin überein, daß Sacharows Konzeption ohne Berücksichtigung der geopolitischen Situation nicht als etwas Universelles akzeptiert werden darf. Am wichtigsten ist die Frage, wie es nun weitergehen soll. Was wird aus der Zivilisation? Wenn die Menschheit in dieser schwierigen Zeit weiterleben soll, muß sie sich so organisieren, daß sie nicht über ein monopolistisches, sondern mindestens ein duales Weltsystem verfügt. Man muß sich darüber Rechenschaft ablegen, was mit dem Weltsystem geschehen kann, wenn es nur einen Pol hat. Es ist leicht vorstellbar, was ein Weltsystem mit einer einzigen »transnationalen Regierung« erwarten läßt.

Hier ist es klar. Trotzdem enthält die Konzeption Sacharows einen rationalen Kern. Mindestens konnte sie die Aufmerksamkeit auf Methoden der Lösung des wichtigsten nationalen Problems des deutschen Volkes, unter gebührender Berücksichtigung der Interessen der deutschen Staaten und auch aller interessierten Seiten, lenken.

Die Schuld des ZK der KPdSU, aber vor allem und insbesondere Michail Gorbatschows, besteht darin, daß sie mit dem Beginn der Umgestaltungen in der Sowjetunion kein tief durchdachtes, klares und ausgewogenes Programm ausarbeiten und nicht ihre inneren und äußeren Aspekte einschätzen konnten. Es kam zu groben Fehlern und Fehleinschätzungen, die zum Zerfall der Sowjetunion, internationalen Konflikten und Kriegen, einem beispiellosen Rückgang des Lebensniveaus einer Mehrheit der Bevölkerung führten. Die Wirtschaft wurde faktisch entindustrialisiert, Vernichtung droht der Kultur und Wissenschaft, Verbrechen und Korruption sind ungezügelt. Die einst zweitgrößte Macht glitt in Erniedrigung und an den Rand der Katastrophe. Hoffnung gibt das Volk, das mehrmals seine Möglichkeit bewies, buchstäblich aus Ruinen wieder aufzusteigen. Ich lebe mit diesem Glauben.

Im Juni 1989 sagte Gorbatschow während des Gespräches mit Honecker in Moskau, daß sich die Menschheit und unsere sozialistische Welt an der Schwelle großer Veränderungen befänden. Wenn wir nicht rechtzeitig diesen Prozeß bestimmten, dann verliefen die Umgestaltungen ohne und gegen uns. Sehr richtige Worte! Aber die Schuld Gorbatschows besteht darin, daß er trotz einer vollständigen Information über die Situation in den sozialistischen Ländern und ihren Regierungsparteien nichts unternahm, um gemeinsam tief und ehrlich mit den Führern dieser Länder die damalige Situation zu besprechen. Wichtiger noch wäre die Ausarbeitung einer Konzeption, wesentlicher Prinzipien der sozialistischen Wahl gewesen. Er kam immer zu spät, schob auf. Das Wichtigste auf später. Jetzt ist seine Taktik der Verzögerung verständlich. Es war doch viel angenehmer, sich mit westlichen Führern zu beschäftigen, als mit den Verbündeten angestrengt darüber nachzudenken, was man im Interesse des Sozialismus tun mußte und konnte. Wie sich zeigte, hatte er auch nichts, womit er in ein solches Treffen hätte gehen können. Er hatte ja auch keine klaren Vorstellungen, welche Gesellschaft er in seinem eigenen Land aufzubauen gedachte.

Gegenseitiges Vertrauen oder Mißtrauen?

Viele interessieren sich für den Charakter der Beziehungen zwischen den Führungen der KPdSU und der SED. Nicht selten faßte man ihn in eine einfache Formel. Was gibt es hier eigentlich nachzudenken, die DDR war ein Satellit der Sowjetunion, daraus folgt alles übrige. Solche Vereinfachungen erklären überhaupt nichts. Mehr noch, sie führen von der Wahrheit weg.

Ja, wie waren Verbündete in allen entscheidenden Bereichen – militär-strategisch, wirtschaftlich, politisch, international. Die führenden Vertreter der KPdSU ließen keinen einzigen geeigneten Anlaß aus, gegenüber der Führung der SED den vorrangigen Charakter der Beziehungen mit der DDR für die UdSSR zu betonen. Während des Treffens mit Honecker in Moskau Ende Juni 1989 sprach Gorbatschow noch davon, daß die sowjetische Seite die Beziehungen mit der DDR als »wichtigste Priorität« betrachtet. »Das ist ihr Rang unter Berücksichtigung der Lage der DDR innerhalb der sozialistischen Gemeinschaft, um so mehr jetzt, vor dem Hintergrund der Ereignisse in Polen und Ungarn, wo die Parteien faktisch ihre Macht verloren. In dieser komplizierten Etappe haben die Beziehungen mit der DDR eine entscheidende stabilisierende Bedeutung.«

Am 9. Juni hatte Schewardnadse während eines Treffens mit dem Minister für Auswärtige Angelegenheiten der DDR, Oskar Fischer, davon gesprochen, daß die Beziehungen zwischen der UdSSR und der DDR den »Charakter einer brüderlichen, vertrauensvollen, aufrichtigen Zusammenarbeit tragen«. Nachdem der DDR-Minister diese Einschätzung gebilligt hatte, unterstrich er, daß die Beziehungen in ihrer Intensität und Vielfalt wirklich beispiellos seien.

Nach dem Treffen mit Fischer wurde Schewardnadse von Honecker empfangen und während des Gespräches mit ihm geizte unser Minister nicht mit höchsten Einschätzungen des Niveaus und der Bedeutung der Beziehungen zwischen der UdSSR und der DDR. Honecker begrüßte Schewardnadse »als einen großen Freund der DDR«. Man wisse, »welche Arbeit Sie im Interesse unserer Länder, der ganzen sozialistischen Gemeinschaft, der Verbesserung der Lage in der Welt leisten«. Schewardnadse dankte für den herzlichen Empfang und übermittelte Honecker den brüderlichen Gruß von Michail Gorbatschow, der ihn in Moskau erwarte. Er fuhr fort: »Der Besuch von Magnitogorsk ist etwas Symbolisches. Damit entnehmen wir der Geschichte das Beste und das Teuerste. Ihr Besuch wird eine große Bedeutung haben, davon geht die sowjetische Führung aus. Mit Minister Fischer führten wir intensive Gespräche. Sie verliefen in der Atmosphäre der Freundschaft und Aufrichtigkeit. Zwischen uns entstanden hervorragende Beziehungen. Wir orientieren uns auf das

Beispiel der Beziehungen zwischen Michail Gorbatschow und Erich Honecker.« Honecker verfolgte besonders aufmerksam das, was die BRD betraf, und erklärte, daß er mit allen prinzipiellen Positionen, von denen aus Gorbatschow die Verhandlungen in Bonn führen wird, einverstanden ist.

Hiermit scheint alles geklärt. Besonders da es sowohl während der Verhandlungen mit Fischer, als auch bei der Zusammenkunft mit dem Generalsekretär des ZK der SED um gemeinsame Schritte zur verstärkten Einwirkung auf die BRD, ihre Positionen in Schlüsselfragen der internationalen Politik ging. Kurz davor hatte Schewardnadse seinem Amtskollegen Fischer erklärt, daß man sich um Einfluß auf die BRD bemühen und dazu auch der bevorstehende Besuch Gorbatschows in Bonn genutzt werden soll. Da gäbe es viele Widersprüche. Doch wie dem auch sei, wir müßten uns intensiver mit Fragen der Innen- und Außenpolitik der BRD beschäftigen – besonders jetzt am Vorabend der Wahlen für den Bundestag. Fischer erklärte in diesem Zusammenhang, daß man ständigen Kontakt zu allen irgendwie einflußreichen Kräften in der BRD unterhielt. Das betreffe auch die Regierungskoalition. All das unternähme man im Geiste unserer allgemeinen abgestimmten Linie. Schewardnadse betonte erneut, daß »wir uns bemühen müssen, Einfluß auf die Herausbildung von Positionen der BRD gegenüber internationalen Fragen zu nehmen. Dies um so mehr, da es die Verteilung der politischen Kräfte selbst ermöglicht, das zu tun.«

Die Minister kamen überein, regelmäßig ihre Einschätzungen über die Lage in der BRD auszutauschen. Schewardnadse schlug vor, das jährlich auf Ministerebene zu tun. Weiterhin berührten die Minister Fragen, die mit der bevorstehenden Beratung des Politischen Beratenden Ausschusses in Bukarest verbunden waren. Schewardnadse erklärte, daß wir eine dringende Notwendigkeit des Meinungsaustausches zu

Fragen der Konzeption des Sozialismus und der Vielfalt dieser Konzeptionen in verschiedenen sozialistischen Staaten verspürten. Dieses Thema müßte auch den Platz des Sozialismus in der modernen Welt im ganzen, die Rolle der Organisation des Warschauer Vertrages in den internationalen Beziehungen und Wege der Vervollkommnung des Zusammenwirkens in dieser Organisation umfassen. Fischer äußerte mit Besorgnis, daß die DDR schon lange dafür eintrete, die Effektivität des Bündnisses zu erhöhen, seine Handlungsfähigkeit zu verbessern. Ein Generalsekretär des Warschauer Vertrages müsse in Moskau über eine ständige Residenz verfügen. In der NATO gäbe es einen Generalsekretär, und dort würde man keinen Fußbreit von dieser Praxis abweichen. Einstweilen aber funktionierten die Mechanismen unseres Zusammenwirkens weder auf militärischem noch auf politischem Gebiet so, wie es zu wünschen wäre. Ferner bemerkte Fischer, daß wir oft von der Notwendigkeit einer Fortsetzung des Abrüstungsprozesses ohne Unterbrechung sprechen, man heute jedoch etwas anderes bemerke – pausenlos würden von unserer Seite lediglich einseitige Konzessionen gemacht. Man müsse abgestimmt vorgehen und nachdrücklich eine einheitliche Linie durchsetzen. Schließlich funktioniere ja auch eine einheitliche Linie in EG und NATO, nach der kein einziges Gespräch mit Vertretern der DDR ohne eine Erwähnung der Grenzfrage und der »Mauer« auskomme. An diese Linie hielten sich außer Finnland sogar alle neutralen Staaten. Wie könne man bei einer Abstimmung der prinzipiellen Einschätzungen ziemlich operativ und effektiv praktische Fragen koordinieren? Schewardnadse war gezwungen, den Einschätzungen und Folgerungen Fischers zuzustimmen.

Auf die Anregung, Konzeptionen des Sozialismus zu überdenken, reagierte Fischer mit dem Hinweis, daß die DDR mit gespannter Aufmerksamkeit die Entwicklung in der

Sowjetunion verfolgt. »Unsere Ausgangspositionen stimmen mit Ihren überein; denn es geht um die Festigung des Sozialismus, die Erhöhung seiner Anziehungskraft. Jetzt ist in der Republik die Vorbereitung des XII. Parteitages der SED im Mai 1990 in vollem Gange. Wir betrachten unsere Arbeit zum Aufbau der entwickelten sozialistischen Gesellschaft als ein revolutionäres Voranschreiten tiefer politischer, sozialer und wirtschaftlicher Umgestaltungen. Es gibt kein einziges Gebiet, wo in den letzten 20 Jahren nicht ernsthafte Veränderungen eingetreten sind.« Man versuche die DDR als einen gewissermaßen unentwickelten Staat darzustellen, fuhr der Minister fort. Man stünde wirklich unter starkem Druck der feindlichen Propaganda. »Das erfordert von uns eine standhafte Führung, von oben bis zu den Grundorganisationen der Partei. Wir geben allen eindeutig zu verstehen, daß wir bei beliebigen Erneuerungen in der Gesellschaft in der Frage der Macht keine Schwankungen zulassen werden. Sei es unter dem Vorwand der Achtung der Menschenrechte oder irgendwelchen anderen. Wir werden nicht müde zu betonen, daß die DDR ein untrennbarer Bestandteil der sozialistischen Gemeinschaft ist und bleibt.« Schewardnadse erklärte in diesem Zusammenhang, daß »wir leider nicht effektiv genug unsere eigenen Erfolge propagieren können. Mit solchen Errungenschaften wie in der DDR können einzelne Mitglieder der Weltgemeinschaft durchaus prahlen«.

Der Leser kann leicht eine Nuancierung erkennen. Fischer reagierte in keiner Weise auf die von Schewardnadse angesprochene Notwendigkeit, kollektiv Fragen zu beraten, die mit den Konzeptionen des Sozialismus und ihrer Vielfalt in verschiedenen sozialistischen Staaten verbunden sind. Er gab eindeutig zu verstehen, daß die Frage des Weges der sozialistischen Entwicklung in der DDR klar sei und kontinuierlich in die Tat umgesetzt wird. Er hob nachdrücklich die Notwendigkeit einer entscheidenden Verbesserung der

Tätigkeit des Politischen Beratenden Ausschusses und der Organisation des Warschauer Vertrages hervor. Dazu wünschte er auch die Beseitigung »peinlicher Mißverständnisse, die in den bilateralen Beziehungen vor allem in Fragen des Überbaus und der Einschätzung der historischen Vergangenheit entstehen. Man muß sich alle Mühe geben, das gemeinsame Studium dieser Fragen anzuregen, um Mißverständnisse und auch Fehler in den Medien zu vermeiden sowie unterschiedliche Einschätzungen dieser oder jener Probleme auf ein Mindestmaß zu bringen.«

Schewardnadse unterstrich noch einmal, daß er für »eine weitere Konkretisierung und Vertiefung unserer bilateralen Zusammenarbeit auftritt. Wie wir das bereits unter vier Augen besprachen, erscheinen in den Medien ab und zu Artikel und Reden einzelner Vertreter, die unterschiedliche Reaktionen hervorrufen. In jedem Fall schätze ich die Atmosphäre der Aufrichtigkeit in den Beziehungen zwischen unseren Ländern hoch ein. Man muß sie erhalten und versuchen, sie weiterzuentwickeln. Wenn es irgendwelche Probleme gibt, so ist es ratsam, sie möglichst schnell zu klären, damit sie sich nicht anhäufen.« Nachdem Schewardnadse wiederholt hatte, daß die Beziehungen zwischen der UdSSR und der DDR den Charakter »der brüderlichen, vertrauensvollen, aufrichtigen Zusammenarbeit tragen«, erklärte er, daß solch eine Einstellung uns ermögliche, Schwierigkeiten zu überwinden. »In diesem Zusammenhang möchte ich besonders auch den Beitrag unserer Botschaften zur Festigung freundschaftlicher Beziehungen zwischen unseren Staaten hervorheben.«

Als Teilnehmer dieses Gespräches konnte ich feststellen, daß sich Oskar Fischer sorgfältig vorbereitet hatte und nicht wenige Dinge ansprach, die der Leiter unseres außenpolitischen Dienstes berücksichtigen mußte. Es wurden konkrete Fragen aufgeworfen, die praktische Handlungen erforderten – diese blieben jedoch aus. Ich möchte mich gern irren, doch werde ich die Vorstellung nicht los, daß die Deklarationen Honeckers, Gorbatschows oder Schewardnadses über »vertrauensvolle, brüderliche und vorrangige Beziehungen« zwischen der Führung von KPdSU und SED, von UdSSR und DDR weit von der Wirklichkeit entfernt waren. Schon damals und mehr noch heute war sichtbar, was für ein doppeltes Spiel doch manchmal während der bilateralen Treffen gespielt wurde. Das gilt besonders ab 1988, als grundsätzliche Meinungsverschiedenheiten zu den Prinzipien und der Praxis der »Perestroika« in der UdSSR und gegenüber einigen internationalen Schritten Gorbatschows und Schewardnadses zu verzeichnen waren.

Wenn wir uns immer mehr von den katastrophalen Folgen der »Perestroika«, der undurchdachten Reformen, die dem Sowjetvolk auferlegt wurden, überzeugen, warum sollte man nicht annehmen, daß Honecker und die DDR-Führung über diese Entwicklung der Ereignisse in unserem Land sehr gut Bescheid wußte. Dort verfügte man über Informationskanäle, es gab auf allen Ebenen breiteste Kontakte, in die Hunderttausende Menschen einbezogen waren. Es ist nicht ausgeschlossen, daß Honecker mit einem der besten Geheimdienste der Welt auch über ausführliche Informationen über den wirklichen Inhalt der Zusammenkünfte, über den Verlauf von Verhandlungen zwischen hochrangigen sowjetischen und westlichen Vertretern verfügte. Kaum ohne Grund erklärte Fischer seinem Amtskollegen Schewardnadse, daß »die Führer der UdSSR in den internationalen Angelegenheiten nicht eine Politik der ununterbrochenen Abrüstung, sondern etwas ganz anderes betreiben. Pausenlos werden von unserer Seite einseitige Konzessionen gemacht.«

Wenn wir all das für Realität halten, so gestattet das uns den Schluß, daß Honecker und seine nächste Umgebung Mitte 1989 den einzigen Weg zum Schutze jener DDR-Ordnung, die sie einführten und vertraten, in der kontinuierlichen Fortsetzung ihrer Politik ohne Zweifel und ungeachtet verschiedenen Druckes sahen. Somit wuchs noch eine »Mauer«, mit der die Führung der SED versuchte, sich von den in der Sowjetunion verlaufenden Prozessen abzukoppeln. Was aber tat das Volk? Nicht alle, doch zahlreiche Bürger stellten sich auf ein vereintes Land, auf Deutschland ein.

Ein wenig Vorgeschichte. Das Schicksal der DDR berührte unmittelbar die Interessen der Sowjetunion. Diese einfache Wahrheit bestimmte unser Verhalten zu allen Prozessen von gewisser Bedeutung in der Republik, zu den Positionen und zur Politik ihrer Führung. Da diese Angelegenheit die gesamte europäische Region berührte, waren die Beziehungen mit der DDR, ihr Platz in den nationalen Interessen der Sowjetunion von Schlüsselbedeutung. Viele Jahre versuchten wir die Beziehungen mit der Bundesrepublik Deutschland zu normalisieren. Der Abschluß des bilateralen Vertrages zwischen der UdSSR und der BRD im Jahre 1971 gehört zu den bedeutendsten Meilensteinen der Nachkriegsgeschichte Europas. Es bildete sich ein besonderes Interessendreieck UdSSR – DDR – BRD heraus. Das forderte ständige Aufmerksamkeit und Prüfung der Prioritäten, die exakte Wahrung der Ergebnisse in den entscheidenden Bereichen Militärstrategie, Wirtschaft, Internationales.

Fast bis zum Ende der 80er Jahre hatte die Deutsche Demokratische Republik in Gestalt der Sowjetunion eine feste Basis, auf die sie sich stützte. Vieles konnte sie auf den Weg bringen: staatliche Selbstbehauptung, bemerkenswertes wirtschaftliches Gewicht und eine stabile strategische Lage an der Trennlinie der Blöcke NATO und Warschauer Vertrag. Es entsteht jedoch die Frage, ob die Führer der UdSSR und der DDR stets im Einklang mit der Bedeutung dieser Realitäten handelten. War alles in ihren Beziehungen ohne Tadel?

Ich beginne mit der DDR. Für deren Führung und besonders für Honecker war die Entwicklung der Zusammenarbeit der UdSSR mit der BRD kompliziert und nicht schmerzlos. Mit dem Machtantritt von Gorbatschow wurde Kurs auf eine breite Entwicklung der Beziehungen zwischen der UdSSR und der BRD genommen. Vor allem betraf das die Wirtschaft und den Handel. Später begann sich die Kooperation im Interesse der internationalen Entspannung und der Lösung wichtiger Abrüstungsprobleme, die nicht nur Europa, sondern auch die USA betrafen, intensiv zu entwickeln. Diese Politik der UdSSR war gerechtfertigt, wurde zudem von objektiven globalen Interessen diktiert. Ohne die Einbeziehung eines solchen Landes wie der BRD war eine Lösung der genannten Probleme undenkbar.

Nach der Aktivierung unserer Handlungen in westeuropäischer Richtung, vor allem aber gegenüber der BRD, entwickelte sich bei der Führung der DDR ein Komplex des Mißtrauens: Unternehmen wir etwas hinter ihrem Rücken, beachten wir nicht die besonderen Interessen der DDR? Haben wir die volle Wahrheit über den Inhalt der Zusammenkünfte, über Vereinbarungen mit den Führern der BRD, in erster Linie mit Kohl, gesagt?

Wie es sich später herausstellte, war das Mißtrauen begründet. Das betraf zwei Kardinalfragen: die Bedingungen der Abrüstung und die Perspektiven der Lösung der »deutschen Frage«, also der Wiedervereinigung Deutschlands. Im Dezember 1993 räumte Schewardnadse in einem Interview mit der Zeitung »Die Welt« ein, daß er schon einige Jahre vor dem Beginn der offiziellen Verhandlungen die Notwendigkeit der Vereinigung erkannt hatte. Eben das bestimmte seine Position und danach praktische Handlungen.

Und Gorbatschow? In Worten versicherte er im Juni 1989 Erich Honecker, daß die Sowjetunion »die DDR nicht beleidigen läßt«. In der Realität machte er Kohl etwas später Zugeständnisse bei den früher als vorrangig deklarierten

Bedingungen. Was die Abrüstungsproblematik betrifft, so sparten Gorbatschow und Schewardnadse bei umfangreichen Informationen, die der sowjetische Botschafter in Berlin über den Verlauf der Verhandlungen mit Reagan, Bush oder Thatcher übermittelte, das aus, was von direkten Konzessionen unserer Seite zeugte. Außerdem wurden die wichtigsten »Initiativen« der Sowjetunion, mit denen man auf internationalen Foren, in erster Linie aber bei bilateralen Verhandlungen mit den Amerikanern, auftrat, post festum, also mit solch einer Verspätung überbracht, daß für eine Vereinbarung faktisch keine Zeit mehr blieb. Davon sprach Honecker mir gegenüber nicht nur einmal. Er nahm von mir den Text der Information entgegen, setzte unten sein Signum und legte es beiseite. Gewöhnlich erklärte er kurz: »Richten Sie aus, daß wir einverstanden sind.« Nein, Honecker hatte seine eigenen Vorstellungen über die Beziehungen, ihm sagte die Rolle eines einfachen »Satelliten« nicht zu, er strebte sichtlich nach großer Selbständigkeit, darunter auch in den internationalen Angelegenheiten.

Die Führung der DDR lehnte die Konzeption von Gorbatschow und seinen engsten Beratern über die Priorität der »allgemein menschlichen Werte« eindeutig ab. Diese hielt sie für falsch, gefährlich und für eine ernsthafte Verletzung der Interessen zugunsten des Westens. Hinzu kam ein ablehnendes Verhalten Honeckers gegenüber der Idee des »Baus des gesamteuropäischen Hauses«, die er für utopisch, unreal und weltfremd hielt.

Wie sah man in Moskau die DDR? Ich kann mit vollem Recht feststellen, daß es auf den Ebenen Führung, Apparatstrukturen, ZK der KPdSU , Regierung und Außenministerium ein ständiges Mißtrauen gegenüber der innenpolitischen und wirtschaftlichen Lage der DDR und ihren äußeren Angelegenheiten gab. Doch auch etwas anderes bestimmte unser Herangehen an die DDR. Das wichtigste war natürlich unser

Interesse daran, was die Maßstäbe unserer Zusammenarbeit charakterisierte, die Bedeutung der DDR in der sozialistischen Gemeinschaft, in der internationalen Arena. Für die Hauptinteressen der DDR und ihres Volkes kämpfte die Sowjetunion und war im gemeinsamen Interesse immer bereit zu kämpfen.

Aber es wechselten die Verantwortlichen. Die Leiter der Ministerien wurden abgelöst, manchmal wurden das Herangehen und sogar Prinzipien verändert. Das schuf eine schwierige Situation, die nicht selten durch subjektive Faktoren beeinflußt wurde. Welche Politik könnte freilich ohne das auskommen? Versuchen wir doch festzustellen, was Gegenstand besonderer Aufmerksamkeit und manchmal auch des Mißtrauens in den Beziehungen zur DDR war.

Vor allem waren der Charakter und die Dynamik der Beziehungen zwischen DDR und BRD betroffen – Wirtschaft, Handel, Politik und manche besondere »innerdeutsche Frage«. Das Netz der deutsch-deutschen Wirtschaftsbeziehungen wurde immer dichter. Komplexe Ausrüstungen, technologische Linien, Werkzeugmaschinen, Geräte und auch Konsumgüter wurden in der BRD gekauft. Dafür nahm die DDR Kredite, zinslose Anleihen. Die Kreditverschuldung der DDR nahm gegenüber der BRD ständig zu und erreichte große Umfänge. Ich erinnere mich, wie unsere Öffentlichkeit vom bayerischen Ministerpräsidenten Strauß, den man in der Sowjetunion nur einen Revanchisten nannte, buchstäblich schockiert war. Er hatte der DDR einen Milliardenkredit verschafft.

Honecker und einige andere Mitglieder der DDR-Führung hatten zu Strauß warmherzige, beinahe vertrauensvolle Beziehungen. Sie trafen sich mit ihm einige Male in Leipzig und einigten sich über beide Seiten interessierende Fragen. Ganz zu schweigen von den Beziehungen zu dem Premier des Saarlandes, Oskar Lafontaine, oder dem Ministerpräsidenten des Landes Nordrhein/Westfalen, Johannes Rau. Honecker schätzte den vertrauensvollen Charakter der Beziehungen mit ihnen sehr, einige Male übergab er mir Aufzeichnungen der Gespräche mit ihnen. Der Kreis solcher Politiker erweiterte sich allmählich. Die Kontakte zu ihnen wurden regelmäßig, oft trugen sie internen Charakter. Und wieviele Persönlichkeiten verschiedener Ränge und unterschiedlichen Einflusses kamen in »privaten Angelegenheiten« in die DDR, ohne daß es in die Öffentlichkeit kam?

Der Charakter der Handels- und Wirtschaftbeziehungen zwischen DDR und BRD wurde vor der Öffentlichkeit verborgen. Es gab zu viel Delikates, als daß man es hätte öffentlich machen können. Honecker und noch einige andere Personen befaßten sich persönlich mit diesen Angelegenheiten. Der gesamte Bereich wurde vor uns verschlossen. Auf verschiedenen Ebenen berührten wir gegenüber Honecker, Mittag und Stoph diese Fragen. Ausgesprochen wurden Besorgnisse, ob die große Kreditverschuldung der DDR nicht zu starker politischer Abhängigkeit von ihrem westlichen Nachbarn führen könne. Über das Ausmaß der Verschuldung äußerte sich Honecker gewöhnlich ziemlich nebelhaft. Er nannte einige Ziffern, führte aber sofort auch Angaben über Aktiva der DDR bei westlichen Banken an. Einmal erklärte er mir während eines Treffens: »Ich weiß, daß sich Moskau die ganze Zeit wegen unserer Verschuldung Sorgen macht. Aber ich muß Ihnen sagen , daß Kredite eine normale Sache in den zwischenstaatlichen Handels- und Wirtschaftsbeziehungen sind. Und dann darf man sich nicht vorstellen, daß wir das aus besonderer Zuneigung für den Westen tun. Wir sind dazu manchmal auch wegen unserer Verbündeten gezwungen. Gerade unlängst teilten die Polen plötzlich mit, daß sie uns in diesem Jahr 800 000 Tonnen Kohle nicht liefern können. Es blieb uns nichts übrig, als uns an Oskar Lafontaine zu wenden. Ich rief ihn an, erläuterte die Situation. An einem Tag war die Frage über die Lieferung von Saarkohle gelöst. Dafür aber müssen wir eine Milliarde Mark zahlen, und woher sollen wir sie nehmen?«

Natürlich logisch. Aber es gibt hier einen nicht ganz einfachen Umstand. Jedes Mal wurden die normalen Kredite, in erster Linie von der Regierung der BRD, von Forderungen nach weiteren Konzessionen der DDR im Sinne »menschlicher Erleichterungen« begleitet. Und diese Zugeständnisse wurden gemacht. Die Zahl der Reisen der Bürger der DDR in die BRD stieg von Jahr zu Jahr. 1988 waren es 7 Millionen, 1989 bereits 8 Millionen. Die gleiche Zahl von Reisen unternahmen in diesen Jahren Bürger der BRD in die DDR. Diese Ziffern benötigen keinen Kommentar, hinter ihnen ist vieles verborgen.

Das war bei weitem nicht alles, was in Moskau auf Mißtrauen stieß. Ich erinnere in diesem Zusammenhang an mein Gespräch mit dem damaligen Sekretär des ZK der KPdSU Russakow vor meiner Abreise in die DDR im Jahre 1983. Das war bereits nach der von mir wiedergegebenen Unterhaltung mit Juri Andropow. Russakow orientierte mich eindeutig darauf, im ersten Gespräch Honecker das zu übermitteln, was auf sowjetischer Seite entweder Ablehnung oder Unruhe hervorrief und seine Haltung in wichtigen prinzipiellen Fragen betraf. Diese Forderung bereitete mir große Sorge, ich konnte einem solchen Vorgehen nicht zustimmen. Ich suchte den Abteilungsleiter des ZK für Auslandskader Tscherwonenko auf, sagte, daß ich morgen nach Berlin fliege und mich verabschieden möchte. Er sah mich an und fragte unvermittelt: »Sie sehen irgendwie niedergeschlagen aus, was beunruhigt Sie?« Ich berichtete von der Unterredung mit Russakow und dem gegenüber Andropow so verschiedenen Herangehen.

Die Reaktion von Tscherwonenko war eindeutig: »Damit darf man die Arbeit nicht beginnen, das ist einfach undenkbar. Ich verstehe Sie .« Nach kurzem Nachdenken empfahl er: »Rufen Sie Gorbatschow an, bitten Sie ihn, daß er Sie empfängt, und erzählen Sie ihm alles. Da ist das Telefon.« Gorbatschow fragte, wo ich mich gerade befinde, und meinte nur kurz: »Na dann komm vorbei.« Er empfing mich sofort, und ich berichtete von den Anweisungen, die mir Russakow erteilt hatte. Dann fügte ich hinzu, daß ich nicht begreifen konnte, wie ein Botschafter handeln könne, wenn er sich von solchen Einstellungen leiten lassen sollte. Gorbatschow hörte zu, ohne mich zu unterbrechen, und stellte dann kategorisch fest: »Nimm das nicht zur Kenntnis. Du hast recht, es ist sinnlos, die Arbeit damit zu beginnen. Ich bin über alles informiert, darunter auch über deine letzte Unterredung mit Andropow. Keine Zweifel, handele im Sinne der Anweisungen des Generalsekretärs. Nimm dir diese Geschichte nicht zu Herzen. Übrigens möchte ich sagen – es ist gut, daß du in die DDR gehst.«

Trotzdem waren die Beziehungen zur DDR-Führung von unserer Seite fast die ganze Zeit von Zeichen der Vorsicht und des Mißtrauens begleitet. Gorbatschow selbst zeigte später dazu Neigungen, als er schon Generalsekretär des ZK der KPdSU geworden war – sogar schon nach der ersten Reise in diesem Amte zum XI. Parteitag der SED im April 1986. Das vielleicht krasseste Beispiel unnötiger Verdächtigungen unsererseits zeigte sich vor Honeckers Reise nach Bonn. Sie bekam einen gewissen dramatischen Akzent, die Situation wurde mehrmals auf höchster Ebene beraten. Die ablehnenden Gründe, die gegen die Reise Honeckers vorgetragen wurden, überzeugten nicht. Das Hauptargument lautete: Die Beziehungen zur BRD haben noch nicht jenen Stand, der diese Reise rechtfertigen könnte. Was den Generalsekretär des ZK der KPdSU betrifft, so beabsichtigt er derzeit nicht, der BRD einen Besuch abzustatten.

Honecker verstand das ablehnende Verhältnis Moskaus

gegenüber seiner Reise nicht, er fühlte sich gekränkt. Mehrmals berührte er diese Frage während unserer Gespräche. Einmal sagte er: »Wie muß man das verstehen? Als Mißtrauen mir gegenüber oder als Unwillen, in Rechnung zu stellen, daß diese Reise im gemeinsamen Interesse liegt? Es kommt heraus, andere dürfen, und ich darf nicht. Und das in dem Augenblick, da ich erstmalig zu einem Staatsbesuch eingeladen wurde und sich die Möglichkeit ergibt, mit der BRD gleichberechtigte zwischenstaatliche Beziehungen aufzubauen.« Schließlich wurde ich per Telegramm beauftragt, Honecker das Einverständnis der sowjetischen Führung mit einer offiziellen Reise in die BRD zu übermitteln. Sie sollte unter voller Berücksichtigung der Interessen der DDR und der gesamten Gemeinschaft erfolgen.

Sofort bat ich Honecker telefonisch, mich in einer wichtigen Angelegenheit zu empfangen. Dazu war er »jederzeit, selbst in fünf Minuten« bereit. »Kommen Sie!«. Fünf Minuten später betrat ich das Empfangszimmer. Die Tür des Arbeitszimmers war geöffnet, in der Mitte stand Honecker. Er war voller Aufmerksamkeit, als ob er spürte, daß ihn diese Angelegenheit persönlich betraf. Wir setzten uns. Ich berief mich auf meinen Auftrag und gab den Inhalt der Anweisungen aus Moskau wieder. Er hörte zu, machte Notizen. Dann lehnte er sich im Sessel zurück, nahm die Brille ab und begann sie hastig zu putzen. Ich sah, wie sich sein Gesicht veränderte. Ein Gefühl der Zufriedenheit und Erleichterung, als ob sich eine bis dahin herrschende große Anspannung gelöst hätte.

Alles andere ist gut bekannt. Ich möchte nur hinzufügen, daß Honecker mich nach seiner Rückkehr empfing und in Details alles berichtete, mir Verhandlungs- und Gesprächsnotizen übergab. Das war der Gipfel seiner internationalen Tätigkeit. Später versuchte er, den Erfolg seines Besuches auszuweiten. Es folgten Reisen der Mitglieder der DDR-Führung in die BRD, häufige Gespräche Honeckers mit Kohl und den Chefs der Landesregierungen. Aufzeichnungen dieser Verhandlungen wurden mir für die Übermittlung nach Moskau übergeben. Ich habe viele Gründe, davon zu sprechen, daß die Reise Honeckers in die BRD von der Bevölkerung, der Öffentlichkeit der DDR mit Zustimmung aufgenommen wurde. Einer nach dem anderen reisten dann hochrangige Vertreter westlicher Staaten, einschließlich Präsidenten oder Premierminister, in die Republik. Manche neigen da zur Vergeßlichkeit, aber so war es.

Ein sehr wichtiger Umstand ist zu ergänzen. 1986 warf Gorbatschow die Frage eines qualitativ neuen Niveaus der wirtschaftlichen, politischen und humanitären Beziehungen mit der DDR auf. Gemeinsam wurde das in seinen Maßstäben einzigartige Programm der Zusammenarbeit ausgearbeitet. Wir begannen also mit der DDR. Eine andere Frage ist, daß es uns nicht gelang, das im Programm Vorgesehene zu realisieren. Aber das hatte seine Gründe.

Widersprüchliche Reaktionen riefen bei unserer Führung auch forcierte Bestrebungen des ZK der SED hervor, Beziehungen zu China – auch die auf Parteiebene – zu normalisieren. Was die Beziehungen mit der Volksrepublik China betraf, handelte die Führung der DDR auf andere Weise. Auf einem Empfang in der Botschaft sagte mir Honecker, daß nach seinen Informationen über Ceauşescu Signale laufen, daß Chinas Führung über eine Normalisierung der Beziehungen mit der UdSSR – und das auch auf Parteiebene – nachdenke. Ceauşescu wäre demnach bereit, in dieser Frage Unterstützung zu geben. Von ihm käme auch der Hinweis, daß die Chinesen bereit sind, ihre Beziehungen mit der DDR und der Partei zu normalisieren. Wir sehen keine Gründe, setzte Honecker fort, die die DDR stören würden, bestimmte Schritte zu unternehmen. Dieses Herangehen füge sich in den gesamten Prozeß einer Gesundung der internationalen

Beziehungen ein. Mir wurde das alles mit der offenkundigen Absicht gesagt, Moskau über etwas in Kenntnis zu setzen, was faktisch bereits entschieden war. Dabei war weder von möglichen Konsultationen und noch weniger von einer Abstimmung der Vorhaben der DDR-Führung die Rede.

Bald darauf vereinbarte die Führung der DDR mit den Chinesen über ihre Kanäle auf höchster Ebene die Normalisierung der staatlichen Beziehungen. Honecker agierte sicher, aktiv, selbständig, ohne sich nach Moskau umzuschauen. Die Ereignisse entwickelten sich rasch. Es begannen interne Konsultationen mit den Vertretern der VR China auf verschiedenen Ebenen, die Ausarbeitung entsprechender Dokumente. Obwohl es anfänglich um die Normalisierung der zwischenstaatlichen Beziehungen ging, wurde die ganze Vorbereitungsarbeit im ZK der SED geleistet. Wir kannten konkrete Personen, die sich damit befaßten. Sie waren jedoch sehr wortkarg und versuchten, konkreten Fragen auszuweichen. Was Honecker und andere Mitglieder der ZK-Führung betrifft, so gab es bei Begegnungen mit ihnen das Thema überhaupt nicht. Trotzdem kannten wir das Wichtigste, berichteten alles Bemerkenswerte operativ nach Moskau.

Interessant war, daß der chinesische Botschafter aus all dem kein großes Geheimnis machte. Wir hatten sehr gute freundschaftliche Beziehungen, kamen oft zusammen. Das war eine interessierte und wohlwollende Zusammenarbeit. Das Wichtigste wurde während des Staatsbesuches Honeckers in China getan. Man empfing ihn auf entsprechender Ebene, verabschiedete Dokumente zum Charakter, zu den Maßstäben und Richtungen des Ausbaus der Beziehungen zwischen beiden Ländern. Einige Zeit danach wurden mit der Unterzeichnung eines Protokolls zwischen den jeweiligen Abteilungen für internationale Beziehungen rechtskräftig und offiziell die Beziehungen zwischen der KP Chinas und der SED wiederhergestellt.

Die Volksrepublik China verstärkte systematisch ihre Präsenz in der DDR. Sorgfältig studierte man sämtliche Vorschläge der DDR, bevor etwas unternommen wurde. Auf dem Gebiet der Handels- und Wirtschaftsbeziehungen interessierte man sich nur dafür, was in der DDR auf einem ziemlich hohen Niveau produziert wurde. Die Lieferungen aus der Volksrepublik China bestanden hauptsächlich aus Rohstoffen und einigen Konsumgütern. Bedeutend verbreiterte sich der kulturelle Austausch. Auf den Besuch Honeckers folgten Visiten anderer Führungsmitglieder, von Ministern, Gewerkschafts- und Jugendfunktionären. Honecker selbst kehrte aus China stark beeindruckt zurück. Dies galt für das dort Gesehene, den erwiesenen Empfang und die Bedeutung des von ihm Geleisteten. Seine Berichte waren wortkarg. Zwei Momente könnte ich hervorheben. Während des Treffens mit dem Generalsekretär der KP Chinas, Hu Yaobang, sagte man Honecker, daß die Führung der Kommunistischen Partei Chinas »auf die Normalisierung der Beziehungen mit der KPdSU zusteuert«. Zum zweiten betonte er, »wir handeln im gemeinsamen Interesse. In bestimmtem Maße erleichtern unsere Schritte der Sowjetführung die Verbesserung der Beziehungen mit China.«

Trotzdem war diese Problematik nicht eindeutig. Warum zum Beispiel verheimlichte die DDR-Führung vor uns das Thema der Beziehungen mit China? Vielleicht fürchtete man unsere Einmischung? Aber dafür gaben wir keinerlei Anlässe. Wir waren auf allen Ebenen äußerst umsichtig. In einem späteren Stadium, als die schweren Folgen der Reformen von Gorbatschow deutlich wurden, fragten sich einige unserer Mitarbeiter: Vielleicht suchten die Führer der DDR unter diesen Bedingungen »einen weiteren Pol«, ein gewisses Gegengewicht oder, besser gesagt, eine zweite Stütze? Es kann auch sein, daß sie darin eine Stärkung ihrer Innen- und Außenpolitik in den Augen der Öffentlichkeit und Bevölkerung der DDR sahen.

Nach einiger Überlegung beschloß ich, an dieser Stelle Einschätzungen aufzunehmen, die während des XXVIII. Parteitages der KPdSU vom Juli 1990 getroffen wurden. Die Arbeit des Parteitages lief sowohl auf Plenarsitzungen als auch in Sektionen. In der Sektion »Internationale Tätigkeit der KPdSU« kam es zu einer ziemlich scharfen Diskussion über die Situation in den Ländern Osteuropas. Es wurde hervorgehoben, daß sie sich im politischen Sinne seit dem Herbst 1989 bis zur Unkenntlichkeit verändert habe. Der deutsche Vereinigungsprozeß gewann an Tempo, war schon unumkehrbar und würde vielleicht noch bis Ende 1990 zu seiner logischen Vollendung führen. In diesem Zusammenhang hatte die Gestaltung der Beziehungen mit dem neuen Deutschland eine außerordentliche Bedeutung. In den vergangenen Jahren war in den Beziehungen mit der DDR und der BRD ein gewaltiges positives Potential erarbeitet worden, und es mußte für die Herstellung von Beziehungen einer neuen Qualität mit dem vereinigten Deutschland erhalten und genutzt werden. In prinzipiellem und praktischem Sinn gewannen diese Fragen strategische Bedeutung.

Meine höchste Aufmerksamkeit weckte ein Teil der Rede Walentin Falins. Als er seine Einschätzung der Prozesse in der sozialistischen Gemeinschaft vortrug, sagte er laut Stenogramm: »Wenden wir uns der DDR zu. Als ich Botschafter in Bonn war, berichtete ich bereits 1971: Wenn Honecker die Republik führen wird, geht die DDR über kurz oder lang verloren. 1980 hatte ich noch ein scharfes Gespräch mit Juri Andropow zu dem gleichen Thema. Die Information gab es. Sie bestätigte, daß Honecker mit einer Hand die unserer Führer schüttelt und sich mit der anderen damit befaßt, die Interessen des deutschen sozialistischen Staates, der sozialistischen Gemeinschaft zu verraten.« Ich nahm an der Arbeit der Sektion nicht teil, aber das Stenogramm ihrer Sitzungen wurde zusammen mit den anderen Dokumenten unter allen

Delegierten des Parteitages verteilt. Also enthülle ich damit keinerlei Geheimnisse.

Aus der Rede Falins war erstmals ein wichtiger Sachverhalt zu erfahren. Ich habe keinen Grund, zu bestätigen oder zu widerlegen, was der ehemalige Abteilungsleiter im ZK der KPdSU für internationale Beziehungen gesagt hat. Wichtig ist etwas anderes. Wenn wir das Gesagte als Fakt nehmen, und ich habe keinen Grund, daran zu zweifeln, erwächst zumindest eine Frage: Wie konnten die Generalsekretäre des ZK der KPdSU – Breshnew, Andropow, Tschernenko und zuletzt Gorbatschow – ein solch ernsthaftes Signal des Botschafters ignorieren? Ignorierten sie es, oder hielten sie es für unzureichend begründet? Noch eins. Als mich Juri Andropow vor meiner Abreise in die DDR empfing, machte er nicht einmal eine Anspielung auf einen derartigen Verdacht. Gorbatschow, der sich mit dem, was Honecker unternahm, nicht zufriedengeben konnte und in vollem Umfang informiert war, streifte mir gegenüber mit keinem Wort dieses Problem. Schließlich unterhielt ich mit Falin längst gute Beziehungen, wir trafen uns Dutzende Male, besprachen viele Probleme. Es gab durchaus Anlässe für eine Orientierung, vielleicht nicht um »auf eine bestimmte Welle« einzustimmen, sondern zu teilen, was ihm am Herzen lag und eine solch bedeutende Sache betraf.

Was war also das Bestimmende in den Beziehungen zwischen der UdSSR und der DDR? Ja, es gab manchmal ernste Schwierigkeiten und Differenzen im Herangehen an einzelne Fragen, sogar die Ablehnung der Hauptidee der »Perestroika« in der UdSSR. Und doch waren das wichtigste das Bündnis, die Einheit in den strategischen Fragen, eine enge Interessenverflechtung und gegenseitige Abhängigkeit. Wenn wir all das auch umfassender betrachten sollten, so möchte ich das Kapitel doch mit folgendem abschließen: Nicht alles ist klar, was damals war. Einige Dinge warten auf ihre Stunde.

Auf dem Weg nach Magnitogorsk

»Erich Honecker begab sich im Juni 1989 nach Moskau und Magnitogorsk. Das war seine letzte offizielle Reise in die Sowjetunion als Staats- und Parteichef. Mit Blick auf die Entwicklung der Ereignisse in der DDR konnte die Visite große, vielleicht sogar weitreichende Bedeutung gewinnen. Der Besuch wurde unmittelbar mit dem Jubiläum dieser Stadt und ihrem Metallurgiekombinat verbunden. Es handelte sich um eines der ersten großen Werke der sowjetischen Industrie, das bei der Entwicklung vieler Zweige der Volkswirtschaft des Landes eine große Rolle gespielt hatte. Es wurde unter großen Anstrengungen in den Jahren der ersten Fünfjahrpläne errichtet, die die Grundlagen für einen mächtigen Sprung des Landes auf dem Wege der Industrialisierung schufen. Magnitogorsk war ein Symbol und ein Bau der Komsomolzen, an dem sich Tausende Freiwillige aus allen Teilen der Sowjetunion und internationale Jugendbrigaden aus vielen Ländern beteiligten – unter ihnen auch Erich Honecker.

Mehrfach erinnerte er sich in meinem Beisein jener Jahre und seiner Beteiligung am Aufbau des Kombinates. Anfangs waren das Erinnerungen, die ihm wie auch andere Stationen einer von der Romantik dieser symbolischen Jahre umwobenen aktiven Jugend teuer waren. Als später in der sowjetischen Presse und auch bei offiziellen Auftritten Fehler, Abweichungen und sogar Verbrechen der Stalinschen Epoche kritisiert wurden, begann Honecker fast krankhaft auf alles zu reagieren, was seiner Meinung nach die großen Heldentaten der Sowjetunion anschwärzte. Mehrmals äußerte er sich mir gegenüber tief beleidigt wegen dieser »Ungerechtigkeit« bei der Betrachtung der Geschichte. Ich versuchte bereits zu zeigen, wie auch die zu seinem negativen Verhältnis zur »Perestroika« beitrug.

Vieles deutete darauf hin, daß der Reise ein betont politischer Anstrich verliehen würde. Für die Führung der KPdSU und auch viele im Lande war das ablehnende Verhältnis Honeckers gegenüber der »Perestroika« insgesamt, aber insbesondere auch gegenüber einigen ihrer wichtigsten inneren Aspekte, längst kein Geheimnis mehr. Mit Mühe hielt er sich in der Öffentlichkeit zurück, machte aus seiner Ablehnung aber auch kein Geheimnis. 1989 trat das ganz offensichtlich zutage. Nach zahlreichen Gesprächen mit ihm kam ich zu dem Schluß, daß er mit seiner Reise nach Magnitogorsk und den Begegnungen mit der Führung des ZK der KPdSU drei Aufgaben verband.

Zum ersten wollte er diesen Anlaß nutzen, irgendwie die in den Beziehungen mit Gorbatschow herrschende Spannung aufzuheben, ihn im Sinne der Treue zu den Idealen der Freundschaft und Einheit mit der Sowjetunion zu beruhigen. Zum zweiten wollte er die Stimmung der Öffentlichkeit der

DDR in dem Sinne beeinflussen, daß die SED trotz alledem den Idealen der Freundschaft mit dem Sowjetvolk, der KPdSU treu sei und beide Länder treue Verbündete blieben – mit anderen Worten: Die Beziehungen sind insgesamt normal. Die dritte, auch von Honecker nicht geleugnete Absicht war, daß er selbst sehen wollte, was denn nun bei uns vorgeht. Die Reise in den Ural bot dafür gute Gelegenheit.

Keinesfalls zuletzt verfolgte er noch ein weiteres wichtiges Ziel. Er mußte eine gewisse Besorgnis angesichts der Ereignisse in Polen und Ungarn verspüren, benötigte eine unverkennbare und allen offenkundige politische Unterstützung der KPdSU. Dies auch angesichts eines zunehmenden Druckes der BRD. Trotzdem war er sicher, daß nicht alle westlichen Vertreter an der Destabilisierung der DDR interessiert und von der Perspektive einer deutschen Wiedervereinigung begeistert sind. Diesen Gedanken unterstrich Honecker mehrfach. Hier sah er eine gewisse Chance, die innerhalb der europäischen Prozesse genutzt werden konnte. Allem Anschein nach hoffte Honecker darauf, daß all diese Faktoren die sowjetische Führung unvermeidlich dazu bewegen, der DDR als »wichtigstem und zuverlässigstem« Verbündeten der UdSSR mehr Aufmerksamkeit zu widmen. Schließlich wollte der SED-Generalsekretär die Situation und das seiner Meinung nach objektive sowjetische Interesse an einer Festigung der Position der DDR nutzen, um einige für die Republik lebenswichtige wirtschaftliche Fragen, darunter eine verstärkte Lieferung von Energieträgern, zu lösen.

Zur Festigung seiner Positionen organisierte Honecker zu Pfingsten ein schwungvolles traditionelles Jugendfestival, das man in Berlin schon lange nicht mehr gesehen hatte – an der Manifestation nahmen 750 000 Menschen teil. Fünf Stunden lang standen wir auf der Ehrentribüne, betrachteten einen, wie es uns schien, aufrichtigen und echt wirkenden enthusiastischen Auftritt der Jugend. Honecker kam einige Male heran und tauschte, von den Begrüßungen angeregt, mit mir Eindrücke aus.

Honecker wurde von sämtlichen Mitgliedern der DDR-Führung und dem sowjetischen Botschafter verabschiedet. Nicht so häufig flog er nach Moskau in solch einer Stimmung wie dieses Mal. Er scherzte, lachte. Die zur Verabschiedung gekommenen Persönlichkeiten gingen nicht sofort auseinander. Sie redeten miteinander, bildeten Grüppchen. Man konnte ein gemeinsames Gefühl verspüren – die Hoffnung, daß der vielleicht verantwortungsvollste Besuch des DDR-Staatsoberhauptes in die Sowjetunion bevorstünde. Wie dort alles gelingen und was zum Schluß sein wird – nach der Reise? Neue Erwartungen, neue Hoffnungen. Würden sie sich bestätigen?

Nicht nur einmal las ich Publikationen, deren Autoren die Meinung vertraten, daß die sowjetischen Bürger niemals die volle Wahrheit über die Ereignisse in Osteuropa, darunter in der DDR, erfahren würden. Unsere Medien versuchen die Ereignisse in der DDR als Sieg der demokratischen Massen und als Scheitern eines autoritären Regimes darzustellen. Viele jedoch sind der Meinung, daß das eine vereinfachte Variante ist, und sind damit überhaupt nicht einverstanden. Warum hört man unter anderem nichts von solch einem Terminus wie »nationale Interessen«? Der Begriff wird eigentlich von unseren Verhandlungspartnern stark verwendet. Schon Bismarck äußerte, daß es in der großen Politik keine Freunde, sondern nur nationale Interessen gäbe.

Das Politbüro des ZK der KPdSU hat vielfach die deutsche Frage beraten. Faktisch stand sie in den letzten Jahren auf jeder Tagesordnung der Politbürositzungen. Dabei ging es um verschiedene Probleme, die häufig von der Dynamik und dem Charakter der Ereignisse sowie vorherrschenden Tendenzen diktiert wurden, um Berichte der Botschafter in der

DDR, der BRD und auch in anderen Ländern. Die herrschende Philosophie läßt sich auf die Formel bringen: Der Prozeß der Vereinigung Deutschlands ist unumkehrbar. Wir können die deutsche Vereinigung nicht verhindern, selbst wenn wir es wollen. Das ist eine Seite des Problems. Die zweite bestand darin, daß gleichzeitig alles getan werden sollte, damit Deutschland uns in Zukunft nicht bedrohen könnte. Das mußte die Führung des Landes sichern, dazu war sie verpflichtet, dafür hatte sie die volle Verantwortung.

In dieser äußerst komplizierten Periode arbeitete die Botschaft der UdSSR in der DDR faktisch in einem Sonderregime. Die Situation in allen entscheidenden Bereichen der DDR wurde aufmerksam studiert. Das wichtigste dabei waren exakte Einschätzungen und Prognosen einer möglichen Entwicklung der Ereignisse. Telegramme des Botschafters, weitere Informationen der Botschaft wurde faktisch ununterbrochen an die Zentrale übermittelt. Was die Berichte des Botschafters betraf, so wurden sie in Moskau vorrangig behandelt und an alle Mitglieder der Führung weitergereicht. Es gab auch »Sonderberichte«, die lediglich der Generalsekretär und noch zwei bis drei weitere Personen der obersten Führung erhielten.

Ich unterhielt ständigen Kontakt mit den Generalkonsulaten in Leipzig, Chemnitz, Rostock. Zwei- bis dreimal in der Woche rief ich dort an und erkundigte mich nach der Situation. Seit dem Frühjahr 1989 waren die Generalkonsuln verpflichtet, dem Botschafter täglich Bericht zu erstatten. Das bewährte sich, weil wir dadurch das Gesamtbild besser erkennen konnten. Auf meinen Auftrag und manchmal auch in meinem Namen trafen sich die Konsuln mit den 1. Sekretären der Bezirksleitungen der SED. Es war sehr wichtig, ihre Einschätzungen der Situation an Ort und Stelle und ihre Sicht auf die Lage in der Republik zu erfahren. Viele Berichte der Generalkonsuln wurden telegrafisch an die Zentrale übermittelt.

Auch Moskau würdigte dieses Vorgehen, weil die Berichte der Botschaft in wesentlichen Teilen ergänzt und konkretisiert wurden. Moskau wiederum versorgte mich mit den wichtigsten Berichten unserer Botschaft in Bonn. Aber nicht nur von dort. Die Situation in der DDR fand in vielen Ländern zunehmende Aufmerksamkeit. Informationen kamen deshalb auch aus London, Paris, Rom ... Moskau war also in vollem Maße informiert. Gegenüber der Zeitung »Literaturnaja Gasjeta« unterstrich Schewardnadse in einem Interview, daß die Botschaft der UdSSR in der DDR die Zentrale vollständig informierte.

Ich erwähne das nur deshalb, weil damit klar wird, daß Moskau vor der Ankunft Honeckers über alle nötigen Informationen für Gespräche mit der SED-Führung – dabei sogar ein für sie völlig unerwartetes – verfügte. Früher schien es mir, und heute bin ich sicher, daß man in die Begegnungen mit Honecker sehr offen und aufrichtig gehen sollte, um einen Punkt auf das I setzen zu können. Vielleicht sollte man auch Alternativen vorschlagen.

Der Lauf der Ereignisse war noch zu beeinflussen. Der Einsatz war zu hoch, um nur den Worten und der Geisteshaltung Honeckers zu vertrauen. Ja, aufrichtig und kameradschaftlich, ausgehend von den realen Bedingungen, äußerst vertrauensvoll und zuerst intern unter vier Augen die Alternativen vorlegen: Es ging um die Wege der Entwicklung der DDR oder um Methoden der Lösung der nationalen Frage. Unsere Führung aber konnte sich nicht entscheiden, obwohl man über die Alternative sowohl im ZK der KPdSU am Staraja-Plostschad als auch am Smolenskaja-Plostschad im Außenministerium der UdSSR darüber nachdachte. Schewardnadse selbst bestätigte das gegenüber der Zeitung »Die Welt«.

Bevor ich die Thematik »Alternativen« fortsetze, möchte ich den Inhalt der Moskauer Gespräche mit Honecker wiedergeben. Dort wurde Honecker mit betonter Aufmerksamkeit empfangen. Alexander Jakowlew rief mich an und sprach über seine Eindrücke, die Situation und vor allem die Gespräche mit Honecker. Jakowlew und Honecker fuhren vom Flugplatz gemeinsam in einem Wagen in die Stadt. Sie unterhielten sich angeregt, der Gast war in gehobener Stimmung. Über eine Sonderleitung rief Gorbatschow Honecker im Auto an, man begrüßte sich gegenseitig, äußerte Freude über die Ankunft. Auf Honecker machte das einen guten Eindruck, er war lebhaft und scherzte.

Bald nach der Ankunft in der Residenz kam es zu einem gemeinsamen Essen mit zahlreichen Mitgliedern der sowjetischen Führung. Die Atmosphäre war sehr gut. Honecker und Gorbatschow unterhielten sich die ganze Zeit. Zum ersten Mal erklärte Honecker ohne zu stocken, daß »wir die Perestroika in der UdSSR ohne Einschränkungen unterstützen. Alles, ohne uns in Details zu verlieren.« Sie können, unterstrich er, immer auf unsere volle Unterstützung der Perestroika rechnen.

Ich fragte bei Jakowlew nach. Hat er es auch so gesagt? Ja, genau so, buchstäblich, wörtlich. Ich überlegte, was das nun bedeutete – Einsicht, Resultat einer tiefen Umbewertung oder Wirkung der Situation, des freundschaftlichen Empfanges, der außergewöhnlichen Aufmerksamkeit. Aber auch bei früheren Begegnungen traf Honecker auf Offenheit, das Interesse unserer Führung an der Entwicklung freundschaftlicher und breiter Beziehungen zwischen den Ländern, Parteien und ihren Führern. Damals hörte man von ihm nichts Vergleichbares, er mochte das Wort »Perestroika« nicht aussprechen. Nur das Leben, die Praxis konnten eine eindeutige Antwort geben. Die Frage lautete, war das ernst zu nehmen oder ein politisches Spiel?

Das wichtigste Gespräch zwischen Gorbatschow und Honecker fand am nächsten Tag statt und dauerte drei Stunden. Honecker berichtete über die Lage in der Republik, wobei er die Wirtschaft, die Ergebnisse der Wahlen im Mai zu den örtlichen Volksvertretungen sowie den bevorstehenden Parteitag der SED hervorhob. Von prinzipieller Bedeutung waren zwei Momente: die Notwendigkeit einer Vertiefung der Beziehungen zwischen der DDR und der UdSSR in allen Bereichen und die Politik gegenüber der BRD. Hier wurde volle Übereinstimmung der Standpunkte und die Bedeutung einer verstärkten Koordinierung des Vorgehens unterstrichen.

Gorbatschow bestätigte erneut, daß die DDR unser wichtigster Verbündeter sei und Fragen der Koordinierung große Bedeutung hätten. Weiterhin berichtete er über den Kongreß der Volksdeputierten. »Sie müssen davon ausgehen, daß alles, was in der UdSSR getan wird, auf die Stärkung des Sozialismus gerichtet ist. Es gibt eine Polarisierung im Volke und innerhalb der Partei. Grundsätzlich kann man sagen – ein linker und ein rechter Flügel. Die Meinungsverschiedenheiten zwischen ihnen bestehen nicht in der Frage der Perestroika, sondern in deren Taktik und ihrem Tempo. Jede Seite hat ihre Argumente. Die sogenannten Rechten sagen: Man hat das Kommandosystem zerstört, aber keine neuen Methoden der Arbeit eingeführt. Deshalb treten Verzögerungen auf, Schwierigkeiten in der Leitung. Man muß jetzt haltmachen und klären, was nun weiter getan werden sollte. Der linke Flügel sagt, daß man nicht haltmachen darf. Wenn wir uns nicht von der Stelle bewegen, so werden sich die bestehenden Schwierigkeiten vertiefen. Deshalb muß man sich schneller in der gleichen Richtung fortbewegen. Jetzt muß man unter diesen Bedingungen den richtigen Kurs finden. Die einen und die anderen verfügen über richtige Argumente. Ich möchte unterstreichen, daß beide auf der Grundlage des Sozialismus stehen und wenn jemand geheime Pläne gegen den Sozialismus hegt, so entschließt sich niemand, diese Gedanken auszusprechen. Das Volk wird sie wegfegen.«

Wenn man das von Gorbatschow Gesagte liest, kann man durchaus erstaunt sein – zu welch einer vereinfachten Analyse hat er gegriffen. Wie mir, so war auch vielen anderen gut bekannt, daß die Lage in unserem Lande und in der KPdSU viel komplizierter war. Viele Prozesse waren sogar außer Kontrolle geraten. Es gab eine rasche Zunahme scharfer Konflikte, in die die Arbeitskollektive einbezogen wurden, viele Parteiorganisationen waren demoralisiert. Wie konnte man in dieser Situation darüber sprechen, daß alles, was »in der UdSSR getan wird, auf die Stärkung des Sozialismus gerichtet ist«. Diese Einschätzung betrifft zu einem großen Teil viele Medien, diese wirkliche 4. Macht, die wie auf Kommando die ganze sowjetische Geschichte zu zerschmettern begann.

Gorbatschow begann gegenüber Honecker von zwischennationalen Beziehungen zu sprechen. »In Ergänzung zu den bisherigen Veröffentlichungen und dem, was Sie kennen, möchte ich sagen, daß sich bei uns die Föderation selbst falsch entwickelte, daß anstelle der Föderation ein Einheitsstaat entstand. Eigentlich haben sowohl die Vereinigten Staaten als auch die BRD gleichfalls einen föderativen Aufbau, aber dort verfügen Staaten und Länder über größere Rechte als unsere Republiken. Bei uns müßten ja die Republiken noch größere Rechte haben, weil sie selbständige Nationen sind.« Das ist freilich eine wichtige Erläuterung. Aber dabei kein Wort über ernste zwischennationale Widersprüche, die schon solch ein Stadium erreicht hatten, daß es zu Zusammenstößen und Blutvergießen kam. Und war es nicht doch wichtiger, Honecker das Wesen der komplizierten Fragen, die um das Baltikum, in bezug auf den Ribbentrop-Molotow-Pakt entstanden, zu erläutern? Nichts dergleichen. In der ihm eigenen Art zu reden, schliff er die Kanten ab und entzog sich im wesentlichen einem ehrlichen Gespräch und als Politiker den prinzipiellen Fragen.

Nachdem Gorbatschow derart das nationale Problem erörtert hatte, ging er zu einem anderen sehr wichtigen Thema über. An Honecker gewandt, setzte er fort: »Ich möchte Ihnen von der BRD berichten. Als ich dort war, stellten mir Helmut Kohl und andere verschiedene Fragen zur DDR. Sie sagten, Honecker wolle angeblich nicht den Weg der Umgestaltung gehen, und das sei für die DDR gefährlich. Ich habe ihnen geantwortet, daß in der DDR ganz andere Bedingungen vorliegen. Was bei uns geschehe, sei dort schon früher begonnen worden. Sie müßten sich also nicht beunruhigen. Ich möchte noch hinzufügen, daß wir an Stabilität bei Ihnen interessiert sind. Heute sind wir daran noch mehr interessiert als irgendwann sonst, weil das eine der günstigen Bedingungen für unsere Perestroika ist.«

Honecker reagierte hier sofort, sicherte Gorbatschow seine Unterstützung der Perestroika in der Sowjetunion zu und beteuerte, daß die SED alles unternähme, daß die Perestroika von Erfolg gekrönt würde. Es folgte eine ziemlich sonderbare Passage. Honecker erklärte im wesentlichen: »Dank Ihren Erläuterungen, Michail Sergejewitsch, sind wir jetzt dessen sicher, daß Sie keinen anderen Weg wollen und daß die Perestroika erfolgreich sein wird. Bei uns verstanden einige Parteimitglieder und die Bevölkerung die Perestroika nicht immer richtig. Das erklärt sich daraus, daß die Zunahme unserer Erkenntnisse nicht mit dem Tempo der Perestroika Schritt halten konnte. Aber jetzt ist das so. Was wir von Ihnen gehört haben, muß man den Mitgliedern der SED und der ganzen Bevölkerung der DDR unbedingt erklären.«

Einiger Bemerkungen dazu möchte ich mich nicht enthalten. Wenn Gorbatschow die Führung der BRD davon überzeugte, daß Honecker von der »Perestroika« nichts zu fürchten hatte, dann steht natürlich die Frage der Berechtigung unseres kritischen Verhaltens gegenüber vielen Aspekten der Politik der SED-Führung, ihres falschen Verhaltens zu all dem, was die Führung des ZK der KPdSU seit Beginn der Umgestaltung der sowjetischen Gesellschaft tat. Und völlig widernatürlich wirkten die Überlegungen Honeckers, daß die Bevölkerung der DDR das Wesen der Perestroika nicht verstand und ihr Bewußtsein zurückgeblieben sei. Nach den Klarstellungen würde es nun aber anders vorangehen. Wessen Bewußtsein blieb also zurück – das der Bevölkerung, der Vertreter der Öffentlichkeit der DDR oder der Führung der Republik und persönlich Honeckers? Welches Bewußtsein war zurückgeblieben – das der Notwendigkeit von Umgestaltungen unter den Bedingungen der DDR und dies keineswegs als mechanische Kopie unserer?

Während des Gesprächs kam Erich Honecker erneut auf das Thema BRD und deren Politik zurück. Er sagte, daß die Bundesrepublik stark auf Polen und Ungarn einwirke, der Druck auf die DDR und die Tschechoslowakei habe sich verstärkt. Gorbatschow antwortete, wir wüßten das und seien selber besorgt, andererseits müsse man aber vom Prinzip der Verantwortung jeder Partei für das eigene Land ausgehen. »Als ich in der BRD war, warnte ich, daß man dort nicht versuchen soll, die Ereignisse in den sozialistischen Ländern zur Destabilisierung der Situation auszunutzen. Sonst wird sich die ganze Entspannung umkehren, und die Schuld daran liegt dann bei den Regierungen des Westens. Kohl und Weizsäcker sagten beide, daß sie das nicht wollen.«

Gorbatschow ging dann auf die bevorstehende Sitzung des Politischen Beratenden Ausschusses in Bukarest ein. »Die Hauptfragen sind militärpolitische, Fragen des Warschauer Vertrages. Es wird möglich sein, die Tagung für einen kurzen Meinungsaustausch über die Situation in den Ländern zu nutzen. Weitere Fragen, die den Parteiführern Sorge bereiten und worüber wir eben sprachen, müssen wir während des Arbeitstreffens der Generalsekretäre beraten. Das sollte man unserer Meinung nach gesondert und irgendwann im Herbst dieses Jahres durchführen.«

In seiner uns schon bekannten Art berichtete Honecker über die Erfolge der DDR. Als er um eine Unterstützung für die Vorschläge des ZK der SED über den Ausbau der Zusammenarbeit in verschiedenen Branchen der Wirtschaft bat, insbesondere in der Elektronik und anderen Schlüsselbereichen, sprach er sich freilich auch für die beschleunigte Gründung von Gemeinschaftsunternehmen und wissenschaftlichen Kollektiven aus. Selbstverständlich wurde um die Steigerung der Lieferungen von Erdöl und Naturgas aus der Sowjetunion ersucht. Daraufhin sagte Gorbatschow, daß wir 17 Millionen Tonnen Erdöl jährlich liefern werden. Was die Vergrößerung der Gaslieferungen anbetrifft, erklärte er, daß er im Augenblick dieser Bitte nicht entsprechen könne, man werde später sehen, wenn alle Bilanzen kalkuliert sein würden. Honecker dachte auch an weitere Perspektiven. Er bat Gorbatschow um Unterstützung der DDR bei einer Bewerbung Leipzigs für die Olympischen Spiele im Jahre 2004. In seiner Antwort erklärte Gorbatschow, daß wir die DDR »als eine große Sportmacht« kennen und entsprechend unseren Möglichkeiten diesen Vorschlag unterstützen würden.

Abschließend wandte sich Honecker an Gorbatschow mit den Worten: »Wir bitten Sie sehr, persönlich zum 40. Jahrestag der DDR zu kommen, an den Feierlichkeiten aus diesem Anlaß teilzunehmen und Bezirke der Republik zu besuchen.« Gorbatschow versprach, sich das zu überlegen und auf der Sitzung des Politbüros des ZK der KPdSU zu besprechen. Darauf bemerkte Honecker: »Aber überlegen Sie es sich bitte, wie es sein sollte, zu unseren Gunsten. Ich kann sagen, daß Sie Fürsprecher im Politbüro finden werden.« A. Jakowlew, der Honecker auf dem Weg zum Flughafen zur Abreise nach Magnitogorsk begleitete, erzählte, daß im Auto fast die ganze Zeit der Gast gesprochen hätte. Am Ende wandte er sich an Jakowlew: »Ich habe an Sie eine persönliche Bitte – unternehmen Sie bitte etwas, daß Gorbatschow zum 40. Jahrestag der DDR kommt.«

Auf seiner Reise nach Magnitogorsk wurde Honecker von Witali Worotnikow, Mitglied des Politbüros des ZK der KPdSU, Vorsitzender des Ministerrates der Russischen Föderation, begleitet. Seinen Berichten zufolge verlief dort alles gut, obwohl die Situation in der Stadt schwierig war – starke Luftverschmutzung, schlechte Versorgung. Honecker machte Eindruck, man war auch von seinem Geschenk gerührt – im Namen der DDR schenkte er der Stadt eine schöne Orgel für die Konzerthalle.

Einige Tage später trafen wir Honecker wieder in Berlin. Er zeigte seine Zufriedenheit. Noch auf dem Flugplatz teilte er seine Eindrücke mit. Er hob das volle Einvernehmen in den Fragen hervor, die während der Begegnungen mit Gorbatschow und anderen Mitgliedern der sowjetischen Führung besprochen wurden. Am gleichen Tage rief mich Schewardnadse an. Er beauftragte mich, Honecker folgendes zu übermitteln: Erstens – Die sowjetischen Menschen verfolgten mit tiefem Interesse die Reise Erich Honeckers nach Magnitogorsk. Seine Reden dort machten großen Eindruck auf Arbeiter, Leiter und alle, die dort anwesend waren. Man schätzte sehr, daß er ungeachtet seiner Belastung gekommen sei, sich an jene heldenhaften Tage erinnerte und das Jubiläum mit den Werktätigen von Magnitka teilte. Tief berührt waren die Veteranen, die sich noch an die Zeit des Aufbaus und der Teilnahme von internationalen Brigaden erinnern. All das sei eine große politische Aktion geworden. Zweitens – Über die mögliche Reise von Michail Gorbatschow zum 40. Jahrestag der DDR. Wir verstehen die Bedeutung der Reise, ihren politischen Aspekt. Wir werden eine Lösung suchen. Honecker persönlich kann davon ausgehen, daß die Reise stattfindet, falls nichts Unvorhergesehenes geschehen wird. Drittens – Wir waren immer der Meinung, daß unsere Beziehungen mit der DDR unter Berücksichtigung ihrer Lage in der sozialistischen Gemeinschaft eine vorrangige Bedeutung haben. Jetzt um so mehr vor dem Hintergrund der Ereignisse in Polen und Ungarn. In dieser komplizierten Etappe haben die Beziehungen mit der DDR eine entscheidende, stabilisierende Bedeutung. Als Vorschlag könne man vielleicht einmal wie »aus der polnischen Ecke« sehen, was gemeinsam mit der DDR getan werden könne. Ich unterstreiche hier gleich, daß das letzte »ein neues Wort« war und Anlaß für nicht ganz einfache Überlegungen gab. Das war eine Erklärung an die DDR.

Honecker empfing mich nach dem ersten Anruf. Ich führte den Auftrag aus, gab mir Mühe, alle Nuancen zu übermitteln. Honecker hörte aufmerksam zu, alles imponierte ihm sehr. Das ließ er erkennen. Ich stellte fest, daß er mit besonderer Aufmerksamkeit die Wendung mit Polen zur Kenntnis nahm. Hier reagierte er sofort, bezeichnete es als sehr wichtig und meinte, »wir werden uns darüber Gedanken machen, was man tun kann«. Zur Reise und ihrer Einschätzung zeigte er sich gesprächig, wobei mich natürlich interessierte, was nun weiter daraus folgt. Honecker faßte das in zwei Sätzen zusammen: »Wir haben in allen Fragen Klarheit geschaffen. Nun werden wir uns überlegen, was aus all dem für die Entwicklung bei uns und für unser Zusammenwirken in der Zukunft folgt.«

Die Ereignisse entwickelten sich dann ganz anders. Bald darauf reiste Honecker zusammen mit den anderen Politbüromitgliedern nach Bukarest zur Tagung des Politischen Beratenden Ausschusses. Wegen seines sehr schlechten Befindens kehrte er aber eilends nach Berlin zurück und wurde sofort operiert. Im August kam es zu den allen bekannten Vorgängen. War das nun eine enttäuschte Hoffnung oder eine zwar bestätigte, doch illusorische? Die Reise nach Magnitogorsk und die damit verbundenen Gespräche regen freilich zu einigen Überlegungen an. Da kamen nun zwei führende Politiker und Staatsoberhäupter zusammen. Die Zeit selbst und die Situation verpflichtete sie zur tiefsten und ehrlichsten Suche nach der Lösung schicksalhafter Fragen. Der Leser kann sich jedoch leicht davon überzeugen, daß derartige Zusammenkünfte nichts ändern konnten und auch nichts veränderten. Von ihnen wurde aber soviel erwartet. Es scheint mir, daß Schlußfolgerungen nicht schwerfallen, wenn man sich mit dem Inhalt dieser Unterredungen vertraut macht. Zumindest wird das Antlitz jener Politiker, von denen in jener Zeit so vieles abhing, deutlicher gezeichnet.

Der Herbst 1989

Die Historiker werden noch oft auf die Ereignisse im Herbst/Winter 1989 in der DDR zurückkommen. Vieles wurde schon gesagt und geschrieben über jene Zeit, die voller Dramatik und Widersprüche war. Die Bewertung des Geschehens duldet keinen Subjektivismus und sollte nicht unter konjunkturellen Einwirkungen stehen. In einer Periode großer geschichtlicher Zusammenstöße offenbaren sich nicht selten Extreme, die das Wesen der Ereignisse entstellen und ein falsches Bild geben können. Deshalb ist es äußerst wichtig, sich ausschließlich an die Wahrheit und die wirklichen Fakten zu halten. Es muß auch berücksichtigt werden, daß in jener vieldeutigen Situation verschiedene Kräfte, Vertreter von Politik und Gesellschaft wirkten, die schließlich wesentlich den Lauf der Ereignisse beeinflußten.

Mitte August kehrte ich eilig nach Berlin zurück. Das Wetter war schön, und ich hatte das Gefühl, die Stadt überhaupt nicht verlassen zu haben. Auf dem Weg vom Flughafen Schönefeld zur Botschaft Unter den Linden begegneten uns nur selten Fahrzeuge, man sah fast keine Fußgänger und keinen einzigen Polizisten. Äußerlich kündigte nichts irgendwelche Überraschungen an. Eine halbe Stunde nach meiner Ankunft nahm ich meine Berater in meinem Arbeitszimmer zusammen und bat sie um Berichte zur Lage, ihre Meinung und auch die Einschätzungen der offiziellen Vertreter der Republik. Die Informationen gaben keinen Anlaß für ernsthafte Schlußfolgerungen. Bei den Teilnehmern war aber Besorgnis wegen der Ausreisen von Bürgern der DDR zu spüren. Es gab aber noch wenig Fakten, die prinzipielle Verallgemeinerungen gestatteten. Die Mitarbeiter hatten weder aus dem ZK der SED noch dem Außenministerium beachtenswerte Signale erhalten. Dort operierte man hauptsächlich mit den Tatsachen, die bereits bekannt waren. Bewertungen hielt man zurück, von irgendwelchen Maßnahmen der Behörden war ebenfalls nicht die Rede. Zudem waren viele der üblichen Partner in Urlaub.

Man müsse sich von dem Verständnis leiten lassen, erklärte ich, daß das Geschehen angespannte Aufmerksamkeit erfordere. Am nächsten Tag würden wir uns erneut treffen, nachdem ich selbst einige Schritte unternommen hätte. Wenn die Lage klarer sei, würden wir das Vorgehen der Botschaft vereinbaren. Natürlich machte ich mich in der üblichen Routine mit den Informationen aus Presse, Rundfunk- und Fernsehsendungen zu dieser Frage bekannt. In den Medien der DDR gab es das Thema nicht, alles schien wie gewöhnlich. Berichte waren nur den Medien der BRD und Westberlins zu entnehmen. Wie realistisch sie waren, ließ sich im Augenblick schwer beurteilen.

Am Abend nach meiner Ankunft rief mich Egon Krenz an.

Nach seinen Worten entstand in der Republik eine sehr ernste Situation. »Sie wissen wohl schon«, sagte er, »was mit unseren Leuten in Ungarn passiert. Die Lage ist die, daß ich in Berlin sein muß. Honecker sagte mir allerdings: Sie haben Urlaub, und Sie müssen im Urlaub sein.« Krenz aber unterstrich: »Mich hat man in Urlaub geschickt, aber ich fahre nirgendwohin. Ich bleibe in Berlin, um – wenn es nötig wird – unverzüglich zu handeln.«

Nach dem Gespräch mit Krenz setzte ich mich unverzüglich mit allen Generalkonsuln in Verbindung, erhielt die für mich nötigen Informationen. Sie ergänzten wesentlich das Gesamtbild. Es sah ernster aus, als es im Zentrum schien. Ich versuchte, mich mit Honecker in Verbindung zu setzen, doch das mißlang. Bekanntlich hatte er seinen Aufenthalt in Bukarest abgebrochen und war von der Beratung des Politischen Beratenden Ausschusses nach Berlin zurückgekehrt, um sich dort einer dringenden Operation zu unterziehen. Diese erwies sich später als viel komplizierter als ursprünglich erwartet. Klar war, daß Honecker für längere Zeit ausschied. Chef im ZK der SED war Günter Mittag. Ich erhielt von ihm eine Einschätzung, die im wesentlichen mit der von Krenz übereinstimmte. Nach den Unterredungen mit Mitgliedern der Führung kam ich zu dem Schluß, daß weder im ZK der SED noch in der Regierung eine prinzipielle Einschätzung der Situation existierte. Und die Hauptsache: Es gab keine Prognosen und keine Vorstellungen über unabdingbare Maßnahmen. Aus den Bezirken erfuhr ich, daß die dortigen Leitungen ernste Besorgnis äußerten und darüber klagten, daß sie keinerlei Anweisungen aus der Zentrale erhielten.

Aber die Ereignisse entwickelten sich weiter. Am 20. August sammelten sich in den Botschaften der BRD in Budapest und Prag Tausende Bürger der DDR, die auf eine Möglichkeit zur Übersiedlung in den Westen warteten. 6 000

Personen strebten durch die offene Grenze von Ungarn nach Österreich. Das war schon ernst. Das westliche Fernsehen zeigte in allen Einzelheiten die Flüchtlingsströme aus der DDR in die BRD. Es bemühte sich um den höchstmöglichen Effekt aus der entstandenen Lage. Schwerlich sind andere als diese Bilder vorstellbar, die in noch größerem Maße die DDR in den Augen der Weltöffentlichkeit diskreditieren konnten. Schwerlich zu begreifen ist auch, daß niemand in der DDR-Führung die Gründe der Flucht erkennen konnte. Zu hören waren keine Argumente, es wurde nicht reagiert. Die Medien hatten nichts Vernünftiges entgegenzusetzen, gedruckt wurden irgendwelche kläglichen Zeitungsnotizen, die nichts erklären konnten. Sie riefen nur Unverständnis und Fragen hervor, auf die es keine Antwort gab. Alles lief, wie es eben lief. Und das in einem Augenblick, da unter der Bevölkerung und in der Öffentlichkeit die Unruhe rasch zunahm. Viele Funktionäre warteten auf Orientierung, prinzipielle Erläuterungen, klare Signale zum Handeln.

Im tiefsten Innern nährte man noch die Hoffnung, daß die entstehende extreme Situation einer notwendigen Wende in der Politik der SED Auftrieb geben wird. Das war noch ohne krisenhafte Erschütterungen möglich. Immer offensichtlicher wurde aber auch, daß es bald eine solche Möglichkeit nicht mehr geben wird. Es wurde bekannt, daß der Außenminister Ungarns am 25. August in Bonn eintraf. Das offenkundige Ziel seines Besuches waren Fragen, die mit der Ausreise der DDR-Bürger aus Ungarn in die BRD verbunden waren. Die Behörden der BRD begannen eilig, Wohnheime für die Unterbringung der Flüchtlinge vorzubereiten. Später wurden die Einzelheiten der weitgehenden Verabredungen bekannt. Genaugenommen ging es mit der Bereitstellung einer großen Geldsumme durch die Bundesregierung für Ungarn um ein politisches Geschäft.

Versuche des Außenministeriums der DDR, sich an die

Behörden Ungarns und der Tschechoslowakei zu wenden, hatten keinen Erfolg. Da mußte man sich an die Tagung des Politischen Beratenden Ausschusses in Bukarest erinnern, an ihre Deklarationen und Initiativen. Wie war es denn nun um die Bündnisbeziehungen bestellt? Was kann der Warschauer Vertrag real unternehmen, wenn eines der Mitglieder in eine Krisensituation gerät? Was ist ein Verbündeter wert, der die eigenen politischen Interessen über die Bündnissolidarität stellt? Tatsache bleibt: Im Herbst 1989 erwiesen sich die Mechanismen des Warschauer Vertrages als unwirksam.

Am 8. September entstand angesichts der DDR-Flüchtlinge nicht nur in Ungarn, sondern auch in der Tschechoslowakei und in Warschau eine explosive Situation. Allein in Ungarn sammelten sich zu dieser Zeit über 100 000 Bürger der DDR, vorwiegend Touristen. Was unternahm die Führung der DDR? Es wurde bekannt, daß sich Honecker einer Rückkehr von Krenz aus dem Urlaub widersetzte. Warum er das nicht wollte, wird später klar.

Unsere Botschaft in Berlin arbeitete besonders angespannt. Wir informierten operativ, genau und ausführlich das Zentrum. Lange reagierte Moskau auf die Berichte der Botschaft nicht. Besorgnis wurde am 11. September deutlich, als Ungarn die Grenze zu Österreich öffnete und mit der Massenausreise der Bevölkerung der DDR in die BRD der Übergang in eine neue Phase erfolgte. Die erste Reaktion Moskaus lief auf die Frage hinaus: »Was geht bei euch dort vor?« Bei »euch«! Diese Frage hörte ich mehrfach während der Entwicklung der Ereignisse in der DDR und in deren Umfeld. Aber ich möchte nicht vereinfachen. Nach einer gewissen Zeit wurde die Lage in der DDR Gegenstand ständiger Aufmerksamkeit der Sowjetführung, entsprechender Abteilungen des ZK der KPdSU, von Ministerien und Institutionen. Die ganze Chronologie der Ereignisse des Herbstes 1989 werde ich nicht aufführen. Wichtig sind die Dynamik der Prozesse, deren Charakter und die Einwirkung auf die Situation in der DDR.

Nach der Öffnung der Grenze Ungarns mit Österreich und der Erklärung der Tschechoslowakei über die Schließung der Grenze zur DDR wurde klar, daß die DDR-Führung keine wirklichen Hebel zur Beeinflussung der Lage hatte. Alles, was die Führung hervorbrachte, war die These, man »soll jenen, die ihre Heimat verlassen, keine Träne nachweinen«. So endete die erste Etappe der Krise, die der massenhaften Übersiedlung der Bevölkerung der DDR in die BRD.

Im Oktober trat die politische Situation in der DDR in eine qualitativ neue Phase. Von nun an häuften sich immer größere Demonstrationen und Kundgebungen der Bevölkerung. Hier ist es wichtig, sowohl die handelnden Kräfte als auch das prinzipielle Herangehen an die scharf umstrittenen Probleme zu klären. Wer trat unter welchen Losungen auf, woher kamen die Bewegungen, und was wollten sie? Die Führung der DDR mußte wählen – administrative Maßnahmen oder der Versuch, im Dialog die Andersdenkenden zu verstehen. Was die administrativen Maßnahmen betraf, so gab es hier in der Führung keine Einheit. Honecker trat eindeutig für die Anwendung solcher Maßnahmen auf, gab nur unter dem Druck der Argumente nach oder wenn er sah, daß sie zu noch gefährlicheren Folgen führen würden.

Wer trat nun als Organisator der Massendemonstrationen und Kundgebungen auf? Die bestimmende Rolle spielten in jenen Tagen Berlin, Leipzig und Dresden. Das äußere Bild der Ereignisse ähnelte sich, Inhalt und Verlauf waren aber unterschiedlich. In Dresden kam es zur Kulmination von Konfrontation und Gewalt zum Anfang der Entwicklung der Ereignisse. Die Führung in Berlin bestand auf der Entscheidung, drei Züge mit Ausreisenden, die sich in der Botschaft der BRD in Prag aufhielten, über Dresden fahren zu lassen.

Scheinbar waren damit die Interessen der Souveränität der DDR berücksichtigt. Am Dresdener Bahnhof sammelten sich zahlreiche Menschen, die zum Sturm der Züge bereit waren, falls sie in Dresden halten. In der Nacht vom 4. zum 5. September schien es, daß es zu großen Ausschreitungen mit Opfern auf beiden Seiten kommen würde. Das war eine Lehre.

An den Abenden des 5., 6. und 7. September veranstaltete die Bürgerbewegung in Dresden Demonstrationen, gegen die erneut auf Anweisung aus der Zentrale die Polizei eingesetzt werden sollte. Die Ereignisse verliefen jedoch nach einem anderen Drehbuch. Sowohl die Veranstalter als auch die Leitung des Bezirkes sahen ein, daß Ruhe nur durch einen Verzicht auf Gewaltanwendung wiederhergestellt werden könnte. Initiatoren der Absage an die Gewalt waren Vertreter der Kirche. Landesbischof Hempel und Superintendent Ziemer traten als Vermittler in die Verhandlungen mit Tausenden auf dem Platz versammelten Bürgern, die von der Polizei umstellt wurden, ein. Die Verantwortlichen von Bezirk und Stadt erteilten der Polizei Weisung, die Demonstration nach Verhandlungen der Kirchenvertreter mit ihren Teilnehmern friedlich auseinandergehen zu lassen. Diese Entscheidung half, auf Gewalt zu verzichten und einen Dialog einzuleiten.

Damit wurde zum einen klar, daß die Vertreter der Kirchenleitung die Dinge nicht auf die Spitze treiben wollten, da sonst Blutvergießen möglich geworden wäre. Die Zurückhaltung der Sicherheitskräfte war eine absolute Voraussetzung für die Einhaltung einer relativen Ordnung und einer Überführung der Emotionen in friedliche Bahnen. Zum anderen trafen Modrow und Berghofer die einzig richtige Entscheidung. Sie lief auf die Suche nach Kompromissen, auf den Dialog mit den Veranstaltern der Massenkundgebungen und ihren Teilnehmern hinaus.

Wer waren nun Teilnehmer der Kundgebungen und

Demonstrationen? Hauptsächlich Jugendliche, nicht wenige Vertreter der Intelligenz, ingenieur-technisches Personal, Lehrer, Freiberufler. Die Arbeiter beeilten sich nicht mit Massenaktionen, obwohl sie ihre Unzufriedenheit mit einigen Aspekten des Lebens in der Republik nicht verbargen. Später zog man sie unter der Losung Demokratisierung immer aktiver in die Bewegung. Nicht wenige gaben ihre Parteibücher ab, brachen derart mit der SED. In der kritischsten Periode Anfang Oktober drängte man die Arbeiter verstärkt zu politischen Streiks. Aber dazu kam es nicht.

Später traten die Organisatoren der Manifestationen deutlicher in Erscheinung. Das »Neue Forum« war wichtigstes und aktivstes Element. Außerordentlich wichtig war es, die Gruppierung der gesellschaftlichen Kräfte zu sehen und den »Andersdenkenden« nicht einfach Etiketten anzuheften. Man mußte im Gegenteil versuchen, alle Kräfte zusammenzuführen, das Gemeinsame herauszuarbeiten und eine gemeinsame Sprache zu finden. Selbstverständlich war das nicht leicht. Andererseits ist auch klar: Mit dem Pathos gegenseitiger Erbitterung und in endlosem Streit über die größere Schuld erreicht man wenig. Die Menschen traten zwar für die Demokratie ein, stellten sich deren Werte aber nicht sonderlich deutlich vor. Sie traten mehr von einer ablehnenden Position auf, gegen das entstandene System – in der Hoffnung, daß das neue Leben besser sein werde.

Die Proteste nahmen einen solchen Aufschwung, daß man unwillkürlich fragen mußte, ob es eine reale Hoffnung gab, daß die Führung der SED und Honecker persönlich die Unvermeidbarkeit von Umgestaltungen einsehen. Dabei ging es nicht nur um Personen, sondern um Prinzipien, nach denen alle Machtstrukturen, vor allem aber die SED funktionieren sollten. Was war es wert, daß Honecker Ende Juni in Moskau gegenüber Gorbatschow die Perestroika begrüßte? Sah er wirklich die Ursache der Probleme darin, daß das

Bewußtsein der DDR-Öffentlichkeit nicht mit der Entwicklung Schritt hielt und man nur das Wesen der Perestroika klarmachen und gemeinsam mit der Sowjetunion handeln müsse? Wenn wir berücksichtigen, daß nach diesem Treffen gar nichts geschah, wird alles klar. Am 7. Oktober wurde dem selben Gorbatschow gesagt, daß »wir in Magnitogorsk die Versorgungslage der Menschen sahen. Kein Brot, nicht einmal Salz. Was wollen Sie denn von uns? Unsere Lage ist stabil, und wir werden entsprechend unseren Beschlüssen und dem, was sich bewährte, handeln.«

Man kann andere dessen anklagen, was in der DDR geschehen ist, insbesondere die BRD einer unmittelbaren Beteiligung an den Ereignissen im Herbst 1989. Man kann über die Unfähigkeit des Warschauer Vertrages, seinen tatsächlichen Zerfall klagen, aber man soll der Hauptfrage zur Schuld an den Geschehnissen nicht ausweichen. Hier helfen Hinweise wieder von Honecker im Interview mit der Zeitschrift »Der Spiegel« nicht. Dort sprach er von einer »Aktion gegen die DDR, deren Initiatoren immer noch im Schatten sind«. Angesichts der Massenkundgebungen ging Honecker davon aus, daß das nur eine Episode sei und er die zunehmende Empörung in den Reihen der SED werde besänftigen können. Ich sah im August, daß Honecker tatsächlich Krenz hartnäckig von aktiver Arbeit in der Führung fernhielt. Er widersetzte sich zweimal der Rückkehr von Krenz aus dem Urlaub. Klar war für mich, daß er ihm nicht vertraute. Wollen wir nicht nach den Ursachen dieses Verhaltens suchen. Wichtig sind nicht Vermutungen, sondern Tatsachen. Später wurde mir bekannt, daß man seine Versetzung nach Leipzig plante.

Gerade in Leipzig nahmen die wöchentlichen Montagsdemonstrationen einen besonderen Charakter an. Hier waren sowohl Veränderungen der Losungen und Forderungen der Teilnehmer als auch das Verhalten der Behörden zu den in der Gesellschaft ablaufenden Prozessen deutlich erkennbar.

An der Spitze der Bezirksleitung der SED stand Horst Schumann, der häufig und lange krank war. Die Bezirksleitung zeigte keinen Willen, hatte keinen klaren Einblick in die Probleme, erwies sich als handlungsunfähig. Die Situation entwickelte sich faktisch nach dem Willen der oppositionellen Bewegungen. Parteiorganisationen und Machtstrukturen schienen gelähmt und konnten jenen, die sich den Kundgebungen anschlossen, keinerlei Angebote machen.

Ein schwieriger Augenblick. Man muß darauf hinweisen, daß es unter der Intelligenz, die vielfach das Volk auf die Kundgebungen vorbereitete und Radikalismus und Ungeduld zeigte, auch mäßigende Vertreter gab. Sie spielten eine wichtige Rolle bei der Vermeidung von Extremen, riefen zur Vernunft. In diesem Sinne spielte der hervorragende Dirigent und wie sich zeigte auch kluge Politiker Kurt Masur eine besondere Rolle. Ich kannte ihn seit langer Zeit und empfand für ihn stets hohe Achtung.

Am 9. Oktober spitzte sich die Situation in Leipzig und anderen Städten bedrohlich zu. Ich muß auf verschiedene Umstände eingehen, die mit den Ereignissen dieses Tages zusammenhängen. Dabei geht es auch um die Rolle von Egon Krenz. In diesem Zusammenhang bin ich zur Mitteilung jener Wahrheit, die ich kenne, verpflichtet und stütze mich auf Tatsachen. Mehr noch. Als Botschafter wurde ich faktisch unmittelbar in die Ereignisse einbezogen. Das kam so. Am Vorabend rief Krenz spätabends bei mir an. Honecker hätte ihn beauftragt, sagte er, gemeinsam mit der Führung des Innenministeriums und der Armee nach Leipzig zu fliegen, um die Situation einzuschätzen und notwendige Maßnahmen zu treffen. Dort war eine weitere, aber sehr große Massenkundgebung geplant. Krenz war sichtlich besorgt. Ich bestätigte, daß das alles sehr ernst sei, und erklärte: »Wie ich es verstehe, besteht das Wichtigste darin, kein Blutvergießen zuzulassen. Deshalb mein kategorischer Rat: auf keinen Fall repressive Maßnahmen ergreifen und schon gar nicht von der Armee.« Krenz antwortete: »Ich verstehe, das ist undenkbar. In dieser Frage habe ich eine andere Meinung als Honecker. Ich werde entsprechend der Situation handeln und bin fest überzeugt, daß es nötig ist, eine friedliche Lösung der Fragen zu finden, die die Demonstranten bewegen.« Ich verstand, warum Krenz bei mir anrief, und spürte, daß er ernsthaft um die möglichen Folgen besorgt war. Er verstand gut, daß der Hauptschlag gegen ihn geführt wird. Zudem prüfte er sich wohl selbst und suchte Unterstützung.

Nach diesem Gespräch setzte ich mich sofort mit dem Oberbefehlshaber der Westgruppe der sowjetischen Streitkräfte Snetkow in Verbindung und erklärte: »Beachten Sie, daß in Leipzig eine sehr große politische Aktion mit einigen hunderttausend Teilnehmern vorgesehen ist. Das wird vielleicht die größte von allen, die es bisher in der Stadt gab. Ich bitte Sie, geben Sie sofort die nötigen Anweisungen, daß unsere Truppen in den Kasernen bleiben, Feldübungen, Schießübungen, die Verlegung von Einheiten sowie Flüge der Militärflugzeuge eingestellt werden. Unter keinen Umständen mischen Sie sich in die Ereignisse ein oder lassen sich von Provokationen beeinflussen.« Der Oberbefehlshaber wollte unverzüglich die nötigen Befehle geben und persönlich deren Ausführung überwachen. Das wurde getan. Als ich diese Anweisung erteilte, übernahm ich persönlich die Verantwortung, hatte mich auch mit niemandem beraten. Übrigens erhielt die Leitung der Westgruppe am nächsten Tag eben diese Anweisung aus Moskau.

Mit vollem Recht kann ich feststellen, daß wir in dieser komplizierten, widersprüchlichen und äußerst angespannten Situation alles nur Mögliche taten, um eine katastrophale Entwicklung nicht zuzulassen. Dazu war es in einigen anderen osteuropäischen Ländern und auch früher in der DDR gekommen. In einer solchen Situation konnte jeder unbedachte Schritt Konflikte mit unvorhersehbaren Folgen heraufbeschwören. Ich folgte streng dieser Linie auch in anderen ziemlich ernsten Fällen, die im Herbst und Anfang Winter 1989 einige Male auftraten. Ich möchte meine Rolle nicht überbewerten, doch empfinde ich tiefe Befriedigung, daß ich hartnäckig an diesem Vorgehen festhielt und es durchsetzte. Heute lieben es viele, über jene letzten Monate der DDR zu urteilen. Aber man muß dabeigewesen sein, inmitten der verworrenen Ereignisse. Rasch waren schnell wechselnde Situationen zu erkennen, und jeder einzelne Schritt verband sich mit höchster Verantwortung.

Man stellte mir mehrfach die Frage, ob sich die DDR-Führung an uns mit der Bitte um militärische Unterstützung wandte. Auch hier möchte ich Klarheit schaffen: Auf keiner Ebene wandte sich die Führung der DDR mit einer solchen Bitte an uns. Allerdings ist mir bekannt, daß einzelne Mitglieder der Führung damit rechneten, daß »wir sie in der Not nicht allein lassen«. Man fragte auch, ob es ein Ersuchen der DDR um Hilfe der Organisation des Warschauer Vertrages gegeben habe. Eine solche Bitte gab es nicht, noch weniger eine entsprechende Bereitschaft unsererseits. Außerdem funktionierten in dieser Zeit die Strukturen des Warschauer Vertrages faktisch eigentlich schon nicht mehr. Also etwa wieder Moskau, erneut sowjetische Truppen?

Man redete von einer Explosion in der DDR im Herbst 1989. Als Explosion können diese Ereignisse nur von außen erscheinen und auch nur für wenig informierte Menschen. Wahr ist vielmehr, daß die Krise in der DDR schon lange heranreifte, Ursachen bemühe ich mich, in meinem Buch aufzuzeigen. Hervorgehoben sei, daß lange vor den Ereignissen des Herbstes 1989 in der DDR Bewegungen, Organisationen und später auch Parteien zu entstehen begannen. Bis zu einer bestimmten Zeit waren sie vereinzelte Organisationen, aber einig in der Ablehnung der Politik der SED und der Kritik besonders ihrer Führung.

Anfang September wurde als größte Massenorganisation das »Neue Forum« faktisch legalisiert. Dessen Leiter reichten einen Antrag auf Registrierung der Organisation in elf Bezirken der DDR ein. Das Innenministerium lehnte die Registrierung mit Hinweis auf »Staatsfeindlichkeit« ab. Freilich wurde diese Ablehnung nicht im Innenministerium, sondern, der Leitung des ZK der SED entschieden. Ob sie aber weise handelte, als sie annahm, daß man eine sehr schwierige politische Frage mit administrativen Methoden einfach »streichen« könnte? Wäre nicht ein unmittelbarer Kontakt zu den Anführern der Bewegung besser gewesen, aufmerksam ihre Ansichten zu hören, der Versuch zum Kompromiß im Dialog? Die Quittung für solch dogmatisches Herangehen ließ nicht lange auf sich warten. Das »Neue Forum« gewann rasch Anhänger, erhielt eine breite soziale Basis, fand zunehmend Sympathie bei der Bevölkerung der Republik. Bald überstieg die Zahl der aktiven Mitstreiter 200 000 Menschen.

Im ZK der SED widmete man auch der Gründungsversammlung der Sozialdemokratischen Partei der DDR keine ernstliche Beachtung. Einige Tage nach den Feierlichkeiten zum 40. Jahrestag entstanden, zählte die Partei nur Wochen später fast 70 000 Mitglieder und wurde zur organisiertesten oppositionellen Kraft. Bemerkenswert, daß in ihre Reihen viele ehemalige Mitglieder der SED strebten, die mit ihrer alten Partei aber schon während der Ereignisse im Herbst 1989 gebrochen hatten. Bereits im September war auf der Basis von Kirchengruppen die Bürgerbewegung »Demokratie Jetzt« entstanden. Auf der Grundlage überwiegend christlich-sozialer Strömungen innerhalb der Kirche bildete sich die Partei »Demokratischer Aufbruch«. Zu ihr gehörten Vertreter der wissenschaftlich-technischen Intelligenz, Handwerker, Bauern. Die erwähnten Bewegungen und Parteien waren die einflußreichsten unter insgesamt 154 oppositionellen Gruppierungen, die im Herbst 1989 entstanden. Die Mehrzahl hatte nur wenig Mitglieder und hatte keine wesentliche Wirkung auf das gesellschaftliche Leben in der DDR. Alle zusammen stellten sie jedoch eine ernsthafte Kraft dar. Man mußte diesen neuen Umstand berücksichtigen.

Ich machte mit den Leitern des »Neuen Forum« Bekanntschaft, der Malerin Boley, dem Rechtsanwalt Hendrich, dem Biologen Reich und anderen. Dazu auch mit den Leitern der Sozialdemokraten der DDR Böhme, Meckel, Gutzeit und eigentlich allen Mitgliedern des Vorstandes. Kontakte mit Böhme und Meckel gab es ständig. Vom »Demokratischen Aufbruch« kannte ich gut Pastor Eppelmann und Ebeling. Ich traf mich auch mit der Leitung von »Demokratie Jetzt«, also mit Fischbeck, Weiß, Poppe und insbesondere Ullmann. Vielfach begegnete ich zumeist in der Botschaft diesen und anderen Personen, ohne die man sich schon nicht mehr in vollem Maße das politische Antlitz der DDR vorstellen konnte. Die Begegnungen fanden in der Regel in freundschaftlicher Atmosphäre und bei einem gemeinsamen Interesse an der Fortsetzung der Kontakte statt. Offenherzig berichtete man mir, wie die neuen Parteien und Bewegungen entstanden, von den ersten Treffs der Gleichgesinnten. Anfangs tagte man konspirativ im engen Kreis und jedes Mal an einem anderen Ort. Im »richtigen Augenblick« veränderte sich das, weil die Angst vor den Behörden wich. Administrative Maßnahmen konnten nur noch zusätzliches Interesse wecken.

Ich fragte mich, was geht im ZK der SED vor? Selbst als die Hauptgruppen der sogenannten Andersdenkenden schon kein Geheimnis mehr darstellten, zeigte immer noch niemand für sie Interesse. Ausnahmen waren selten. Hätte die Situation nicht erfordert, eine Gruppe kluger und sachkundiger Menschen zu bilden, die die Situation studierten, Konzeptionen sowie Strategie und Taktik der Beziehungen mit den neuen Bewegungen ausarbeiten? Es drängte sich förmlich die Notwendigkeit auf, im ZK der SED ein spezielles analytisches Zentrum zu bilden, das sorgsam die Prozesse studiert, sie objektiv einschätzt und der Leitung entsprechende Empfehlungen anbietet. In Westberlin gab es solch ein Zentrum. Aber hier drängt sich auch eine andere Frage auf. Was ist mit dem Ministerium für Staatssicherheit der DDR? Ich zweifle nicht, daß es von der Entstehung der oppositionellen Organisationen wußte, von der Dynamik der negativen Stimmung der Öffentlichkeit, von der aktiven Formierung bestimmter Strukturen zur Vereinigung der »Andersdenkenden«. Wie aber wurde darüber der Führung berichtet?

Es ist mir immerhin bekannt, daß sich auf den letzten Sitzungen des Politbüros unter Honeckers Vorsitz Tonart und Inhalt der Berichte der Staatssicherheit wesentlich von den früher üblichen unterschieden. Faktisch erstmalig wurde rückhaltlos die wirkliche Lage im Land aufgezeigt. Das bedeutet aber, daß vorher die Informationen sorgfältig gefiltert worden waren und man nicht alles berichtete, was gefordert war. Überhaupt entstehen viele Fragen zur Rolle der Geheimdienste in der Geschichte der DDR, ihrer Tätigkeit in den Staats- und Parteistrukturen der Gesellschaft. Auf manche kennen wir noch keine Antwort, obwohl es viele öffentliche gesellschaftliche Untersuchungen auf staatlicher Ebene und auch Gerichtsverhandlungen gegeben hat.

Nach dem 40. Jahrestag der DDR beschloß Honecker endlich, eine Beratung der 1. Sekretäre der Bezirksleitungen der Partei einzuberufen. Seine zweistündige Rede enthielt nichts, was auf den Wunsch hindeutete, das Geschehene gründlich zu überdenken und Konzeptionen einer Umgestaltung vorzuschlagen. Es war klar, daß er entweder nichts ändern wollte oder es nicht konnte. Wahrscheinlich auch beides. Auf dieser Beratung, die am 12. Oktober stattfand, gab es keine ernsthafte Analyse und wurde auch nichts über einen Ausweg aus der Krise gesagt. Versuche von Modrow, Chemnitzer und Jahn, die Dinge klar beim Namen zu nennen, der Partei und dem Volk die Wahrheit zu sagen sowie ein konstruktives Programm der Umgestaltungen in Grundzügen zu entwickeln, wurden faktisch bei stillschweigendem Einverständnis der Teilnehmer der Beratung unterbunden. Da haben wir die magische Kraft des ersten Mannes! Durchaus gut bekannt sind mir ähnliche Situationen in der Praxis des ZK der KPdSU.

Nach der Beratung fand die Sitzung des Politbüros des ZK der SED statt. Allem Anschein nach herrschte hier eine andere Stimmung. Ich wußte, daß man eine ernste Debatte führen wollte. Die Situation war kompliziert. Im Politbüro bildete sich in jener Zeit eine Gruppe von Gegnern des Honecker-Kurses. Sie besaß jedoch kein zahlenmäßiges Übergewicht, und es war schwer vorauszusagen, wie die Sache schließlich ausgehen würde. Sehr wichtig war die Haltung von Stoph. Aber er kam sicher zu der gleichen Schlußfolgerung wie auch Krenz: Man muß den Generalsekretär ablösen. Krenz wurde gestärkt in Gesprächen mit anderen Mitgliedern des Politbüros, den 1. Bezirkssekretären und zuletzt mit Gorbatschow am 7. Oktober. Trotzdem waren die Ergebnisse der Sitzung des Politbüros vorher völlig unklar. Mit Blick auf die Kräfteverteilung konnte auch das Gegenteil geschehen. Das wäre ganz schlecht gewesen, da Honecker mit entschiedensten Maßnahmen nicht lange warten würde. Krenz leugnete später nicht, daß ihm vorher nicht völlig klar war, als was er die Sitzung verlassen würde. Man muß ihm lassen, daß er sich wirklich für einen mutigen Schritt mit einem unsicheren Resultat entschied. Sein Vorgehen und das anderer Mitglieder der Führung traf zusammen mit einem Aufschwung der oppositionellen Kräfte, die

Umgestaltungen forderten. Hinzu kamen Kundgebungen Hunderttausender Menschen in Leipzig und anderen Städten, die gegen die herrschende Macht auftraten und von der Basis her einen Durchbruch erzielen wollten.

Es wurde klar, daß das Vorgehen jener in der Spitze, die für eine Ablösung Honeckers und Umgestaltungen in der Republik eintraten, in bestimmtem Umfang den Forderungen der Massen entsprach. Das ist eine prinzipielle Frage. Vielleicht lag darin eine Voraussetzung für die weitere Entwicklung der Ereignisse im Land. Man muß auch erwähnen, daß es in der Staatsmacht zu jener Zeit zwei Arten des Umgangs mit den Massendemonstrationen und Kundgebungen gab. Einige suchten gemeinsam mit einflußreichen Vertretern der gesellschaftlichen und politischen Bewegungen sowie der Kirche Grundlagen für einen Dialog, andere setzten auf die Anwendung administrativer Maßnahmen – bis zum Einsatz von Armee, Polizei und Kampfgruppen. Der zweite Weg hätte zur Eskalation der Gewalt und einer politischen Explosion geführt, deren Folgen vorauszusehen waren.

In Dresden gelang es der Bezirks- und Stadtleitung schließlich, den Dialog aufzunehmen und damit die Grundlage für eine friedliche Behandlung der Probleme zu schaffen, die die Bürger beunruhigten. Derartige Versuche wurden auch in einigen anderen Städten unternommen, aber dort herrschten andere Maßstäbe, und es gingen auch die Stimmen der Vertreter der Macht im Lärm der Kundgebungen unter. Viele Vertreter der Partei verfügten nicht über Argumentationen, und ihre Begründungen wurden nicht akzeptiert. Zudem zeigten sich viele Funktionäre der Partei, die an Schreibtischarbeit gewöhnt waren, den Diskussionen nicht gewachsen. Honecker rechnete eindeutig mit einer Überwindung der Unruhen von der Position der Stärke. Er äußerte die Worte: »... man soll mit ihnen nicht viel Umstände machen, auf LKWs werfen und basta« sowie »... die Organisatoren der

Kundgebungen sind Feinde, und man muß mit ihnen entsprechend umgehen.«

Kehren wir aber zur Sitzung des Politbüros zurück. Kaum hatte Honecker die Sitzung eröffnet, ergriff sofort Stoph das Wort. Nachdem er die Situation in der Republik und in der Partei äußerst scharf eingeschätzt hatte, erklärte er eindeutig, daß die Ursache dafür in vielerlei Hinsicht an der fehlerhaften Linie Honeckers läge und forderte dessen Ablösung. Honecker versuchte, die Diskussion in die übliche Bahn zu lenken, aber das gelang ihm schon nicht mehr. Mit scharfen Bewertungen der Lage und für den erforderlichen Rückzug Honeckers von allen Ämtern traten auch einige andere Politbüromitglieder auf. Die Situation im Lande war so kompliziert, daß sich niemand dem Vorschlag von Stoph zu widersetzen suchte. Vielmehr waren faktisch alle Politbüromitglieder in ihren Reden gezwungen, dem Vorschlag zuzustimmen. Er wurde ebenso angenommen wie der Vorschlag über den Nachfolger Honeckers.

In dieser Zeit verließ ich die Botschaft nicht, weil ich von der Sitzung des Politbüros wußte und wartete, wie sie enden würde. Danach rief Honecker als ersten mich an. Er sagte: »Es fand eine Sitzung des Politbüros statt, auf der ein Beschluß über meine Ablösung als Generalsekretär der SED gefaßt wurde. Für dieses Amt wurde Egon Krenz empfohlen. Es sprachen alle Politbüromitglieder, und die Entscheidung wurde einstimmig getroffen.« Ich fragte Honecker: »Wie bitte? Haben Sie auch für Ihre Ablösung gestimmt?« Er erwiderte: »Ja. Ich habe so gestimmt wie alle.« Dann fügte er hinzu: »Einen anderen Ausweg gab es nicht. Diese Entscheidung diktierte die Situation selbst, Sie wissen darüber Bescheid. Ich wollte Ihnen das persönlich sagen. Zum Schluß möchte ich Ihnen alles Gute wünschen und mich verabschieden«. Einige Zeit später hatte ich schon eine vollständige Information von den anderen Teilnehmern der Sitzung.

Hervorheben möchte ich hier zweierlei: Der Sitzung fehlte es nicht an Dramatik, mit einem solchen Beschluß war Honecker nicht sofort einverstanden. Zum zweiten wurde Honecker nicht wegen eines schlechten Gesundheitszustandes, sondern als Verantwortlicher für die in Partei und Gesellschaft entstandene Lage abgelöst.

Über eine Sonderleitung rief ich Michail Gorbatschow an und berichtete ihm von der Sitzung des Politbüros des ZK der SED und den Beschlüssen. Er hörte mit angespannter Aufmerksamkeit zu und unterbrach mich nicht. Dann interessierte er sich dafür, wie sich Honecker verhalten hätte. Natürlich fand seine Aufmerksamkeit, daß gerade Honecker mich als ersten angerufen hatte. »Na gut, danke für die Information. Ich bitte dich, rufe bei mir an und berichte, wie sich die Ereignisse entwickeln. Zu jeder Zeit des Tages und mich persönlich.«

Bald spürte ich, daß die Information darüber, wie sich die Situation »an der Spitze« entwickelte, in gewissem Sinne von mir abhing. Es gab viele Anrufe, dringende Bitten um Gespräche von Leitern der diplomatischen Vertretungen und auch einiger namhafter staatlicher Funktionäre und Persönlichkeiten des öffentlichen Lebens der DDR. Irgendwie befand ich mich im Mittelpunkt der Ereignisse, obwohl ich auf sie keinen direkten Einfluß ausübte. Aber ich war auch kein unbeteiligter Beobachter. Der Kommentierung enthielt ich mich und beeilte mich auch nicht mit Schlußfolgerungen.

Vor uns lag noch das Plenum des ZK der SED. Es fand bekanntlich am 18. Oktober statt. Über seinen Verlauf und die entscheidenden Beschlüsse wurde schon viel berichtet. Das Plenum bestätigte die Beschlüsse des Politbüros, von denen der bedeutendste die Ablösung Honeckers und die Wahl von Krenz zu dessen Nachfolger war. Hinzu kam der Beschluß, Krenz für den Posten des Vorsitzenden des Staatsrates zu empfehlen. In Kaderfragen ging das Plenum nicht über die Entscheidungen des Politbüros hinaus, das Mittag und Herrmann ihrer Posten entbunden hatte.

In einem seiner Interviews sprach Honecker von seinem »Rücktritt«. So heißt es auch in den Parteidokumenten. In einem offenen Brief an Honecker, den »Der Spiegel« Anfang 1991 veröffentlichte, räumte Egon Krenz ein: »Das war die erste Unwahrheit, mit der das Politbüro unter meiner Leitung und auch aus meiner Schuld seine Tätigkeit begann. Willi Stoph forderte eindeutig Deine Ablösung und alle Mitglieder und Kandidaten des Politbüros unterstützten ihn. Denn Du wolltest an einen freiwilligen Rücktritt nicht einmal denken.«

Die Wahl von Krenz rief widersprüchliche Reaktionen in Partei und Öffentlichkeit hervor. Die einen empfanden Erleichterung, die anderen waren mißtrauisch. Beispielsweise verband sich sein Name mit dem Honeckers, weil er dessen erster Stellvertreter gewesen war. Er war zuständig für Sicherheitsfragen, und er wurde auch mit der Fälschung der Wahlen in Verbindung gebracht. Wie sich später herausstellte, hatte er damit nichts zu tun. Erinnert wurde auch an seine Reise nach China vom September. Deshalb hing alles entscheidend von seinen praktischen Schritten ab. Wollen wir uns aber nicht von den Realitäten jener Tage lösen. Wenn nicht Egon Krenz, wer hätte dann aus dem damaligen Politbüro der SED gewählt werden können. Selbst jene, die von Anfang an mit Zweifeln die Nachricht von seiner Wahl aufnahmen, kamen unwillkürlich zu dem Schluß, daß es eigentlich keinen anderen Kandidaten außer Krenz gab – ganz zu schweigen davon, daß gerade er diesen sehr schweren Schritt getan hatte.

Es ist freilich stets leichter, von außen auf die Probleme zu schauen, aber es kann nicht unbeachtet bleiben, daß auf der Sitzung des Zentralkomitees keine Diskussion zur Lage in der Partei, im Lande und über Auswege aus der Krise geführt wurde. Entsprechende Versuche von Hans Modrow und auch von Moritz Mebel fanden keine Unterstützung. Vielleicht zeigte sich schon in den personellen Fragen Halbheit, am wichtigsten aber war der Verzicht auf den Versuch, kollektiv wenigstens allgemeine Konzeptionen der Umgestaltungen von Partei und Gesellschaft auszuarbeiten. Daß es dazu nicht kam, rief in Partei und Bevölkerung Unzufriedenheit hervor. Die Menschen fragten sich, ob man ausgewogene, durchdachte und weitreichende Beschlüsse nicht fassen konnte oder es nicht wollte.

Nach dem Plenum rief ich spät in der Nacht Michail Gorbatschow auf der Datscha an. Ich berichtete ihm vom Verlauf der Tagung, ihren Beschlüssen und einigen Nuancen aus meiner Sicht. Er sagte: »Nun, was tun – das ist ihre Wahl, und man muß darauf Rücksicht nehmen. Organisiere mir ein Gespräch mit Egon Krenz, ich werde ihm gratulieren und mit ihm reden. Deshalb bleibe am Ort, ich werde dir ein Signal geben«. Am nächsten Morgen rief Gorbatschow an und bat mich, in Erfahrung zu bringen, ob Krenz erreichbar sei und wann man sich mit ihm in Verbindung setzen könne. Ich richtete alles ein. Das Gespräch von Gorbatschow und Krenz kam zustande. Danach schaltete Gorbatschow wieder zu mir um: »Dir möchte ich sagen, du hast richtig gehandelt. Mach weiter so in diesem Sinne, ausgewogen, weiche scharfen Fragen nicht aus. Ich bitte, mich ständig zu informieren.«

Ich traf Krenz häufig und sah, wie sich seine Stimmung veränderte. Den ersten psychologischen Schock erlebte er vielleicht am 23. Oktober, also schon fünf Tage nach der Wahl zum Generalsekretär des ZK der SED. Gerade an diesem Tag trugen die Demonstranten in Leipzig, Magdeburg, Halle, Dresden und Schwerin Losungen, die gegen Krenz gerichtet waren. Das war der Beginn eines zunehmenden Drucks auf die neue Parteiführung, der seine Gründe hatte.

Eine gewisse Unterbrechung trat um den 1. November ein,

als Krenz in Moskau mit Gorbatschow Gespräche führte. Ich weiß, daß Krenz ehrlich die Situation in der DDR aus seiner Sicht darlegte. Aber auch hier schlug er kein neues konzeptionelles Herangehen vor, obwohl die Gesprächspartner das behandelten, was im Mittelpunkt der Aufmerksamkeit des ZK der SED, der Strategie der Umgestaltungen in allen Sphären des staatlichen und politischen Lebens der DDR stehen sollte. Fertige Rezepte hatte auch die sowjetische Seite nicht. Krenz schlug nicht klar das vor, was man von ihm in der DDR erwartete. Vielleicht fehlte es an Zeit für die Ausarbeitung eines neuen Herangehens. Weil er Veränderungen wollte, ließ er sich an die Spitze der Menschen stellen, die gegen die Politik von Honecker auftraten. Die Alternative zum früheren Kurs war bei ihm aber nicht radikal genug, um der dringenden Notwendigkeit zu entsprechen. Dabei halfen ihm auch jene nicht, auf die er sich stützte, und auch nicht die Tatsache, daß zu jener Zeit die Mehrheit der früheren Politbüromitglieder noch auf ihrem Posten war. Er zögerte mit Kaderwechsel, mit der Förderung neuer Leute.

Die Zeit aber drängte. Die Welle der Demonstrationen und Kundgebungen schwoll wieder an. Höhepunkt dieser Bewegung wurde die Kundgebung in Berlin am 4. November, an der sich fast eine Million Menschen beteiligte. Diese keineswegs spontane, sondern gut organisierte friedliche Manifestation bestimmte schließlich wohl die Sicht auf die weitere Entwicklung der Gesellschaft. Die zahlreichen Redner forderten wirkliche demokratische Umgestaltungen und den Rücktritt der im wesentlichen unveränderten Partei- und Staatsführung. Die Idee der Erneuerung der DDR auf demokratischer Grundlage einte die Redner. Sie riefen die Bürger der DDR auf, die Republik nicht zu verlassen, sondern an ihrer Umgestaltung teilzunehmen. Prinzipiell wichtig war die Tatsache, daß niemand von der Vereinigung der beiden deutschen Staaten sprach. Zu den Rednern gehörten verschiedenste Persönlichkeiten – Christa Wolf, Stefan Heym, Gregor Gysi, Lothar Bisky, Markus Wolf. Gysi sagte dort auch, daß »sich Egon Krenz am 9. Oktober nicht für den chinesischen Weg der Lösung der Probleme, sondern für eine demokratische Wende aussprach und damit einen Beitrag für die Rettung des Landes leistete«. Die Erklärung von Gysi wurde von dem großen Auditorium ruhig aufgenommen, er sprach aufrichtig, und man schenkte seinen Worten Gehör. Später traf ich diesen Mann öfter. Er besaß die Gabe, komplizierte Gedanken einfach und verständlich auszudrücken.

Für Krenz als Parteichef war die Manifestation in Berlin vielleicht die letzte Chance, zu realen Umgestaltungen überzugehen. Eine solche Gelegenheit gab es am 9./10. November schon nicht mehr. Am 10. November reichte außer Krenz das ganze Politbüro auf dem Plenum des ZK der SED seinen Rücktritt ein, vorher hatte das bereits Stoph getan. Was aber die Situation radikal veränderte, war die plötzliche Öffnung der Grenzen zu Westberlin. Damit traten Ereignisse ein, die sich mit schwindelerregender Schnelligkeit und ohne Pausen zu entwickeln begannen. Es begann vielleicht die schwierigste und verantwortungsvollste, die wirklich entscheidende Periode in der ganzen Geschichte der Republik.

Am 9. November beschloß das Plenum des ZK der SED und der Volkskammer, Hans Modrow als Vorsitzenden des Ministerrates zu empfehlen. Am 13. November wurde Modrow Regierungschef der DDR. Die Volkskammer beauftragte ihn, Vorschläge zur personellen Zusammensetzung des Kabinetts vorzulegen. Mit Modrows Ernennung verband sich die Hoffnung auf die Möglichkeit einer gewissen Stabilisierung der Lage. Dies aber nur auf der Grundlage eines neuen Herangehens, neuer Konzeptionen der Entwicklung der Gesellschaft. Und sie wurden von Modrow vorgeschlagen. Mit ihm und Krenz unterhielt ich in diesen stürmischen

Tagen und Nächten ständig Kontakt. Fast jeden Abend kamen wir in der Botschaft zusammen, um die Situation umfassend zu bewerten. Das war ein zutiefst interessierter und nicht nur ein formaler Meinungsaustausch.

Modrow fand sich rasch in die neue Rolle, konnte auch eine reale und vernünftige Handlungsvariante anbieten. Das Manövrierfeld seiner Regierung war äußerst eingeengt. Das erforderte Präzision der Entscheidungen, schnelle Reaktionen auf veränderte Umstände, die fehlerlose Bestimmung der Prioritäten. Als Regierungschef schlug Modrow vor: Konsolidierung aller politischen Kräfte auf der gemeinsamen Plattform der Stabilisierung der DDR. Es ging um das Funktionieren der Wirtschaft, den Schutz der Interessen der Bürger der Republik, die Ausarbeitung von Lösungen in der nationalen Politik sowie deren inneren und äußeren Aspekte.

Ich möchte daran erinnern, daß in dieser Zeit fast 160 Parteien und öffentliche Bewegungen die politische Arena betraten. Sie taten das zudem unter jenem Umstand, daß die SED am 1. Dezember 1989 wegen der Aufhebung des entsprechenden Artikels der Verfassung der DDR durch die Volkskammer aufhörte, regierende Partei zu sein. Ich wiederhole: Modrow trat sein Amt als Premier unter kompliziertesten Bedingungen an, faktisch in einem staatlichen und politischen Machtvakuum. Er kam zu dem Schluß: Es gibt nur eine Möglichkeit, die Regierung zu bilden – auf der Basis einer Koalition aller Parteien.

Krenz befand sich unter einem großen psychologischen Druck eines Teils der Bevölkerung, innerhalb seiner eigenen Partei, der Massenmedien der DDR und Westberlins. Dazu häuften sich schwere Angriffe auf einzelne Mitglieder der höchsten Führung der DDR. Ab 2. November begannen Leitungsmitglieder des ZK der SED zurückzutreten, pausenlos folgten einander äußerst ernste Ereignisse. Zusätzliche

Komplikationen brachten Publikationen mit »Enthüllungen« ehemaliger Führungsmitglieder der DDR. Man beschuldigte viele von ihnen aller Sünden: Mißbrauch der Macht, Korruption, Aneignung von Mitteln des Staates, Privilegien und selbst der Einrichtung von Valutakonten bei ausländischen Banken. Das Ziel dieser Kampagne war offensichtlich: Diskreditierung der Führungskräfte der SED. Es kam so, daß zu Anfang diese Beschuldigungen oft ohne hinreichende Begründung und Überprüfung erhoben wurden. Bald teilte der Generalstaatsanwalt mit, daß man begonnen habe, gegen Honecker, Mielke, Stoph, W. Krolikowski und Kleiber zu ermitteln.

Gerade zu diesem Zeitpunkt rief mich Gorbatschow an. Er erklärte, daß er aufmerksam die Entwicklung in der DDR verfolge, und bat um einen Bericht über die jüngsten Ereignisse. Ich unterstrich die offensichtlich anhaltende Verschärfung der Situation. Faktisch ginge es schon um die Beseitigung der Mitglieder der Führung. Man benutzte dafür als Vorwand die Enthüllungskampagne über Machtmißbrauch, Korruption, Privilegien. Ich führte konkrete Beispiele an und nannte jene Mitglieder der Leitung, gegen die schon Anklage erhoben und die gerichtlich zur Verantwortung gezogen werden sollten. Gorbatschow fragte, um welche Privilegien es sich da eigentlich handele. Ich erwiderte, daß man vieles anführe, zum Beispiel Datschas und Jagdhäuser, die wohl aus staatlichen Mitteln von einigen Mitgliedern der Führung gebaut worden seien.

Ich fühlte, daß gerade das auf Gorbatschow besonderen Eindruck machte. »Hier muß man unterscheiden«, meinte er, »was dieses oder jenes Mitglied der Führung nutzt, solange es arbeitet, und was es für sich persönlich auf Kosten des Staates gebaut hat. Das sind verschiedene Dinge.« Zuerst berichtet man über solche Häuser, erläuterte ich, dann beginnt man sie zu erkunden, und zuweilen werden die ersten Informationen nicht bestätigt. Die Menschen sind bereits aufgeregt, es wird in der Gesellschaft eine bestimmte Lage geschaffen. Gorbatschow fragte: »Was für Häuser sind das? Hast du sie gesehen?« Die offizielle Residenz des Generalsekretärs, die Siedlung in der alle Politbüromitglieder wohnten, kannte ich. Dort gab es zweistöckige Typenbauten, die nichts Besonderes darstellten. Soviel ich wußte, hatten viele von ihnen keine Stadtwohnungen. Dabei dachte ich, daß sie nicht vergleichbar seien mit jenen Palästen außerhalb der Stadt, die die Mitglieder der Sowjetführung nutzten. Ganz zu schweigen von Gorbatschow selbst, der gerade in dieser Zeit den bekannten Komplex in Foros an der Südküste der Krim fertigstellen ließ. Offenkundig gefiel ihm diese Kampagne gegen die ehemalige DDR-Führung nicht. Allerdings bemerkte ich bei ihm auch nicht den Wunsch, sich in diese Sache einzumischen.

Am 1. Dezember strich die Volkskammer den Verfassungsartikel über die führende Rolle der SED, womit der Schlußpunkt im politischen Kampf gegen die uneingeschränkte Macht der SED gesetzt wurde. Am 6. Dezember wurde E. Krenz von seinem Amt als Vorsitzender des Staatsrates entbunden.

Einer der dramatischen Augenblicke des Herbstes 1989 war natürlich die Öffnung der Berliner Mauer. Ich kenne keine Veröffentlichung über diesen Zeitraum, in der nicht auf die äußerst wichtige Bedeutung dieses Aktes für die weitere Entwicklung des gesamtdeutschen Prozesses hingewiesen würde. Trotzdem möchte ich versuchen, die Motive von Egon Krenz zu begreifen, der eine solche Entscheidung traf. In seinem bekannten Schreiben an Honecker weist Krenz darauf hin, daß es leicht sei, aus dem Abseits zu urteilen, man müsse aber versuchen, seine Lage zu begreifen. Er habe qualvoll darüber nachgedacht, was denn nun besser wäre – diesen Schritt zu gehen oder zu wissen, daß eine weitere Verzögerung in dieser Frage zu schweren Folgen, bis hin zum Blutvergießen führen könne. »Auf alle Fälle faßte ich eine Entscheidung gegen die Gewalt und bedauere das nicht. Alles andere würde wirklich zur Katastrophe führen.« Ich möchte diese Entscheidung weder rechtfertigen noch bewerten. Mein Ziel ist, das zu sagen, was ich weiß, wie es sich darstellte und in welchem Maße die sowjetische Seite einbezogen war.

Ende Oktober gab Krenz den Auftrag, einen Gesetzentwurf für das Regime an den Grenzen zur BRD und zu Westberlin auszuarbeiten. Das Dokument wurde zwar vorbereitet, erwies sich aber als unbefriedigend. Es war nicht gut genug ausgearbeitet und konnte in dieser Form der Volkskammer nicht zur Bestätigung vorgelegt werden. Daneben mußten prinzipielle Fragen unbedingt noch mit den drei Westmächten und der Sowjetunion als interessierten Seiten und selbstverständlich mit der BRD und Westberlin abgestimmt werden. In einem seiner Interviews spricht Krenz davon, daß er die sowjetische Seite über diesen Schritt in Kenntnis gesetzt habe. Ich unterstreiche, wie er sagte, Kohl und Gorbatschow in Kenntnis gesetzt. Erstens heißt das noch nicht Abstimmung, und zweitens kann man das vor der Öffnung oder nach der Öffnung als faktisch vollendeter Tatsache tun. Den Bezug auf Gorbatschow und Kohl kann ich weder bestätigen noch dementieren. Mit Bestimmtheit möchte ich aber sagen, daß ich darüber weder von Krenz noch von irgend jemandem aus der Führung in Kenntnis gesetzt wurde. Auch aus Moskau erhielt ich keine Signale in diesem Zusammenhang. Es gab, das möchte ich bestätigen, eine Abstimmung zwischen Krenz und mir zur Öffnung einiger Übergänge an der südwestlichen Grenze mit der BRD. Wir hatten dagegen keine Einwände.

Als die Berliner Mauer schon offen war, wandte sich Krenz an mich mit der Bitte, in die Öffnung der Übergänge am Brandenburger Tor einzuwilligen. Ich sagte, daß ich darüber sofort Moskau benachrichtigen und ihm die Position der sowjetischen Seite mitteilen werde. Sofort rief ich Schewardnadse an, der jedoch nicht zu erreichen war. Ich setzte mich mit seinem 1. Stellvertreter Kowaljow in Verbindung, dem ich den Kern des Problems darlegte. Er sah keine Gründe, Einwände gegen ein solches Vorhaben geltend zu machen. Nach einiger Überlegung sagte Kowaljow jedoch, daß ich noch heute ein Telegramm schicken solle. Er fügte hinzu, daß wir sofort eine offizielle Antwort bekommen würden.

Dann erfuhr ich, daß Schewardnadse nicht die Entscheidung dieser Frage übernahm, sondern extra die Führung des ZK benachrichtigte. Es erwies sich alles als nicht so einfach, wie es sich Kowaljow vorstellte. Die Antwort aus Moskau erhielt ich erst nach einigen Tagen. Telegraphisch wurde der Auftrag erteilt, Krenz mitzuteilen, daß die sowjetische Seite keine prinzipiellen Einwände gegen die Absicht der DDR-Führung habe. Dabei wurde darauf hingewiesen, daß die Entscheidung über die Zeiträume der Öffnung und der Ordnung an den Übergängen in der Kompetenz der deutschen Seite verbleibe.

Was die Entscheidung über die Öffnung der Grenze angeht, die am 9. November getroffen wurde, so kann niemand die Rechtmäßigkeit eines solchen Aktes verneinen. Bevor man so etwas unternimmt, sollte man aber alle Fragen, die mit den Zeiträumen, der Ordnung und dem Grenzregime verbunden sind, sorgfältig durchdenken. Man kann die von Krenz angeführten Motive verstehen. Völlig offensichtlich ist aber, daß man vor der Verkündung einer solch außerordentlich bedeutsamen Entscheidung am Abend des 9. November vor der versammelten Menge, sie von der Volkskammer der DDR beraten lassen und zum Gesetz machen mußte. Ich spreche schon nicht davon, daß man wegen des Vierseitigen Abkommens über Westberlin auch an eine Abstimmung dieser ganzen Problematik mit den Administrationen der USA, Großbritanniens und Frankreichs in Westberlin sowie der Botschaft der UdSSR in der DDR denken sollte.

In jenen Tagen traf ich Krenz praktisch täglich, und er sagte mir nichts davon. Vielleicht dachte er, wenn er Gorbatschow informiert habe – worauf er hinweist, gab es keine Notwendigkeit, das mit dem Botschafter zu doublieren. Vielleicht. Andererseits aber haben wir so viele Fragen miteinander besprochen. Deshalb kann ich nicht begreifen, warum er mich eben davon nicht in Kenntnis setzte. Ich nehme an, daß er meine Befugnisse und meine Verantwortung gegenüber Westberlin gut kannte. Manchmal frage ich mich, ob ich in diesem Falle größere Voraussicht hätte zeigen müssen. Aber wie? Am 6. November war Krenz zu einem Empfang bei uns in der Botschaft. Wir sprachen lange miteinander, und er äußerte kein Wort über die bevorstehende Entscheidung. Vielleicht fiel sie auch später, am Vorabend des Plenums des ZK der SED vom 9. November. Ich weiß nicht, vielleicht auch so ...

Wenn wir noch mal auf die Monate des Herbstes 1989 in der DDR zurückblicken, kann man die Ereignisse in drei Hauptperioden gliedern. Die erste war charakterisiert von der massenhaften Ausreise von DDR-Bürgern hauptsächlich über Ungarn, dann aber auch über Prag, Warschau. Ich habe bereits darauf verwiesen, daß im Moment der zwischen Ungarn und der BRD vereinbarten Grenzöffnung Zehntausende nach Österreich gingen. War diese Massenausreise der Bevölkerung spontan? Warum kam es dazu gerade in dieser Zeit? Wäre sie beispielsweise vor einem Jahr möglich gewesen? Die Antwort auf diese Fragen liegt sicher in den Veränderungen der Länder Osteuropas in dieser Zeit. Was die Behörden Ungarns 1988 ohne jeglichen Seitenblick auf die

Verbündeten nicht getan hätten, taten sie 1989. Die Regierenden Ungarns wußten ebenso gut wie die der BRD um die möglichen Folgen ihrer Handlungen. Kaum überflüssig zu erwähnen, daß die Bundesrepublik für diese »Dienstleistung« Ungarn fast 800 Millionen Mark überwies.

Natürlich aber gab es in eben dieser Zeit in der DDR wegen der schnell zunehmenden Unzufriedenheit der Bevölkerung mit der Politik der Führung der Republik innere Gründe. So liegt der allererste Grund natürlich hier. Die Situation in der europäischen Region spielte in Verbindung mit den Umgestaltungen in der Sowjetunion, der Idee des gesamteuropäischen Hauses, der Priorität der allgemein menschlichen Werte und anderen internationalen »Neuerungen« Gorbatschows natürlich eine bestimmte Rolle beim Anwachsen der gesamtdeutschen Stimmungen in der Bevölkerung der DDR.

Die zweite Periode ist charakterisiert durch den Eintritt von oppositionellen Gruppierungen, Bewegungen und dann auch neuer Parteien in die politische Arena der DDR. Kennzeichnend war deren Auftreten gegen die Linie Honeckers und die ganze Parteiführung. Höhepunkt wurde der euphorische Kampf gegen all jene, die die herrschende Macht und die existierende Ordnung verkörperten. Massenkundgebungen bahnten ungehinderten, faktisch unbegrenzten und unkontrollierten Aktionen des radikal gestimmten Teils der Bevölkerung den Weg. Die SED erwies sich als völlig unvorbereitet angesichts einer solchen Entwicklung der Ereignisse. Sie blieb ohne eine Führung, die angesichts der neuen Ideen, Forderungen und Losungen, die das Denken vieler beherrschten, hätte klare Alternativen vorschlagen können. Honeckers Abgang von der politischen Bühne löste das Problem nicht.

Der Machtantritt von Egon Krenz und seiner Mannschaft war die dritte Periode des politischen Kampfes. Damit begann ein neuer politischer Prozeß. Offensichtliche Versuche der neuen Führung, die Gesellschaft zu konsolidieren, führten zu keinem Erfolg. Die Gesellschaft versank immer tiefer in einer politischen und moralisch-psychologischen Krise. Zerfahrenheit, Unentschlossenheit, Extremismus und Ungeduld begannen in eine andere Qualität hinüberzuwachsen – in den Kampf um die politische und damit gegen die Macht der SED. Das logische Ende dieses Kampfes wurde der Beschluß der Volkskammer zur Streichung des Artikels über die führende Rolle der SED.

Während ich dies schreibe, habe ich das Gefühl, erneut jene Tage und Nächte des Herbstes 1989 zu durchleben. Darin mischt sich Bitterkeit. Was hätte die ehemalige Führung der DDR tun sollen und unterließ es, aber auch wir ... Einfach um die Herausforderung der Zeit würdig anzunehmen, damit die 40jährige Geschichte der DDR nicht einfach abbricht, wie es dann geschah.

Die 150 Tage von Hans Modrow

Ende November/Anfang Dezember 1989 trat eine tiefe gesellschaftspolitische Krise ein, deren Tiefpunkt aber noch keineswegs erreicht war. Jede Idee, um die sich die Gesellschaft einigt, kann erhebend sein. Das gab es bereits in der Geschichte. Es gibt aber auch andere Beispiele, bei denen sich edle Ziele und Losungen, die beim Volk Zustimmung fanden, nicht in klare und konkrete Taten umsetzten. So erging es auch der Idee der nationalen Eintracht. Das ist ein besonderer Gesellschaftsvertrag, eine Art allgemeine Übereinkunft zu einigen Prinzipien und Maßnahmen, mit denen man die Katastrophe vom Lande abwenden kann. Es geht nicht um eine Verschwörung der politischen Eliten hinter dem Rücken des Volkes, sondern um einen Kompromiß der politischen Hauptkräfte, die gerade dessen Grundinteressen ausdrücken.

Es soll also, anders gesagt, die allgemeine Einsicht vorherrschen, daß ohne die Verwirklichung konkreter, unaufschiebbarer Maßnahmen das Abgleiten in die schwerste Krise unmöglich zu stoppen ist. Selbst eine relative Stabilisierung der Gesellschaft kann nur mit der Bildung einer Koalition von wichtigen politischen Kräften erreicht werden. So war es in jeder Hinsicht richtig , die konstruktiven Ideen der Bürgerbewegung aufzugreifen und zu nutzen. Ich meine hier die Forderungen und Erklärungen, die auf der großen Kundgebung am 4. November in Berlin ausgesprochen wurden.

Mit der Ernennung von Modrow zum Ministerpräsidenten verband sich die Hoffnung auf reale Umgestaltungen. Er mußte unverzüglich handeln, durfte mit der Vorlage neuer Konzeptionen und eines Programms der Erneuerung der Gesellschaft nicht zögern. Der Weg zu deren Ausarbeitung führte über die breite Berücksichtigung der Vorschläge und Interessen der führenden politischen Kräfte. Derart gelang es ihm in gewissem Maße, die vorherrschenden Stimmungen verschiedener Schichten der Bevölkerung, politischer und gesellschaftlicher Bewegungen auf der Basis einer Erneuerung der sozialistischen DDR zusammenzufassen.

Das war äußerst kompliziert. Die frühere Praxis, bei der alles vorab auf der Ebene des ZK der SED entschieden wurde, konnte zu nichts führen. Es ist richtig, daß sich Modrow anfangs auf die mindestens ihrer Zahl nach in der Volkskammer führende Fraktion der SED stützte. Dies insbesondere bei der Bildung eines Kabinetts, das jetzt schon den Charakter einer Koalitionsregierung hatte. Die Vertreter der SED besaßen dort die Mehrheit, faktisch bildete Modrow aber die Regierung recht ausgewogen. Von Anfang an unterstrich er, daß er durch keine Vorabsprachen an das ZK der SED gebunden sei und als Person auftrete, die nach Konsens und einer Lösung des Problems der Regierungsbildung auf gleichberechtigter Grundlage strebe.

Die Regierungserklärung von Modrow war sorgsam ausgewogen und eine breite politische Plattform. Nur sie konnte das Parlament einen und Grundlage der Konsolidierung der Gesellschaft werden. Das Regierungsprogramm schloß als Hauptkomponenten ein:

a) Reform des politischen Systems;
b) wirtschaftliche Umgestaltungen;
c) gleichberechtigte Zusammenarbeit der Koalitionsparteien;
d) Aufruf an die Opposition, mit der Regierung zu kooperieren.

All das ging in einer äußerst komplizierten Situation vor sich, vor dem Hintergrund täglich neuer Ereignisse, extremer Handlungen, die die Stabilisierung der Gesellschaft, das Funktionieren der Regierung erschwerten. Zudem radikalisierte sich die Opposition und heizte bewußt die Atmosphäre an. Möglicherweise wurde die Situation auch durch die Tätigkeit von Gruppierungen komplizierter, die unter Nutzung der offenen Grenze aus dem Westen mit dem einzigen Ziel eindrangen, die Arbeit der gesetzlichen Macht zu untergraben.

In eben dieser Situation wurde am 8. Dezember der außerordentliche Parteitag der SED eröffnet. Die Frage aller Fragen für die Partei war: Sein oder Nichtsein? Eine eindeutige Antwort gab es nicht. Die Organisatoren des Parteitages glätteten die Ecken und Kanten nicht, die Diskussion war offen und aufrichtig. Den Ton gab Hans Modrow an. Bei der Eröffnung des Parteitages rief er dazu auf, »die Partei nicht zu zerstören und nicht zu begraben«. Nachdem er seine Ansicht über den neuen Kurs der Partei dargelegt hatte, rief er die Delegierten des Parteitages auf: »Säubert und stärkt die SED. Die Mehrheit der Parteimitglieder hat sich nicht beschmutzt und kann mit reinem Gewissen sagen: Wir sind das Volk!«

Es gab auf dem Parteitag einen dramatischen Augenblick.

Nach dem Vortrag von Gregor Gysi, der vom »dritten Weg« sprach und die Konzeption der Partei in prinzipiellen Fragen der Entwicklung der Gesellschaft und der Reform der Partei begründete, entstand eine lebhafte und konstruktive Diskussion. Ein Teil der Delegierten wandte sich jedoch gegen die Erhaltung des bisherigen Parteinamens. Zudem erklärte ein Delegierter, daß die Partei aufgelöst werden solle. Es kam zu Meinungsverschiedenheiten, selbst im Präsidium des Parteitages gab es kein Einvernehmen. Nach einer längeren Pause und angespannter Erwartung betrat Modrow wieder die Tribüne. Nach seiner Rede schlug die Stimmung der Mehrheit der Delegierten des Parteitages um. Ein einfaches Gefühl gewann die Oberhand – wer wird denn sonst für den erneuerten Sozialismus und die neue Partei kämpfen? Der Vorschlag über die Auflösung der Partei wurde bei der Abstimmung abgelehnt und die alte Bezeichnung SED vorläufig bestätigt. Nach den Wahlen der leitenden Organe der Partei wurde die Diskussion über den Parteinamen fortgesetzt. Schließlich wurde zugunsten des Doppelnamens SED/PDS votiert.

Die neue Partei durchlebte ein schwieriges Anfangsstadium. Angriffe auf die Partei nahmen in den Medien, von einstigen Verbündeten und auch seitens neuer Gruppierungen und Organisationen extreme Formen an. Unter schwerem psychologischen Druck standen viele einfache Parteimitglieder. Ihre Zahl nahm schnell ab. Es traten einige soeben gewählte Mitglieder der Leitung aus, darunter der Stellvertreter des Vorsitzenden Berghofer. Es folgten nacheinander Publikationen zur Entlarvung der ehemaligen Mitglieder der Parteiführung, unbewiesene Beschuldigungen. Ständig wurden unter der Bevölkerung immer neue, oft unglaubwürdige Informationen über Korruption und Privilegien verbreitet. Dazu kamen die Mitteilungen über die Verhaftung von Mitgliedern des Politbüros.

Es muß erwähnt werden, daß sogar auf dem Parteitag selbst alle Mitglieder der ehemaligen Führung einer scharfen Kritik unterzogen wurden. Diese Kritik war wahllos, man wollte einen wichtigen Umstand nicht anerkennen: Welche Rolle hatte jeder einzelne von ihnen gespielt, welche Position vertrat er während der »Wende«. Eine solche Stimmung der Unduldsamkeit, die in Haß überging, weckte unangenehme Gefühle. Wenn man mit einer solchen Last weitergehen wollte, so ließ sich denken, daß sie selbst die Hoffnung auf die Schaffung einer erneuerten Partei erdrückte. Die Stimmung im Land war unterschiedlich. Ich hatte die Information, daß sich trotz Meinungsverschiedenheiten die Mehrheit für ihr Fortbestehen aussprach. Trotzdem gab es viele Fälle, in denen ganze Parteiorganisationen die Selbstauflösung beschlossen.

Am Parteitag in Berlin nahm Alexander Jakowlew teil. Seine offizielle Rolle sah einfach aus. Er überbrachte in einer der Pausen die Grüße des ZK der KPdSU an den Parteitag. Sie wurden vom Tagungsleiter zu Beginn der nächsten Sitzung verlesen. Jakowlew bekam einen vollständigen Eindruck von der Lage in der Partei, der Gesellschaft und im Lande. Er befand sich nicht in bester Stimmung, war zu Gesprächen nicht aufgelegt. Oft verfiel er in Nachdenken und schien auf die Vorgänge nicht zu reagieren. Mit Krenz und Modrow traf er sich in der Botschaft. Sie berichteten ihm ehrlich und ohne Beschönigungen von der Situation, von ihrer Sicht auf einen Ausweg aus der komplizierten inneren Situation. Ebenfalls in der Botschaft fand ein Treffen mit Walentin Falin statt. Auch diese Unterredung trug einen aufrichtigen und offenen Charakter, was die DDR-Seite betraf. Falin neigte eher zu konzeptionellen Aussagen im philosophischen Sinne, insbesondere in bezug auf Fragen der Zukunft beider deutscher Staaten. Das war keine Beratung eines konkreten Herangehens, sondern eher nur hörbare Überlegung. Solch ein

Gespräch verpflichtete niemanden der Teilnehmer zu irgend etwas und hatte auch nicht solch ein Ziel. Es war wichtig, die deutsche Seite zu hören, Informationen zum Nachdenken zu bekommen. Trotzdem gaben diese Unterhaltungen allen Teilnehmern einen Anstoß für Überlegungen.

Nach einer Auswertung der in der DDR entstandenen Situation kam die Botschaft zu dem Schluß, daß die Vorgänge in der Republik die Interessen der vier Großmächte zweifellos berühren werden. Deshalb beschlossen wir, den Mechanismus der Vierseitigen Vereinbarung über Westberlin zu nutzen und uns an die Administration der drei Mächte in Berlin mit dem Vorschlag zu wenden, in kürzester Frist Treffen des Botschafters der UdSSR in der DDR und der Botschafter der USA, Großbritanniens und Frankreichs in der BRD zu organisieren. In einem entsprechenden Telegramm für Moskau unterstrich ich, daß es unter den gegebenen Bedingungen wichtig sei, durch den Fakt einer solchen Begegnung die fortgesetzte Verantwortung der vier Mächte in den deutschen Angelegenheiten zu demonstrieren. In höchstem Grade würde es unseren Interessen entsprechen, wenn es um einen direkten Meinungsaustausch der Vertreter der vier Mächte zur Entwicklung der Lage und der notwendigen Gewährleistung von Stabilität ginge. Als Anlaß könnte eine Beratung von Berliner Angelegenheiten, darunter die bekannte Initiative der drei Mächte, vorgeschlagen werden. Wir stehen ihr wohlwollend gegenüber und werden für weitere Kontakte zur Normalisierung der Situation in der DDR bereit sein.

In der Mitteilung über dieses Treffen war es wichtig zu betonen, daß erstens Fragen besprochen werden, die im gegenseitigen Interesse liegen, und zweitens solche Begegnungen regulär fortgesetzt werden. Unserem Vorschlag wurde in Moskau rasch zugestimmt. Am 11. Dezember 1989 fand dieses Treffen statt. Wir wählten als Tagungsort bewußt das Gebäude des ehemaligen Alliierten Kontrollrates in Westberlin. Das Treffen fand ein ungewöhnliches Interesse bei den Medien, während der ganzen Zeit befanden sich am Gebäude Hunderte Korrespondenten.

Von westlicher Seite nahmen die Botschafter der USA, Großbritanniens und Frankreichs in der BRD teil. Als Vorsitzender unterstrich der Amerikaner Vernon Walters in seiner kurzen Vorrede die Bedeutung der Zusammenkunft und äußerte die Hoffnung, daß sie einen guten Anstoß zum Nachdenken geben und unser gemeinsames Interesse an einer günstigen Entwicklung hervorheben werde. Danach traten alle anderen Botschafter auf. In meiner Rede berief ich mich auf die Veränderungen in den osteuropäischen Ländern, darunter auch in der DDR. Der Prozeß der Erneuerung und demokratischer Umgestaltungen in diesen Staaten trüge heute unumkehrbaren Charakter, verflechte sich organisch mit der gesamteuropäischen Entwicklung und schaffe reale Voraussetzungen für die Annäherung und Überwindung der Spaltung Europas. Heute sei es wichtig, günstige äußere Bedingungen für die Förderung der Demokratisierungsprozesse zu schaffen, betonte ich. Es wäre jedoch nicht zulässig, diese Prozesse durch Einmischung und das Aufdrängen des eigenen Willens zu belasten. Man müsse den Völkern dieser Staaten die Möglichkeit einräumen, ihre Wahl zu treffen, ihr Recht auf Selbstbestimmung zu verwirklichen. Nur so könne die Stabilität in Europa gesichert werden.

Diese Feststellungen bezog ich in vollem Umfang auf die DDR: »Wir begrüßen die politischen Veränderungen, die in der Republik vor sich gehen. Wir schätzen aber auch die sie begleitenden inneren und internationalen Schwierigkeiten ab. Weiterhin sehen wir, daß bestimmte Kräfte der Versuchung nicht widerstehen können, auf den Gang der Ereignisse in der DDR einzuwirken, was die Gefahr einer Destabilisierung in dieser äußerst empfindlichen Region Europas in sich birgt. Deshalb liegt es in unseren gemeinsamen Interessen, Sorge dafür zu tragen, daß ein Höchstmaß an Vorsicht und Ausgewogenheit herrscht und selbst die Möglichkeit von Provokationen, deren Folgen schwer zu bestimmen sind, ausgeschlossen ist. Wir sind tief davon überzeugt, daß nur in einer stabilen Situation eine weitere kontinuierliche Entwicklung des gesamteuropäischen Prozesses gesichert werden kann. Nur unter den Bedingungen einer Stabilisierung kann den Interessen der vier Mächte adäquat entsprochen werden. In diesem Kontext sind wir bereit, die entsprechenden Überlegungen der drei Westmächte anzuhören, konstruktiv Wege ihrer Realisierung zu suchen. Unsererseits schlagen wir eine Vereinbarung über die Festlegung einer bestimmten Regelmäßigkeit von Treffen der Botschafter unserer vier Mächte vor, bei denen der entsprechende Meinungsaustausch stattfinden kann.«

Alle Botschafter verstanden das Ziel der Begegnungen ausgezeichnet. Wie es in der Diplomatie vorkommt, dachten sie jedoch das eine und sprachen von etwas anderem. Sie äußerten Interesse an der Beratung der angesprochenen Fragen und gingen in ihren Reden im Prinzip von den gleichen Voraussetzungen wie auch der sowjetische Botschafter aus. Allerdings mit gewissen Nuancierungen. Sie reagierten nicht auf den Vorschlag regelmäßiger Treffen zur Erörterung der entstehenden Probleme. Es gelang nicht, ein derartiges System zu schaffen.

Es mag sein, daß man von unserer Seite mehr Initiative hätte zeigen müssen, obwohl wir sehr aktiv bei privaten Begegnungen mit den Botschaftern der Westmächte waren, wie diese selbst übrigens auch. Mir war völlig klar, daß der Grund für das Scheitern des Vorschlages die Einmischung Bonns war. Trotzdem warnte das von mir beschriebene Treffen sowohl Staatsfunktionäre als auch die Öffentlichkeit und erreichte in diesem Sinne sein Ziel. Die Gesamtsituation im Lande blieb auch weiterhin kompliziert, zeigte eine Tendenz zur Verschlechterung. Wo war nun der Ausweg?

Dem Abgleiten des Landes in das Chaos konnte nur eine Koalition all jener Kräfte widerstehen, die tatsächlich an der Erneuerung der DDR interessiert waren. Eine besondere Rolle spielte der Vorschlag von Modrow über die Zusammenarbeit der neuen Parteien und Bewegungen direkt in der Regierung. Am Ende der Verhandlungen wurde Einvernehmen über die Bildung eines Kabinetts der Nationalen Verantwortung erzielt. 30 Parteien und Bewegungen erklärten ihre Bereitschaft, in der Regierung zusammenzuwirken und gemeinsam die Verantwortung für das Schicksal des Staates zu tragen. Es entstand eine qualitativ neue Situation. Das war der entscheidende Augenblick. Modrow sagte offen: »Wenn es uns nicht gemeinsam gelingen wird, ein Klima der gegenseitigen Achtung, des gegenseitigen Vertrauens zu schaffen, werden wir auch nicht das für freie demokratische Wahlen notwendige Klima haben.« Viele verstanden, daß gerade das die Grundlage für eine breite Zusammenarbeit im Namen der DDR, der Stabilisierung der Situation in der Gesellschaft schaffen würde.

Selbstverständlich wurde meine Aufmerksamkeit auf jene gelenkt, die den größten Einfluß hatten. Die Begegnungen mit diesen Menschen waren sehr wichtig, gleichzeitig wich ich kein einziges Mal der Beteiligung an offiziellen Foren sowohl der traditionellen als auch der Parteien aus, die die Arena des politischen Lebens im Herbst 1989 und Anfang 1990 betreten hatten. Mein Ziel war auch die Herstellung von Kontakten zwischen den Leitern der Parteien der DDR und entsprechenden Strukturen in der Sowjetunion, einschließlich des Obersten Sowjets der UdSSR und des ZK der KPdSU. Es gab in diesem Sinne interessante Kontakte des Vorsitzenden der DDR-SPD Böhme im ZK der KPdSU. Am 28. Februar 1990 kam er nach Moskau und traf mit Jakowlew und Schewardnadse zusammen. Vielleicht ist es überflüssig zu erwähnen, daß ich am 1. Parteitag der Sozialdemokraten in Leipzig teilnahm, der am 22./23.Februar 1990 stattfand. Ich begab mich dahin auf nachdrückliche Einladung der Parteileitung. Das war interessant, weil der Parteitag eine Konzeption für die Lösung der Hauptprobleme der Entwicklung der DDR ausarbeitete.

Der Vorsitzende begrüßte mich zur Eröffnung des Parteitages herzlich als Botschafter der UdSSR und betonte dabei die prinzipielle Bedeutung vielfältiger Beziehungen mit der Sowjetunion, insbesondere in der Periode demokratischer Umgestaltungen. In einer Pause des Parteitages hatte ich Gelegenheit, mit mehreren Funktionären zusammenzukommen und mit ihnen zu sprechen. In diesem Sinne versuchte ich auch, meine Beziehungen zu einigen anderen Parteien zu gestalten. Einen besonderen Platz nahmen die Begegnungen mit Günther Maleuda und Manfred Gerlach ein. Wir besprachen Aspekte der Situation in der DDR und unternahmen Schritte zur Herstellung von Kontakten auf staatlicher und parlamentarischer Ebene. Ich erlebte eine ganze Reihe Funktionäre jener Zeit, die so viel im Interesse der DDR, im Interesse des Volkes unternahmen. Das waren kluge und sehr interessante Menschen mit großem Weitblick. Die politische Landschaft jener Zeit war ohne sie nicht vorstellbar.

Natürlich unterhielt ich weiterhin besondere Beziehungen mit Oskar Fischer, Hans-Joachim Hoffmann und Gerhard Beil. Sie trugen ihr Kreuz der Verantwortung für das Schicksal der DDR bis zum Ende, erwiesen Premierminister Hans Modrow große Hilfe. Fischer folgte kontinuierlich der früher mit der sowjetischen Seite abgestimmten Linie, arbeitete sehr aktiv, kämpfte für die Aufrechterhaltung der internationalen Positionen der DDR und für gerechte Lösungen bei der Vereinigung des deutschen Volkes. Er erlitt auf diesem Wege viele Enttäuschungen, änderte aber seine Prinzipien nicht. Bei einer unserer letzten Begegnungen äußerte er, daß er schwere Zeiten deutlich voraussehe. Viele in der DDR machten sich darüber keine Gedanken, begriffen nicht, daß ein komplizierter Prozeß durchzumachen sein werde, der das Schicksal von Millionen Menschen wenden würde. Freilich werde sich die Jugend schneller an die neuen Bedingungen anpassen, obwohl vielleicht gerade sie oft nicht begreife, daß die junge Generation den ersten und stärksten Schlag hinnehmen würde. »Was uns Angehörige einer älteren Generation betrifft, bedeutet das, alles, was war, zu streichen – und das ist undenkbar. Ich sage aber aufrichtig: Ich beneide Sie nicht, weil ich sehr gut weiß, was bei Ihnen vor sich geht. Es bleibt nichts anderes übrig, als das Beste zu glauben und darauf zu hoffen – was ich herzlich Ihnen und Ihrer Familie wünsche.«

Im Dezember 1989 gab es einige Vorgänge, die von scharfem Extremismus, Aufhetzung und Provokation zeugten und offenkundig antisowjetischen Charakter trugen. Übrigens berichteten mir vom Aufkommen antisowjetischer Stimmungen Gysi, Modrow und andere. Das bestätigten in ihren Berichten auch die Generalkonsuln. Ich erhielt Nachrichten, daß hier auch Personen aus Westberlin als Provokateure in Aktion traten. Der schwerste Anschlag der Extremisten und Provokateure war die Schändung des Denkmals für die sowjetischen Befreier im Treptower Park am 28. Dezember 1989. Diese Tat fand aber eine starke Gegenreaktion der Öffentlichkeit, der Bevölkerung der DDR. Am 3. Januar fand im Treptower Park eine gewaltige Kundgebung von 250 000 Menschen gegen die rechte Gefahr statt. Am Vorabend war der offene Brief Gregor Gysis an den Botschafter der UdSSR in der DDR mit der Verurteilung des Anschlags veröffentlicht worden. Erklärungen gaben auch eine Reihe staatlicher und gesellschaftlicher Organisationen ab.

Es wurde schon viel über die Ausschreitungen in der Silvesternacht des 31. Dezember 1989 am Brandenburger Tor berichtet. Ich werde das nicht wiederholen, möchte aber sagen, daß das bei allen Mitarbeitern der sowjetischen Botschaft einen unangenehmen Eindruck hinterließ. Um Mitternacht begaben sich Zehntausende Menschen zum Brandenburger Tor. Viele von ihnen waren äußerst erregt und betrunken. Eine große Zahl von Personen versammelte sich an der sowjetischen Botschaft Unter den Linden. Sie versuchten über den Zaun zu klettern, in das Botschaftsgelände einzudringen. Sie benahmen sich ekelhaft. So kann sich nur ein Mensch benehmen, der die Kontrolle über sich verloren hat. Aus dem zentralen Saal des Botschaftsgebäudes betrachtete ich sehr nachdenklich und mit ungutem Gefühl dieses abscheuliche Bild. Was waren das für Menschen, woher kamen sie? Als ich um sechs Uhr morgens das Gebäude der Botschaft verließ, sah ich, daß das ganze Gebiet vor der Botschaft bis hin zum Brandenburger Tor mit Bergen von Müll übersät war – leere Flaschen, Dosen, Papier und vieles andere.

Ich stellte fest, daß zur Bewachung der Botschaft keine zusätzlichen Kräfte herangezogen wurden. Allerdings fiel es mir schwer, die Soldaten des Wachdienstes anzuschauen, die am Haupteingang der Botschaft standen. Ich erinnere mich dieser Szene bis heute. Der Gerechtigkeit halber muß man aber sagen, daß es außer diesem Fall an der Botschaft der UdSSR und anderen sowjetischen Amtsgebäuden keine weiteren derartigen Ausschreitungen mehr gegeben hat.

Am 15. Januar 1990 rief das »Neue Forum« zu einer gewaltlosen Kundgebung vor dem Gebäudekomplex des Ministeriums für Staatssicherheit im Berliner Bezirk Lichtenberg auf. An dem Gebäude versammelten sich etwa 50 000 Menschen. Einige Stunden später wurde bekannt, daß sich unter den Versammelten zahlreiche Bürger aus dem

Westen befanden. Die Kundgebung geriet außer Kontrolle und deren Teilnehmer begannen, das Ministerium zu stürmen. Es wurde richtiggehend verwüstet, die Räume wurden geplündert. Stapelweise trug man die dort aufbewahrten Materialien hinaus. Die Menschen waren so aufgeregt, daß man das Schlimmste erwarten konnte. Wohin die Materialien verschleppt wurden, ist bis heute unklar. Aus dem Auftauchen bald dieser und bald anderer Dokumente in der Presse oder bei Gerichtsverfahren läßt sich vermuten, daß sie eben dort landeten, wo man sich für sie sehr interessierte.

Die Gewalt zu stoppen gelang erst nach dem Eintreffen von Modrow. Mit ihm kamen Böhme, Eppelmann und Weiß. Das war mutig, denn es hätte alles Mögliche passieren können. Die Vandalen- und Gewaltakte hätten auch auf andere wichtige Objekte übergreifen können. Aus dieser Situation erwuchs unwillkürlich die Frage, ob bestimmte Kräfte eine Einmischung der Einheiten der Nationalen Volksarmee der DDR und sogar der Westgruppe der sowjetischen Streitkräfte mit einer Ausweitung aggressiver Handlungen provozieren wollten. Ich mußte entscheiden, was man gegen eine weitere Verschlechterung der Situation unternimmt. Als Modrow mir ausführlich von den Ereignissen erzählt hatte, erklärte ich, daß man Maßnahmen überlegen müsse, damit sich ähnliche Aktionen nicht wiederholten. Modrow ging den erforderlichen Schritt und wandte sich an alle Teilnehmer des »Runden Tisches«. Die Vertreter sämtlicher Parteien und politischer Gruppierungen sollten alles unternehmen, damit sich die Ereignisse in der Normannenstraße andernorts nicht wiederholten. Vielleicht war dieser Fall eine Ausnahme, aber angespannte Situationen waren häufig. Man beschädigte staatliche und SED-Gebäude, bemächtigte sich der Einrichtungen von Rechtsorganen, drohte mit Abrechnung und rechnete ab. Das begann wirklichen Terror-Charakter anzunehmen. Ich möchte erneut unterstreichen, daß sich dank der offenen Grenzen an diesen Aktionen Tausende Menschen aus der BRD und Westberlin beteiligten.

Der Verhandlungsprozeß aber lief schon. Helmut Kohl war Anfang Februar in Moskau, und Michail Gorbatschow mußte mit ihm einfach über die Gewährleistung einer normalen Lage in dieser hochexplosiven Region sprechen. Aber nein, das Gespräch verlief unter einem ganz anderen Aspekt. Ich sah, daß Gorbatschow nach und nach das Interesse an unseren Informationen verlor. Sie wurden aber ohne Unterbrechungen und inhaltlich erschöpfend geliefert. Er rief schon nicht mehr an, erkundigte sich nicht nach konkreten Umständen. Gorbatschow zeigte nur noch dafür Interesse, welche Beschuldigungen die Untersuchungsorgane gegen die ehemaligen führenden Personen der DDR, insbesondere Erich Honecker und Willi Stoph, vorbrachten. Bei einer Begegnung im März 1990 versuchte ich, mit ihm über die Situation in der DDR zu sprechen, aber darauf reagierte er schon nicht mehr. Irgend etwas Bestimmtes wurde nicht gesagt, er beschäftigte sich bereits mit anderen Dingen. Ich möchte hier zwei Beispiele anführen. Nach dem Besuch Modrows in Moskau beschloß das Politbüro des ZK der KPdSU für Februar/März 1990 unter anderem eine Reise von Ryshkow in die DDR, um an Ort und Stelle gemeinsam interessierende Fragen zu erörtern. Aber dieser Besuch fand dann doch nicht statt.

Am 22. Januar 1990 brachte die Zeitung »Bild« die Nachricht: »Putsch – Staatssicherheit verteilt Waffen. Eliteeinheiten der Staatssicherheit und der Nationalen Volksarmee bereiten sich offensichtlich auf einen Putsch zur Machtergreifung in der DDR vor. Wie der ›Bild‹-Zeitung aus Oppositionsgruppen der DDR bekannt wurde, trat am Freitag der zentrale Plan des Gefechtsalarms in Kraft. Bewaffnete Truppen der Staatssicherheit führen gemeinsam mit der Armee militärische Manöver durch, bereiten sich auf den Bürgerkrieg vor.« Es wurde mitgeteilt, daß die Oppositionsgruppen für Mittwoch einen Generalstreik vorgesehen hätten. Modrow reagierte sehr scharf auf diese beispiellose Provokation. Auf der Sitzung des »Runden Tisches«, an der die Leiter aller Parteien und gesellschaftlichen Bewegungen teilnahmen, erklärte er direkt, daß dieser provokative Ausfall der Zeitung sehr ernst zu bewerten sei. Man müsse erkennen, daß dahinter bestimmte Kräfte stünden, die mit allen nur möglichen Mitteln die Situation in der DDR zu destabilisieren suchen. Es wurde beschlossen, den wahren Sachverhalt zu prüfen. Es stellte sich heraus, daß alles pure Lüge war. Kein einziger Fakt wurde bestätigt. Die Position Modrows wurde von den Teilnehmern des »Runden Tisches« vollständig unterstützt.

Nur wenige wissen, daß einzelne Mitglieder der ehemaligen Führung die Bitte äußerten, ihnen die Möglichkeit zur Ausreise in die UdSSR zu geben. Die Gattin Willi Stophs übergab mir einen an Gorbatschow persönlich adressierten Brief. Darin bat sie um Aufmerksamkeit für das Schicksal Stophs, dessen Gesundheitszustand äußerst schlecht war. Der Brief enthielt die dringende Bitte, Willi Stoph in der Sowjetunion aufzunehmen. Selbstverständlich wurde der Brief nach Moskau weitergeleitet. Eine Antwort erhielt ich nicht. Trotzdem beschloß ich, das Schicksal des Gesuches der Familie Stoph in Erfahrung zu bringen. Nach mehreren Anrufen erfuhr ich endlich vom Chefberater Gorbatschows, Georgi Schachnasarow, daß der Brief angekommen und dieser Gorbatschow bekannt sei. Auf meine Frage: »Was kann ich denn nun antworten?« wurde mir gesagt: »Richte aus, daß Michail Gorbatschow den Brief kennt.« Ich fragte wieder: »Und mehr nicht?« Schachnasarow sagte: »Einstweilen wurde angewiesen, nur das zu übermitteln.« Ich bekam keine weiteren Antworten mehr. So schotteten wir uns gegen »unangenehme« Fragen ab. Wie könnte man sich da wundern, daß das Vorzimmer des Botschafters nicht selten solche Anrufe bekam: »Nun hat man die DDR verkauft?« und »Habt ihr die Freunde verraten?«

Bei einer Bewertung dieser Periode darf man Egon Krenz nicht unerwähnt lassen. Das hängt mit einer scharfen Kampagne zusammen, die von den oppositionellen Kräften, der Presse und den Teilnehmern des »Runden Tisches« wegen einer Verflechtung der SED-Strukturen mit den Organen der Staatssicherheit in Gang gebracht worden war. Gerade damals machten Krenz und Wolfgang Herger dazu vor dem »Runden Tisch« Angaben. Krenz gab ausführliche Informationen, die die Haltlosigkeit solcher Anschuldigungen zeigten. Er betonte, daß sich die gewählten leitenden Organe der SED auf keiner Ebene unmittelbar mit operativer Tätigkeit oder der Nutzung der bewaffneten Organe, darunter der Staatssicherheit, beschäftigt hätten. All das wurde im Fernsehen gezeigt, wirkte anständig und überzeugend.

Jeder Tag brachte neue Probleme, häufig sehr komplizierte. Wir bemühten uns, sie gemeinsam mit Modrow, Fischer und anderen Mitgliedern der Regierung sowie der Leitung der Partei zu lösen. Bei einem unserer Treffen berichtete mir Modrow von der Lage Erich Honeckers . Er war schwer krank und brauchte eine qualifizierte Behandlung. Er wohnte aber in der ungeheizten Veranda des kleinen Hauses eines Pfarrers. Dieser hatte ihm Obdach gewährt, als er das Krankenhaus verließ. Honecker hatte kein Zuhause, besaß in Berlin keine Wohnung. An mich wandte sich Modrow unter Berufung auf kirchliche Kreise und namens der Regierung mit der Bitte, Honecker in einem der Hospitale der Westgruppe der sowjetischen Streitkräfte unterzubringen. Ich verstand die Motive gut und versicherte, daß ich alles, was von mir abhänge, tun würde. Honecker wurde im Militärhospital Belitz untergebracht, wo seine Behandlung fortgesetzt werden konnte. Der Presse übergab ich eine offizielle Mitteilung, die auch veröffentlicht wurde. Moskau zeigte für diese

Angelegenheit kein besonderes Interesse, obwohl ich alles berichtete und natürlich nicht zufällig entsprechende Mitteilungen in der sowjetischen Presse erschienen. Was weiter geschah, ist gut bekannt und wurde vielfach kommentiert.

In dieser Situation war die Haltung der Botschafter der vier Großmächte sehr wichtig. Ich unterhielt mit ihnen ständigen Kontakt, um – soweit möglich – Maßnahmen zur Unterstützung der Stabilität in der DDR und im Wirkungsbereich des Vierseitigen Abkommens Berlin abzustimmen. Sie waren überaus aufmerksam, und wenn ein Treffen erforderlich wurde, kam jeder von ihnen zum vereinbarten Termin aus Bonn nach Westberlin, um mit mir in ihren Residenzen in Westberlin oder in der sowjetischen Botschaft zusammenzukommen. Die Regierung der DDR wußte davon und es ist deshalb nicht zufällig, daß Modrow einmal schrieb: »Eine besonders große Bedeutung hatte das Verhalten der vier Großmächte uns gegenüber. Ihre Botschafter, insbesondere der Vertreter der UdSSR, W. Kotschemassow, zeigten in jener Periode Interesse an der Aufrechterhaltung der DDR und erklärten sich seitens ihrer Staaten für die Unterstützung unserer Bemühungen um die Durchsetzung von Reformen.«

Gerade in dieser Periode war es äußerst wichtig, die Regierung Modrow auf entsprechender Ebene offen und offiziell zu unterstützen. In diesem Sinne war der Schritt eines solchen Politikers wie Mitterrand sehr wichtig und charakteristisch: Er besuchte die Deutsche Demokratische Republik. Auf dem großen Empfang, den der Botschafter Frankreichs in der DDR gab, machte mich Joel Timsite mit dem Präsidenten bekannt. Es kam zu einem kurzen Gespräch, nach dem ich für mich persönlich folgerte, daß der Präsident Frankreichs an einer Klärung des wahren Sachverhalts in der DDR interessiert war. Er wollte jene sehen, die an der Spitze der Republik standen, und demonstrierte deutlich auch seine besondere Position in den deutschen Angelegenheiten. Er betonte die gut entwickelten Beziehungen zur DDR, zeigte sich selbst einmal mehr als weitsichtiger Politiker. Auf Mitterrand folgten als hochrangige Vertreter der USA und Großbritanniens Baker und Hurd. Das Ziel ihrer Besuche war klar, aber sie zogen es vor, nicht über ihre Positionen zu sprechen.

Nach der Öffnung der Grenzen, insbesondere der Berliner Mauer, entstand neben anderen Problemen eine weitere sehr gefährliche Situation für die DDR. Hunderttausende Menschen kamen täglich in die DDR-Städte und in erster Linie nach Berlin mit nur einer Absicht: möglichst schnell und viel verschiedenste Industriewaren und Lebensmittel einzukaufen. Buchstäblich der Reihe nach wurde alles aufgekauft. Für die Anreisenden war das äußerst vorteilhaft, weil sie Waren guter Qualität kaufen konnten und das um ein Vielfaches billiger als im Westen. Der spekulative Kurs der Deutschen Mark im Vergleich zur DDR-Mark versetzte der Wirtschaft der Republik einen schmerzhaften Schlag. Die Bilder waren erstaunlich! Von den Ladentischen wurde alles weggefegt: Kissen, Matratzen, Bettdecken, Wäsche, Kleidung und große Mengen Kinderspielzeug. Das war eine richtige Plünderung der Republik. Viele der westlichen Besucher besetzten am Morgen die Plätze in den Cafes, Restaurants, Bierbars und Kneipen. Das Fernsehen berichtete mehrfach über Fälle, in denen die Stammgäste nicht mehr zum Essen oder einem Bier hineinkamen. Man sagte ihnen, es sei nichts zu machen, alle Plätze wären reserviert und bezahlt. Nach dem Essen begaben sich diese Gäste in die Geschäfte. Das Bild war bemerkenswert, doch der Anblick einfach unangenehm.

Während einer Begegnung sagte mir Modrow offen, daß »in der Republik eine ernste Lage entsteht, wenn das so weitergeht. Wir denken gerade darüber nach, was man unternehmen kann. Ich habe eine Gruppe von Mitarbeitern beauftragt, diese Frage für eine Sitzung der Regierung vorzubereiten, um alle Möglichkeiten der Warenproduktion auszunutzen und vorhandene Reserven auszuschöpfen.« Die Republik hielt der Invasion jener Menschen, die auf ihr hohes Lebensniveau im Westen so stolz waren, stand.

Für die Regierung Modrow war es von Anfang an notwendig, genaue Vorstellungen über die reale wirtschaftliche Situation im Land zu gewinnen. Das war die Voraussetzung, um an die Durchsetzung der Wirtschaftsreform richtig heranzugehen. Es wurde die Aufgabe gestellt, in drei bis 4 Jahren tiefgreifende Umgestaltungen vorzunehmen. Die Mitglieder der Regierung kannten gut die Situation in der UdSSR, Polen und Ungarn. Dort wurden Reformen eingeleitet, aber die wirtschaftliche Lage verschlechterte sich. Bereits am 14. Dezember 1989 nahm die Regierung das Programm der Stabilisierung der Wirtschaft an. Obwohl diese Pläne nur teilweise verwirklicht werden konnten, verbesserte sich Februar/März 1990 doch die Lage in der Industrie und im Bauwesen. Die Republik konnte in dieser Periode aus eigenen Kräften die Versorgung der Bevölkerung mit wichtigen Lebensmitteln und Industriewaren sichern.

Die Hoffnungen von Modrow auf eine Kompensation der erlittenen Schäden durch die Regierung der BRD erfüllten sich nicht. Dort gab man dafür keine einzige Mark. Unter diesen Bedingungen hielten wir es für äußerst wichtig, in vollem Umfang die Erfüllung unserer Verpflichtungen im Handel mit der DDR zu sichern. Wegen ihrer außerordentlichen Bedeutung warf Modrow diese Frage bei seiner ersten Begegnung mit Gorbatschow in Moskau auf. Wie er später erzählte, sei Gorbatschow leider einer konkreten Beratung dieses für die DDR lebenswichtigen Problems ausgewichen und hätte sich darauf berufen, daß es auf der Ebene Ryshkow besprochen werden müsse.

Ende 1989 gingen viele noch davon aus, daß die DDR auch

weiter als souveräner Staat existieren werde. Das war auch der Ausgangspunkt der Regierung, darunter für die Gewährleistung der inneren und äußeren Sicherheit. Modrow war davon überzeugt, daß in dieser oder jener Form die Probleme der sogenannten Staatssicherheit zu den Befugnissen der Regierung gehören sollten. Das mußte von ihren Aufgaben, Tätigkeitsprinzipien und Strukturen her eine prinzipiell neue Organisation sein. Es gelang Modrow nicht, das zu tun. Vielleicht zeigte er nicht genug Hartnäckigkeit, vielleicht gewannen Kräfte die Oberhand, die auch von der Schaffung eines solchen Organs nichts hören wollten. Später erkannte Modrow selbst, daß er hier wohl Fehler begangen hatte. Die Versuche, eine neue Organisation zu gründen, fanden keine Billigung. Man beschloß, all das auf die Zeit nach den Wahlen zu verschieben.

Man darf die Moskauer Tagung des Politischen Beratenden Ausschusses der Staaten des Warschauer Vertrages nicht unerwähnt lassen, die Ende 1989 nach dem Treffen von Gorbatschow und Bush stattfand. Dieser Sitzung wohnte auch Egon Krenz als Vorsitzender des Staatsrates bei, mußte aber wegen der Massendemonstrationen nach Berlin zurückkehren. Bald darauf gab er seinen Rücktritt bekannt. Das Wichtigste, was Modrow dieser Tagung entnahm, war die Schlußfolgerung, daß die Beziehungen zwischen beiden deutschen Staaten noch stärker in den Rahmen des gesamteuropäischen Prozesses eingefügt werden mußten. Zudem sollte man in vollem Umfang die Möglichkeiten der DDR für eine friedliche Entwicklung in Europa nutzen. Vielen unerwartet war der erste umfangreiche Vorschlag Modrows zum Ausbau der Beziehungen zwischen der DDR und der BRD, den er am 17. November 1989 in der Regierungserklärung vor der Volkskammer machte. Es wurde eine »Vertragsgemeinschaft der deutschen Staaten« angeregt. Obwohl manche Redner darauf hinwiesen, daß die Gemeinschaft »mit der

Perspektive der Bildung einer Konföderation beider Staaten geschaffen werden sollte«, fand er trotzdem im Parlament Unterstützung.

Wie reagierte man nun auf diese Initiative in Bonn? Am 28. November 1989 griff Kanzler Kohl die Idee der Modrow-Regierung auf und entwickelte in einem 10-Punkte-Programm sein Herangehen. Man muß hervorheben, daß Kohl dabei einräumte, daß es um keine Art von Fahrplan und Fristsetzungen sowie keine bestimmte Folge ihrer Realisierung ging. Diese Vorschläge sollten laut Kohl weder zur Eile treiben noch irgendwelche Vorbedingungen darstellen. Eben darum war die »Vertragsgemeinschaft« und eine auf dieser Basis später zu schaffende Konföderation beider deutscher Staaten Hauptpunkt der gemeinsamen Erklärung von Hans Modrow und Helmut Kohl beim Treffen in Dresden. Im Dezember wurden die oben erwähnten Überlegungen von Bonn über diplomatische Kanäle auch nach Moskau übermittelt. All das schuf Voraussetzungen für die Zusammenarbeit.

Als am 9. Dezember das Treffen von Modrow und Kohl in Dresden stattfand, stand also eine konkrete Grundlage für die Gespräche über die Herstellung neuer Beziehungen zwischen den deutschen Staaten im Mittelpunkt des Interesses. Kohl erschien in Dresden als ein aufrichtiger und entgegenkommender Mensch. Ungeduldig wirkte er dann während des Gegenbesuches von Modrow in Bonn. Der Bundeskanzler nahm die Bitte Modrows zur Kenntnis, die Wirtschaft der DDR 1990 durch die Zahlung einer Kompensation für den erlittenen Schaden in Höhe von 15 Milliarden Mark zu unterstützen. Diese Bitte war berechtigt, weil die DDR-Ökonomie ernste Spannungen wegen der vollständigen Grenzöffnung für alle Bürger der BRD und Westberlins sowie angesichts des spekulativen Umtauschkurses der Währungen durchmachte. Der Kanzler wandte gegen eine solche

Haltung nichts ein, er wollte nur die Zahlungen der BRD als »Solidaritätsbeitrag« bezeichnet haben. Das bestätigte er auch vor der Presse. Zudem informierte er über die Bereitschaft beider Seiten, konkrete Verhandlungen rasch wieder aufzunehmen und in kürze erneut zusammenzutreffen. Kohl versicherte Modrow, daß er als Premierminister für ihn der bevollmächtigte Partner für Verhandlungen bleibe.

In Wirklichkeit rückte Kohl später aber von fast allen seinen Erklärungen in Dresden ab. Der »Solidaritätsbeitrag« wurde nicht gezahlt, auch nicht die zugesagte Kompensation für die vorfristige Einführung des visafreien Reiseverkehrs. Bereits Ende Januar verlor die Bonner Regierung das Interesse an Verhandlungen über die »Vertragsgemeinschaft« und binnen kurzem war auch Modrow für Kohl nicht mehr der »bevollmächtigte Partner«. So sah es in Wahrheit aus. Für Modrow stellte das die erste schwere Enttäuschung dar. Obwohl er weiter für die Durchsetzung seiner Ideen kämpfte, war es klar, daß es faktisch schon keine Hoffnung auf Erfolg mehr gab. Die politischen Parteien, die Öffentlichkeit und die Bevölkerung der DDR verfolgten mit gespannter Aufmerksamkeit diesen schwierigen Kampf, der praktisch um das Überleben der Republik und ihre Möglichkeit, auf die Prozesse in Deutschland einzuwirken, geführt wurde.

Ich komme oft auf diese Ereignisse zurück. Moskau, das alles Entscheidende wußte, hätte ernstlich auf die Entwicklung der Beziehungen zwischen der DDR und der BRD einwirken können. Erstens hätte man eindeutig die Vorschläge der Regierung der DDR unterstützen und zweitens alle Möglichkeiten für die Beeinflussung der Haltung von Kohl, seiner Regierung und auch der Führung der SPD nutzen können. Das wurde nicht getan.

Die Gründe solcher Passivität sind schwer zu verstehen. Dies um so mehr, weil unmittelbar die Interessen der Sowjetunion berührt waren. Außerdem ging die sowjetische Führung noch davon aus, daß die Modrow-Regierung bei den bevorstehenden Wahlen zur Volkskammer gute Chancen hatte. Ein Anlaß für die Unterstützung der DDR bot sich bereits in der ersten Hälfte des Februar 1990, als der Kanzler zu Verhandlungen mit Gorbatschow nach Moskau kam. Es gab keine direkte Antwort auf die Frage, die ich mir damals stellte. Später klärte sich allerdings vieles auf, wurde erkennbar. Der Leser kann leicht seine Schlüsse aus dem ziehen, was dann bekannt wurde. Dort liegen die Antworten auf viele Fragen, die 1989 und 1990 entstanden.

Wie ich verstehen konnte, war Modrow von einigen Positionen der sowjetischen Führung enttäuscht. Allem Anschein nach war ihm damals vieles unverständlich, darunter auch die fehlende offizielle und aktive sowjetische Unterstützung für seine Initiative zur Regelung der deutschen Frage. Ich bin der Meinung, daß die Geschichte auf die Rolle von Hans Modrow in dieser Periode noch zurückkommen wird.

Modrow fehlte dogmatisches Denken völlig, er zeigte ein umfassendes Herangehen an aufkommende Probleme, suchte gegenseitig akzeptable Entscheidungen für manchmal sehr schwierige Fragen auf der Grundlage des Einvernehmens verschiedenster Kräfte. Die Rolle der Kirche in den ablaufenden Prozessen verstand er gut. Die Kirchenleitungen, so erkannte er, traten für kardinale Umgestaltungen in der DDR ein, fürchteten aber Extreme. Die Kirche wandte sich gegen linken und rechten Extremismus und spielte in jener Zeit zweifellos eine stabilisierende Rolle. Sie rief die Bevölkerung zur Zurückhaltung, zur Suche nach Einvernehmen auf. Nicht zufällig leiteten gerade Vertreter der Kirche den »Runden Tisch«. Modrow unternahm keinen einzigen wichtigen politischen Schritt, ohne Vertreter der Kirche um Rat zu ersuchen.

Die Regierung der DDR hielt sich an die in Dresden abgestimmten Vorhaben und bereitete den Entwurf eines Abkommens zwischen der DDR und der BRD über Zusammenarbeit und gute Nachbarschaft vor. Doch auf den am 25. Januar 1990 im Kanzleramt an Minister Seiters überreichten Entwurf des Abkommens blieb die Antwort aus. Die Situation war für die DDR sichtlich ungünstig. Es war jedoch klar, was sich hinter diesem Schweigen verbarg. So stand die Frage, was man nun unternehmen solle.

Es kam zu der Initiative Modrows »Deutschland – einig Vaterland«. Dabei ging es im Prinzip um eine etappenweise Vereinigung beider deutscher Staaten. Weil ein Treffen mit Gorbatschow in Moskau bevorstand, konzentrierte sich Modrow vor allem auf die deutsche Frage und ihre weitere Ausarbeitung. Das andere Hauptproblem war der Ausbau der wirtschaftlichen Zusammenarbeit zwischen DDR und UdSSR. Viele Male trafen wir uns mit Hans Modrow in der Botschaft, sprachen sorgfältig all diese Fragen durch und arbeiteten intensiv an der notwendigen Argumentation. Ausgangspunkt war die Notwendigkeit, von der BRD-Regierung die Erfüllung der Dresdener Erklärung zu fordern und eine Initiative zu ergreifen, die die etappenweise Vereinigung und ihre feste Einbindung in den europäischen Prozeß sichern konnte. All das wurde als untrennbare Einheit betrachtet, im Rahmen eines gemeinsamen Prozesses und keinesfalls gesondert. Solches Herangehen schien uns ein breites Manövrierfeld zu schaffen und die Möglichkeit zur Sicherung der Intcressen der DDR, der UdSSR und anderer betroffener Länder. Nicht überflüssig ist der Hinweis, daß ich von all dem operativ und ausführlich nach Moskau berichtete.

Es mag scheinen, daß Modrow die Ereignisse irgendwie eilig vorantrieb. Diese Frage wurde im Parlament und auch in der Öffentlichkeit der DDR gestellt. Den Kritikern konnte man aber antworten: Was ist besser? Abwarten? Dann aber werden sich die Ereignisse unabhängig vom Willen der Regierung entwickeln, und sie gerät in eine sehr ungünstige Lage, in der sie das Vertrauen des Volkes völlig einbüßen kann. Modrow war gezwungen, unter sehr ungünstigen Bedingungen zu handeln. Die Instabilität nahm manchmal bedrohliche Ausmaße an. Unwillkürlich kommt der Gedanke, was man hätte anders tun können. Das aber einige Jahre früher, unter ganz anderen Bedingungen. Damals jedoch machte sich die Führung der DDR darüber keine Gedanken. Darüber schrieb ich bereits und wiederhole: Modrow tat das, was andere früher nicht zu tun wagten.

Er erfaßte dabei genau die Stimmung der Bevölkerung. Als eine Gruppe wichtiger Persönlichkeiten der DDR eine Sammlung von Unterschriften für die Selbständigkeit der DDR organisierte, signierten ungefähr 200 000 Menschen den Aufruf. Was war aber mit den anderen? Die einen bevorzugten es, abseits der drängenden Probleme zu bleiben, die anderen warteten ab.

Sehr nachdenklich verabschiedete ich Modrow nach Moskau, wo er eine Unterredung mit Gorbatschow haben sollte. Wie würde sie ausgehen? Es stand schließlich die Beratung von zumindest für die DDR außerordentlich wichtigen Fragen bevor. Wie aber wird Gorbatschow auf die DDR-Initiative reagieren? Nutzt er dieses Treffen, um offen die Position der sowjetischen Seite zur Regelung der deutschen Angelegenheiten zu äußern? Einige Tage später begrüßte ich Modrow wieder auf dem Flugplatz. Er kehrte mit zwiespältigen Gefühlen zurück. Nachdem er mir den Inhalt der Verhandlungen mit Gorbatschow dargelegt hatte, verstand ich auch die Gründe dafür. Einerseits war er befriedigt, daß der sowjetische Führer Verständnis für die in der DDR entstehenden Realitäten bekundete. Er hörte den Premier der DDR ernsthaft und besorgt an. Er bewertete die Taktik Helmut

Kohls gegenüber der DDR, indem er darauf hinwies, daß bestimmte Kräfte in der BRD destruktive Prozesse in der DDR aktiv förderten. Es war wichtig, von Gorbatschow zu hören, daß Kohl deutlich auf die Unzulässigkeit jeglicher Versuche, die DDR zu destabilisieren, hingewiesen werde. »Sie könnten als eine Art Bumerang auf die BRD zurückschlagen und negative Folgen für alle in Europa haben«, sagte er. Gorbatschow betonte, daß die Sowjetunion alle Möglichkeiten nutzen werde, daß Bonn seine Position auch bei Kontakten mit anderen Partnern ändert.

Nachdem Gorbatschow seine Vorschläge über die etappenweise Vereinigung der deutschen Staaten dargelegt hatte, erklärte er, daß der sowjetischen Seite auch die weiteren Schritte zur Verwirklichung der Initiative der DDR, die den Übergang von der Konföderation zum Bundesstaat vorsahen, gut durchdacht erschienen. Gorbatschow wies darauf hin, daß ähnliche Überlegungen bereits vor einigen Tagen in Moskau besprochen worden seien, deshalb spräche er nicht unter einem Eindruck, sondern bedacht. Daher käme auch die positive Haltung zu den aufgeworfenen Fragen.

Jetzt müßte man versuchen, setzte er fort, sämtliche weiteren Schritte zwischen den vier Großmächten, wenn möglich, auf höchster Ebene zu besprechen. Wahrscheinlich bedürfe es einer Erklärung über die Bereitschaft, in diesen gesamten Prozeß die DDR einzuschließen und ihre Interessen zu berücksichtigen. Was den künftigen Status des wiedervereinigten Deutschland betraf, forderte Gorbatschow den Austritt aus der NATO und militärische Neutralität. Nach den Worten Gorbatschows hatte er bei Gesprächen mit britischen und französischen Vertretern die Vorstellung gewonnen, daß das »gemeinsame europäische Haus« gemeinsam mit einer Reform der NATO praktisch die militär-politischen Bündnisse zum gestellen Ziel führt: der Verwandlung Deutschlands in einen neutralen Staat. Die

Äußerungen und Einschätzungen Gorbatschows gaben der DDR-Führung einen Anstoß zum Handeln. Es folgte als Ergebnis jenes Programm, das Modrow am 1. Februar 1990 auf einer Pressekonferenz in Berlin verkündete.

Aus der Unterredung mit Gorbatschow entnahm Modrow jedoch auch etwas anderes. Er gewann den Eindruck, daß sich Gorbatschow in dieser Lage sehr unentschlossen verhielt. Ohne Personen, die ihn im Prinzip zu den richtigen Entscheidungen drängten, konnte er nicht auskommen. Später kam Modrow auf dieses Thema zurück und sah den Grund für Schwankungen und Konzessionen Gorbatschows in seinen Charaktereigenschaften.

Mir schien, daß Modrow die Aussagen von Gorbatschow kaum für real hielt, vielleicht nur als Ausgangspunkt für die Suche nach Kompromissen. Schweren Herzens erzählte mir Modrow, wie die wirtschaftliche Zusammenarbeit besprochen wurde. Er konnte sich nicht vorstellen, daß Gorbatschow die lebenswichtige Bedeutung der ökonomischen Fragen für die DDR nicht verstand. Modrow sah, daß sich Gorbatschow damit nicht befassen wollte, völlig auswich und andere damit beauftragte. Ich denke, daß das vielleicht einer der Gründe war, warum Modrow erklärte, daß für die DDR nur der Weg bliebe, sich in der Wirtschaft auf die BRD zu stützen.

Inzwischen gab es in Bevölkerung und Öffentlichkeit der DDR lebhafte Diskussionen über die von Modrow unterbreiteten Vorschläge. Die Botschaft analysierte den Hauptinhalt dieser Reaktionen. Davon möchte ich folgendes hervorheben: Der »Modrow-Plan« wird als ernster politischer Schritt verstanden. Die Mitteilungen über seinen Besuch in Moskau werden als Zeugnis fester Beziehungen der DDR mit der UdSSR und anhaltend großer Möglichkeiten der Einwirkung Moskaus auf die Lage in der DDR und die deutschen Angelegenheiten insgesamt verstanden, was viele in der

DDR unter dem Einfluß der »Straße« in letzter Zeit zu vergessen begannen. Die Vorschläge von Modrow nehmen sämtlichen Oppositionellen in der für die DDR derzeit wichtigsten Frage, die die Gemüter bewegt, die Initiative. Die Menschen wollen den Text im Detail studieren und darüber nachdenken. Einige sind nicht davon überzeugt, daß alles vom DDR-Premier Gesagte mit Gorbatschow abgestimmt wurde. Es scheint, daß er in einer Reihe von Dingen weiter ging.

Man kann erwarten, daß die Erklärung von Modrow bis zu den Wahlen die Grundlage für eine noch breitere Beratung der Vereinigungsproblematik unter Berücksichtigung der realen Möglichkeiten sein wird. Eigentlich ist das eine Plattform vor den Wahlen, die Emotionen in ein mehr oder weniger rationales Gleis bringt. Vertreter der Intelligenz sind der Meinung, daß die von der großzügigen Geste Gorbatschows begeisterte »Straße« noch nicht bemerkt, daß der Weg zur Wiedervereinigung mit sehr viel Vorbedingungen reguliert wird. Ernsthafte Menschen in der BRD verhalten sich viel zurückhaltender zur Idee der Vereinigung und sind vom Ausbruch der Leidenschaften in der DDR überrascht. Bei einer Begegnung in Dresden sagte Lothar Späth: »Wollen wir uns nicht einbilden, daß alles, wovon ich hier gesprochen habe, zu verwirklichen ist. Wir dürfen nicht meinen, daß es keine Verbündeten gibt.« Neben den Verbündeten und der BRD selbst spielt die Kirche eine stabilisierende Rolle. Man nimmt an, daß die PDS im konstruktiven Bündnis mit diesen Kräften, gestützt auf den »Modrow-Plan«, das Land aus der Krise führen kann. Bis jetzt hat sie als einzige eine folgerichtige Konzeption.

Es gibt kritische Bemerkungen an die Adresse Moskaus. Die UdSSR brachte einen ernsthaften Prozeß im Interesse der Lösung von globalen Problemen in Gang. Einige Vertreter der Öffentlichkeit sind aber unter anderem der Meinung, daß die sowjetische Führung die eigene wirtschaftliche und ideologische Schwäche sowie die der DDR unbeachtet ließ, als sie radikale Schritte in den deutschen Angelegenheiten unternahm. Unter diesen Bedingungen ist es schwer, mit positiven Ergebnissen zu rechnen.

Eine Gruppe von Professoren der Universität in Leipzig bewertet die Konzeption von Modrow zur deutschen Frage als reales Aktionsprogramm. Ihrer Meinung nach entsprechen die Ideen dieses Programms den Lebensinteressen der Mehrheit der Bevölkerung der DDR und in erster Linie dem Streben, einen Ausweg aus der wirtschaftlichen und politischen Krise zu finden und schließlich mit der Wiedervereinigung ihren sehnlichsten Traum zu verwirklichen. Der etappenweise Weg der Lösung des Problems durch die Schaffung einer Konföderation ist der ausgewogenste und vernünftigste. Hast in dieser Angelegenheit ist äußerst gefährlich.

Die einzige Chance zur Rettung der Wirtschaft der DDR und zu ihrer Gesundung sieht man in einer engen Kooperation mit der BRD. Wichtig, daß solch ein Gedanke in der Konzeption von Modrow vorhanden sei. Viele Vertreter der Intelligenz äußern die Überzeugung, daß Modrows Vorschläge während seines Moskau-Besuches mit Gorbatschow abgestimmt wurden. Das gesamtdeutsche Gefühl hat in der Bevölkerung so tiefe Wurzeln, daß man es niemals unbeachtet lassen darf. Deshalb handelte Modrow richtig, sonst wäre die Autorität der PDS bei den im März bevorstehenden Wahlen völlig untergraben, und sie würde eine Niederlage erleiden. Man muß die Positionen billigen, die eine demokratische und gewaltlose Form des politischen Dialoges, der Diskussionen im Rahmen des laufenden Prozesses und die Erinnerung an die antifaschistischen Traditionen des deutschen Volkes betreffen.

Bemerkenswert ist die Mitteilung des sowjetischen Konsulats in Rostock. Hier hebt man hervor: Es ist gut, daß Mittelpunkt der Erörterung die Fragen der gegenseitigen Beziehungen der beiden deutschen Staaten waren. Die Perspektiven und der Charakter der Lösung dieses Problems hängen jedoch vielfach davon ab, wie effektiv die Zusammenarbeit der DDR mit der UdSSR sein wird. Die ältere Generation ist der Meinung, daß Gorbatschow eine Erklärung abgegeben hat, die der BRD beim Forcieren der Wiedervereinigung der beiden deutschen Staaten freie Hand lassen könne. Die Wiedervereinigung von DDR und BRD wurde zum Schlüsselthema in der öffentlichen Meinung der Bevölkerung. Fast alle, mit denen sich die Mitarbeiter des Konsulats unterhielten, waren der Meinung, daß die Erklärung Modrows zur Neutralität Deutschlands ein kluger, aber kaum erreichbarer Schritt sei. Er kam zur rechten Zeit und werde den Prozeß der Wiedervereinigung, der örtlich zu schnell verlaufe, zeitlich etwas ausdehnen. Forciert man aber die Vereinigung unter den jetzigen Bedingungen, wird der soziale Schutz der Mehrheit der Bevölkerung der DDR untergraben. Statt brüderlicher Beziehungen der Menschen können Spannungen zwischen ihnen entstehen, deren Folgen schwer vorauszusagen sind.

Was waren nun die offensichtlichen Verdienste Hans Modrows, wie ich sie sehe? Ihm gelang es, die Lage zu stabilisieren, obwohl die widersprüchlichen Prozesse in der Gesellschaft andauerten. Einige Kräfte konsolidierten sich. Andere, die sich von ihren Ansichten oder taktischen Interessen leiten ließen, zerfielen. Die Gesellschaft verblieb weiter in einem gespaltenen Zustand.

Für viele war das eine qualvolle Periode der Umbewertung dessen, woran sie glaubten, die Zerstörung ihrer Ideale. Für andere war es die Chance, die lang ersehnte Wiedervereinigung zu erreichen. Viele gingen, ohne abzuwarten, in den Westen. 1989 übersiedelte eine halbe Million Menschen in die BRD. Interessant, wie die Kennziffern dafür am Ende dieses Jahres und Anfang des Jahres 1990 aussahen. Wie ein Puls reagierte die Bevölkerung auf die Situation. Wenn sich die Lage zum Besseren wendete und sich die Hoffnung auf günstige Perspektiven festigte, nahm die Zahl der Übersiedler ab. Die Gesellschaft ist wahrhaftig ein lebender Organismus.

Die Menschen sahen die außerordentliche Aktivität Modrows, seine Fähigkeiten, die Situation einzuschätzen, vor Schwierigkeiten nicht zurückzuweichen, Fragen zu stellen – wenn notwendig, auch scharf und kategorisch. Er hinterließ der folgenden Regierung ein System der Leitung. In kurzer Zeit wurden freie Wahlen vorbereitet, der Entwurf einer neuen Verfassung der DDR geschaffen. Reformen der Wirtschaft, des politischen Systems, der Armee usw. wurden ausgearbeitet. Faktisch gerade unter ihm wurden Konzeptionen und Gesetze für alle Bereiche des staatlichen und des politischen Systems entweder angenommen oder vorbereitet. Zuletzt trat er, wie bereits erwähnt, als Initiator eines neuen Herangehens an die Lösung der nationalen Frage hervor. Das war wirklich eine bedeutende und unvergeßliche Zeit der Umgestaltungen, der Möglichkeiten und auch der Gefahren, die die Regierung von Modrow überall her bedrohten.

Nunmehr möchte ich mich den Kräftegruppierungen vor den Wahlen zur Volkskammer und ihren Ergebnissen zuwenden. Die Lage in dieser Zeit ist ohne eine Bewertung der Rolle der führenden Vertreter der Kirche nicht vollständig einzuschätzen. Sehr wichtig war die Position von Manfred Stolpe. Es war mir bekannt, daß er für ein ausgewogenes Herangehen und einen auf Vertrauen und Zusammenarbeit gegründeten Dialog eintrat. Gerade durch ihn kam das Gespräch Modrows mit von Weizsäcker zustande. Der Bundespräsident wurde mit der ganzen Kompliziertheit der Situation in der DDR bekannt gemacht und unterstützte

Bemühungen, die darauf gerichtet waren, daß im Lande über all Umsicht und Ruhe herrscht. Große Bedeutung hatte eine Begegnung Modrows mit dem Vertreter der evangelischen Kirchen Werner Leich und dem Vertreter der Berliner Bischofskonferenz Georg Sterzinski. Praktisch erstmalig kamen Staat und Kirche überein, alles für eine friedliche Entwicklung im Lande zu tun, wobei sie ihre gemeinsame Verantwortung anerkannten. Ich unterhielt oft mit Vertretern der Kirche Kontakte. Das waren durch Erfahrung klug gewordene Menschen, umsichtige und feinfühlige Politiker. Wie sich ihr weiteres Schicksal auch gestalten wird, achte ich sie tief für das, was sie in jener unglaublich schweren Periode der deutschen Geschichte geleistet haben.

Dazu gehört die auf ihre Art einzigartige Erfahrung des »Runden Tisches«. Die Einberufung des »Runden Tisches« geschah auf Initiative des Bundes der evangelischen Kirchen der DDR und auch der Berliner Bischofskonferenz der römisch-katholischen Kirche und der Arbeitsgemeinschaft der christlichen Kirchen der DDR. Die Aufgabe des »Runden Tisches« legte Kirchenrat M. Ziegler (Bund der evangelischen Kirchen der DDR) dar. Er war neben K.-H. Ducke (Berliner Bischofskonferenz) und M. Lange (Arbeitsgemeinschaft der christlichen Kirchen) einer der drei Leiter der Sitzung. Er stellte fest: »Die Diskussion am Runden Tisch kann und wird nicht die Arbeit der Regierung und der Volkskammer ersetzen. Der Runde Tisch hat keine Befugnisse. Doch bei den Beratungen am Runden Tisch können Initiativen und Vorschläge entstehen, die, wic wir hoffen, sowohl von der Volkskammer als auch von der Regierung bei der Entscheidung brennender Fragen genutzt werden. Die notwendige Erneuerung der Gesellschaft kann nur dank den Bemühungen aller erreicht werden.« Als Ergebnis seiner ersten Beratung formulierte der »Runde Tisch« seine Aufgabe so: Die Teilnehmer des Runden Tisches treffen sich, weil sie sich von tiefer Besorgnis um unser Land, das eine schwere Krise erlebt, um seine Erhaltung und Entwicklung auf fester Grundlage leiten lassen.

Es entstand der Eindruck, daß ein außerordentlich wichtiges Organ geschaffen wurde, das unter bestimmten Bedingungen eine große Rolle bei der demokratischen Erneuerung spielen konnte. So ging es bis zu den Wahlen am 18. März 1990. Das war ein würdiges Beispiel und eine sehr effektive Form der Zusammenarbeit von parlamentarischen und auch exekutiven Strukturen mit politischen gesellschaftlichen Bewegungen im Interesse der Erneuerung der Gesellschaft. Dieser »Runde Tisch« arbeitete viele Entwürfe von Gesetzesinitiativen aus. Einige davon hätten Deutschland nützlich sein können. Warum jedoch sollte man Illusionen hegen. Man wollte aus der Erfahrung der DDR in der Periode demokratischer Reformen und Umgestaltungen nichts übernehmen, was auch dem vereinten deutschen Staat von Nutzen sein könnte.

Natürlich muß ich mich auch den dramatischen Ereignissen, die mit dem Parteitag der PDS am 24. und 25. Februar verbunden waren, zuwenden. Die Hauptaufgabe des Parteitages bestand in der Verabschiedung einer Wahlplattform der Partei. Die Beratung verlief stürmisch, offenbarte ernste Gegensätze in Herangehen und Prinzipien, zuletzt sogar in der Frage des Schicksals der PDS: Soll sie bestehen bleiben oder die politische Bühne verlassen? Aus den Berichten der Generalkonsulate, mit denen ich täglich zuweilen mehrfach Verbindung aufnahm, wußte ich von den Unterschieden im Herangehen. Einige waren entschieden für die Geschlossenheit der Partei, für einen aktiven Kampf im Interesse aller Schichten der Bevölkerung, andere zweifelten an ihrer Lebensfähigkeit, und ob sie unter den neuen Bedingungen ein Gesicht finden könne. Faktisch kapitulierten zudem einzelne Parteiführer in der alles entscheidenden Periode. Das

Wichtigste, was jedoch die »Basis« forderte, war die Ausarbeitung eines klaren und konkreten Aktionsprogrammes. Ich hatte Gelegenheit, dem Parteitag nicht als Botschafter, sondern als einer der Vertreter des ZK der KPdSU beizuwohnen.

Gregor Gysi zog die Aufmerksamkeit auf sich. Es war zu spüren, daß er nervös war, bisweilen außerordentlich impulsiv. Aber gerade hier offenbarten sich seine besten Qualitäten als Politiker und kluger Taktiker, der genau die Stimmung des Auditoriums zu erfassen vermochte, und als glänzender Redner. Verschiedene Menschen traten auf, manchmal natürlich auch mit verschiedenen Positionen. Im Saal war aber fast physisch eine große Spannung zu bemerken. Bald wurden mir ihre Gründe klar. Man wartete auf die Rede von Modrow, er verspätete sich. Der zweite Tag wurde der entscheidende, als die Leitung der Partei und die Spitzenkandidaten für die Volkskammerwahlen zur Diskussion standen.

Am späten Abend des 24. Februar bat mich Modrow in einen Raum hinter dem Präsidium zu einem, wie er sagte, wichtigen Gespräch. Er bot mir einen Platz und Kaffee an, war besorgt. Mit mir, so begann er, wolle er nicht als offiziellem Vertreter sprechen, sondern mit dem Menschen, den er viele lange Jahre kenne. Dann führte er aus: »Ich stehe vor einer schweren Wahl. Meine Genossen bestehen darauf, daß ich meiner Nominierung als Kandidat für die Wahlen zur Volkskammer der DDR zustimme. Eine PDS-Delegation von Vertretern der Bezirke war bei mir. Sie wollten meine Einwilligung zur Nominierung als Kandidat für die Wahlen. Gregor Gysi sagte mir, daß er mit Berghofer schon einen seiner Stellvertreter verloren habe: Wenn Modrow nicht kandidiert, so muß ich mich selber fragen, was mit mir dann wird.« Modrow fuhr fort: »Ich sage Ihnen offen, daß ich diesen Vorschlag ablehne. Ich habe dafür meine Motive. Außerdem bin ich der Meinung, daß das unter den heutigen Bedingungen der Partei helfen wird. Zudem bin ich überlastet, habe viele Verpflichtungen. Darum stelle ich mir selbst die Frage – wie lange kann ein Mensch die schwere Last des politischen Lebens tragen? Ich bitte, meine Motive zu verstehen. Für mich ist das eine sehr schwere Wahl.«

Ich hörte ihm aufmerksam zu, äußerte dann Verständnis für seine Gefühle. Gleichzeitig aber verstünde ich als Gast des Parteitages auch gut die Atmosphäre, die Stimmung der Menschen. »Sie hören schon nicht mehr den Rednern zu, erwarten etwas Wichtiges. Und ich verstehe, worauf sie warten. Sie warten auf Ihre Entscheidung. Sie sprachen offen von Ihren Gefühlen. Ich schätze das sehr, aber gleichzeitig möchte ich Ihnen auch aufrichtig sagen, erwägen Sie alles noch einmal. Denken Sie nach. Was meine Meinung anbelangt, so bin ich überzeugt, daß Ihre Absage die Chancen der Partei bei den Wahlen stark verringern wird.« Weiter war eigentlich nichts mehr zu besprechen, alles war klar. Modrow sagte nur: »Ich habe eine schwere Nacht vor mir.«

Als ich am nächsten Morgen zur Abschlußsitzung kam, geriet ich in eine ungewöhnliche Atmosphäre der Erwartung. Endlich betrat das Präsidium des Parteitages den Saal. Das Wort wurde Hans Modrow erteilt. Tiefe Stille trat ein. Die Rede war kurz und im Inhalt klar. Faktisch ging es um eine konzentrierte Plattform der Partei für den Wahlkampf. Zum Ende seiner Rede begann Modrow von seiner Kandidatur zu den Wahlen für die Volkskammer zu sprechen. Anfangs legte er die Begründungen dar, die ihn veranlaßten, sich nicht aufstellen zu lassen. Ich sah mich um, die Delegierten wirkten niedergeschlagen. Nachdem er diesen Abschnitt beendet hatte, berief sich Modrow plötzlich auf den deutlich geäußerten Wunsch der Delegationen und Bezirke, der Teilnehmer des Parteitages. Er sei zu dem Schluß gekommen: Wenn die Frage so stehe, müsse er auf die Meinung seiner Genossen

Rücksicht nehmen. Darum fühle er sich gezwungen, sein ablehnendes Verhalten zu ändern. Vor dem Parteitag erklärte er, daß er zur Kandidatur bei den bevorstehenden Parlamentswahlen für die Partei des Demokratischen Sozialismus bereit sei. Die Reaktion des Saales auf diese Worte ist schwer zu beschreiben. Alle erhoben sich. Beifall. Viele umarmten sich. Ich sah, wie manche weinten. Als ich ihn kurz nach Beendigung des Parteitages traf, sagte mir Modrow: »Ich habe mich entschieden, die Zweifel bestehen aber weiter.« Heute verstehe ich Modrow besser. Vielleicht hatte er schon die weiteren Perspektiven des politischen Kampfes im Blick.

Vor den üblichen Prognosen möchte ich mich unserer Position zu den Wahlen zuwenden. Wenige Tage vor dem Votum rief mich Schewardnadse an. Er wies darauf hin, daß man in Moskau mit großer Aufmerksamkeit das Ergebnis der Wahlen in der DDR erwarte. Man müsse davon ausgehen, daß Wahlen eine delikate Angelegenheit seien und man deshalb keine Einmischung in diese innere Angelegenheit zulassen dürfe. Das bedeute natürlich nicht, daß wir gleichgültig blieben. Man sehe den Willen bestimmter westlicher Kräfte, die DDR im Interesse ihrer Parteien zu beeinflussen. Es sei bekannt, wieviel Vertreter unterschiedlicher Ebenen und verschiedener politischer Richtungen heute die Republik aufsuchen. All das sehe nicht schön aus, aber damit sollten die Deutschen selber reinen Tisch machen. Die Beziehungen mit beiden deutschen Staaten hätten eine gute Perspektive, wichtig sei nur, daß beide Seiten aufrichtig handeln. In der Geschichte hätte es Verschiedenes gegeben, von dem man nichts vergessen dürfe. Das Wichtigste sei, daß wir den Weg der Zusammenarbeit eingeschlagen hätten. Wir seien für die Zusammenarbeit; und die Perspektiven, wiederholte er, wären günstig. In diesem Sinne verliefen Gespräche auch mit anderen Mitgliedern der Leitung des ZK der KPdSU.

Von Interesse sind Prognosen, die Modrow und Gysi mir gegenüber machten: Angesichts der verbreiteten Stimmung kann man mit Sicherheit sagen, es werden Wahlen zur Frage der Vereinigung Deutschlands. Ohne Etappen, auf einen Schlag. Die schwierigste Situation herrscht wohl in den Südbezirken der DDR. Viele Arbeiter sind passiv. Diskussionen unter ihnen konzentrieren sich überwiegend auf die Währungsunion und den bevorstehenden Umtausch des Geldes in DM. Es ist schlecht, daß die ehemaligen Blockparteien sehr verschwommene Positionen einnehmen, aber zu bezweifeln, daß sie eine ernsthafte Unterstützung der Wähler bekommen werden. Nach persönlicher Beobachtung von Gysi bewegen sich die Stimmungen der Bauern nach rechts, was er nicht erwartet hat. Sicher werden sich die Massenaustritte aus der SED sehr negativ auswirken. Von 2,4 Millionen blieben in der Partei 700 000. Das war vor Gründung der PDS, jetzt sind es noch weniger. Die beste Situation ist in Berlin. Die PDS hat hier eine gute Position, und man kann auf gute Ergebnisse rechnen.

Kurz hervorzuheben sind aus dem Gespräch drei Elemente, die die Wahlergebnisse beeinflussen werden: eine unzweifelhafte Zunahme des Nationalismus; Illusionen hinsichtlich der zukünftigen Vereinigung Deutschlands; »Verlockung« mit Hilfe der Deutschen Mark. Gut zu beobachten war, wie sich die westlichen Vertreter bemühten, diese Illusionen im Bewußtsein der DDR-Bürger zu festigen. Bei normalem Gang der Dinge ist nach den Wahlen eine Zunahme der nationalistischen Hysterie zu erwarten, anders gesagt eine Weiterentwicklung des Strebens nach Vereinigung. Beide Politiker äußerten sich besorgt über die Zunahme des Rechtsradikalismus im Lande, was natürlich die Wahlergebnisse beeinflussen müsse.

Die Prognosen von Böhme, die er im Gespräch mit mir äußerte, verdienen ebenfalls Aufmerksamkeit. Er schätzte die Chancen der SPD bei den Wahlen hoch ein. Wir rechnen, sagte er, ungefähr auf 40 Prozent der Wählerstimmen. Er sprach gleichfalls von einer Zunahme rechtsradikaler Stimmungen in der Bevölkerung und zu deren Ursachen. In der Republik seien lange Zeit Gruppen und Schichten, die als Träger radikaler nationalistischer Ideen galten, verschwiegen worden. Praktisch seien keine Maßnahmen zur Vorbeugung gegen die Verbreitung pangermanischer Losungen und Theorien getroffen worden. Unter den Bedingungen allgemeiner Unsicherheit für die Zukunft seien viele Bürger der Republik geneigt zu denken, daß die schnelle Vereinigung endlich Garantien des wirtschaftlichen und sozialen Wohlstandes geben werde. Böhme wies auch auf ein merkliches Anwachsen der Leidenschaften hin, insbesondere im Süden. Die Emotionen näherten sich einer gefährlichen Grenze, und es könnte zu Ausbrüchen von Gewalt kommen. An manchen Orten würde man die Vorstände der PDS und der SPD demolieren, Bedrohungen wären weit verbreitet. Wer das tue, sei nicht immer klar. Klar sei nur, daß nicht nur DDR-Bürger, sondern auch andere Kräfte in Aktion wären.

Um sich die Situation vor den Wahlen besser vorzustellen, muß man an den massiven Druck der BRD und Westberlins auf die Bevölkerung der DDR erinnern. Den Ton gab Kohl selbst an. Er besuchte die DDR mehrmals, und jedes Mal trat er vor großer Zuhörerschaft auf. Der Kanzler stellte die Frage schon direkt. Es gibt nur einen einzigen Ausweg, die Wiedervereinigung des Landes. Es ging schon nicht mehr um die Etappen, die Art der Schaffung des einheitlichen Deutschland. In fünf Jahren werden die Menschen der heutigen DDR wie alle Deutschen in einem Land wohnen. Dem Regierungschef folgten seine Minister. Sie besuchten ebenfalls den Osten, gingen sicher und zielgerichtet vor. Auch die Chefs der Landesregierungen und die gewählten Gremien der Bundesländer übergingen die DDR nicht mit ihrer Aufmerksamkeit. Es wurde bekannt, daß in allen führenden Parteien der DDR spezielle Zentren für den Wahlkampf gebildet wurden.

Auch leitende Funktionäre der SPD besuchten die DDR, aber ihre Konzeptionen waren nur schwer zu verstehen. Letzten Endes fanden sie sich mit den Vorgängen ab. Wenn wir den Druck und die zielgerichtete Arbeit der westlichen Medien hinzufügen, die westdeutschen Zeitungen und Zeitschriften auf den Ladentischen der Geschäfte der DDR, so ist das Gesamtbild klar. Ein schöner Vorwand wurde dafür gewählt: Man muß das »Informationsvakuum der DDR« ausfüllen. Und selbstredend Versprechungen, Versprechungen ... Alles war eindeutig auf materiellen Wohlstand gezielt, der nah zu sein schien und sich als das größte Glück anbot.

Damals kam die Frage auf, wer nun eigentlich den Wahlkampf in der DDR führt, wie sich eine solche Einmischung in die ersten »freien« Wahlen für das Parlament der Republik charakterisieren läßt. Objektiv muß man sagen, daß Helmut Kohl seine Chance nicht verstreichen ließ. Nachdem er sich von allem Zweitrangigen befreit hatte, konzentrierte er sich auf die strategische Hauptaufgabe und ging an ihre Lösung, besonders in der letzten Etappe ohne Abweichungen. Er nutzte die tiefe Spaltung der Gesellschaft in der DDR, den Sturz der ehemaligen SED-Führung geschickt aus. Man kann unterschiedlich dazu stehen, wie all das in jenen Frühlingstagen des Jahres 1990 aussah. Die Geschichte wird alles auf seinen Platz stellen und jeden nach Verdienst behandeln.

Was ergaben nun die Wahlen? Ich erinnere an die Resultate, die von der Zentralen Wahlkommission veröffentlicht wurden, führe deren Angaben nach Blockparteien und Parteien mit der größten Stimmenzahl und entsprechenden Abgeordnetenmandaten an. Unumstrittener Sieger wurde der Block der christlich-demokratischen Parteien »Allianz für Deutschland«. Die zum Block gehörigen CDU, »Demokratischer Aufbruch« und »Deutsche Soziale Union« erhielten 40,91 (164 Sitze) und 0,92 (4) sowie 6,32 Prozent (25). Dem Block fehlten 8 Mandate zur absoluten Mehrheit von 201 Sitzen. Das zweitbeste Resultat erzielte die SPD mit 21,84 Prozent und 87 Mandaten. Die PDS erhielt 16,33 Prozent und damit 65 Sitze. Für eine absolute Mehrheit in der Volkskammer mußte die »Allianz für Deutschland« eine Koalition eingehen. Beim Bündnis mit dem liberalen Parteienblock hätte eine solche Koalition über 214 Abgeordnetenmandate verfügt, was aber für eine qualifizierte Mehrheit für Verfassungsänderungen nicht genügte. Diese Mehrheit war für die »Allianz für Deutschland« in einer Koalition mit der SPD zu erreichen.

Der Vorsitzende der siegreichen CDU, Lothar de Maizière, erklärte, daß seine Partei weiterhin für die Bildung einer »möglichst breiten Regierungskoalition« einträte. Das wäre angesichts der großen Probleme, mit denen die DDR konfrontiert sei, notwendig. Die Vertreter der »Allianz« werteten die Resultate als eindeutiges Votum der Bevölkerung der DDR zugunsten einer schnellen Vereinigung Deutschlands. De Maizière erklärte, daß die neue Regierung die Fortsetzung der Verhandlungen über die Bildung der Währungsunion mit der BRD übernehmen und sich um ihren schnellstmöglichen Abschluß kümmern werde. Die Vorsitzenden der liberalen Parteien erklärten ihre Bereitschaft, mit der »Allianz« zu koalieren.

Die Sozialdemokraten waren von den Ergebnissen der Abstimmung enttäuscht, sie hatten vor den Wahlen mit einem größeren Erfolg gerechnet. Doch man mußte diese Resultate als gegeben anerkennen. Der Wähler stützte seine Entscheidung auf die Versprechen Kohls. Vor den Sozialdemokraten stand nun die Aufgabe, die Erfüllung dieser Versprechungen zu überwachen. Der Vorsitzende der SPD, Böhme, schloß die Möglichkeit der Bildung einer »großen

Koalition« nicht aus, die Entscheidung darüber sollte auf einer Sitzung des Parteivorstandes getroffen werden.

Modrow seinerseits gab zu verstehen, daß die PDS trotz des Verzichtes aller anderen Parteien auf eine Koalition mit ihr ohne »ideologische Scheuklappen« an diese Fragen herangehe und sich eine Zusammenarbeit mit verschiedenen Kräften in der Volkskammer vorstellen könne. Gysi erklärte, daß man die Ergebnisse der PDS als gut bewerten könne. Hier solle man berücksichtigen, daß die PDS jene Partei war, gegen die alle anderen Teilnehmer der Wahl den Kampf führten. Außerdem kam sie ohne Hilfe aus dem Westen aus, was eine große Rolle im Wahlkampf spielte. Andererseits bedauerte er den Erfolg der »Allianz« und insbesondere der CDU, da sich die Mitglieder dieser Partei an der seit dem Herbst des Vorjahres aktiven Bewegung zur Erneuerung in keiner Weise beteiligt hätten. Der Vorsitzende der PDS hoffte, daß man gemeinsam mit der SPD sowie anderen Parteien und Bewegungen der Schaffung einer qualifizierten Mehrheit gegen die Interessen der Bevölkerung vorbeugen könne. Um die Verfassung zu ändern, benötigte die »Allianz« entweder die SPD oder die PDS. Das hieß, daß man nur jene Änderungen der Verfassung passieren lassen konnte, die wirklich den Interessen der Bürger der DDR entsprachen. Die Diskussion über den Anschluß der DDR an die BRD nach Artikel 23 des Grundgesetzes sollte beendet und statt eines »Anschlusses« die Vereinigung verwirklicht werden.

Die Vertreter von »Bündnis 90«, zu dem Parteien gehörten, die im Herbst 1989 die Massenbewegung für Demokratie in der DDR initiiert hatten, waren entrüstet über die Resultate der Abstimmung. Der Prozeß der Umgestaltungen in der DDR begann unter anderen Fahnen als jenen, welche nun von den siegreichen Parteien gehißt wurden. Die Hilfe aus dem Westen und die Losung vom vereinten Deutschland gestatteten ihnen, die demokratischen Bewegungen in den

Hintergrund zu drängen. Allgemein herrschte aber die Auffassung, daß die Wahlen trotz aller Unterschiede bei der Einschätzung ihrer Ergebnisse ein großer Sieg der Demokratie in der DDR waren. Die Entscheidung der Wähler war getroffen, und man müsse sie respektieren.

Etwas später hatte ich in der Botschaft ein längeres Gespräch mit Modrow und Gysi zu den Volkskammerwahlen. Die Wertungen von Modrow fielen dabei etwas kategorischer aus. Danach verliefen die Wahlen in bedeutendem Maße anders, als es vermutet werden konnte, und insgesamt ungünstig. Der Abstand von CDU zur SPD war zu groß. Die Führung der SPD war zu selbstsicher, ging praktisch eindeutig davon aus, daß sie den Sieg davontragen werde. Die SPD führte den Kampf in erster Linie gegen die PDS und tat wenig gegen die Konkurrenz von rechts. Eigentlich fehlte es ihr an einem klaren und konstruktiven Profil. Modrow hatte den Eindruck, daß sie vor Kohl irgendwie Angst hatte und die PDS als Mittelpunkt der Zielscheibe betrachtete. Es bestünde kein Zweifel, daß die CDU viele von der Volkskammer angenommene Gesetze ändern werde, doch fiel darüber kein Wort. Die SPD sprach einfach laut, was ihr aber nicht half. Taktisch wurde alles ziemlich umsichtig getan. Kohl beispielsweise äußerte sich gegen Modrow nur am Ende, buchstäblich einen Tag vor den Wahlen. Die SPD begriff offenbar nicht, daß sie eine Angriffskonzeption benötigte. Ihr gelang es nicht, ein klares politisches Gesicht zu zeigen.

Die neuen Parteien sowie ehemalige Blockparteien und frühere Verbündete der SED erreichten wegen ihrer Passivität nichts. Was die Partei des Demokratischen Sozialismus betrifft, sagte Gysi, erzielten wir unter diesen Umständen nicht die schlechtesten Ergebnisse. Die Menschen nahmen sie als eine neue Partei an, und das ist sehr wichtig. Wir waren gezwungen, in ungewöhnlicher Zeitnot zu arbeiten, weil die Partei erst auf die Beine kam. Außerdem darf man nicht vergessen, daß sie von allen Seiten einem erheblichen Druck ausgesetzt war. Wesentlich ist auch, daß das politische Bewußtsein eines bedeutenden Teils der Arbeiter weniger ausgeprägt war, als wir vermutet haben.

Von den Möglichkeiten der PDS zeugten laut Gysi die Wahlergebnisse in Berlin, wo sie 30 Prozent der Wählerstimmen erhielt. Darum müssen wir uns auf einen ernsthaften parlamentarischen Kampf einrichten. Wir haben ein klares Programm. In der Partei gibt es viele interessante neue Menschen, und wir haben Erfahrungen, die wir nicht völlig negieren wollen. Ich bin sicher, betonte Gysi, daß die Partei keine unbedeutende Rolle im Kampf für wirkliche Demokratie, soziale Gerechtigkeit, für die Interessen der Bevölkerung spielen wird.

Beide Politiker sprachen auch über die internationalen Reaktionen auf die Wahlergebnisse. Enttäuschung gewann die Oberhand. Viele befürchten die Abtrennung des deutschen Problems vom gesamteuropäischen Prozeß. Die deutschen Politiker wiederum zeigten das Verlangen, alles auf die Zukunft zu projizieren. Viele Wertungen liegen auf der Linie der CDU, gehen aber wahrlich nicht immer von den Realitäten aus. Modrow äußerte eine Prognose, auf die wir noch zurückkommen sollten, obwohl auch jetzt schon vieles klar sei. Er erwartete, daß sich das Streben nach schnellstmöglicher Vereinigung der deutschen Staaten nach den Wahlen verstärkt. Ich zweifele nicht, sagte Modrow, daß die Wiedervereinigung auf der Grundlage des Artikels 23 des Grundgesetzes der BRD erfolgt. Ganz bestimmt werde revidiert, was von der früheren Regierung getan wurde. Sehr gefährlich wäre der Beginn von Obstruktion gegen den von der Volkskammer ausgearbeiteten Entwurf einer neuen Verfassung der DDR. Modrow, der noch der Regierung vorstand, wollte in den nächsten Tagen mit führenden Politikern zusammenkommen. Wieviel Zeit für die Bildung einer neuen Regierung benötigt werde, sei wegen der komplizierten Lage schwer vorauszusagen.

Nach den Wahlen trat eine lange Pause ein. Sie wurde durch komplizierte Verhandlungen zur Regierungsbildung hervorgerufen. Zur Vereidigung kam es erst am 12. April 1990. Während dieser ganzen Zeit wurde das Land weiter vom Kabinett Modrow geführt. Er erfüllte seine Pflicht bis zum Ende. Seine Verdienste sind offenkundig, denn es ging um die schwierigste Periode im Leben der DDR. Ohne Zweifel werden die Historiker noch oft auf Hans Modrow und seine Rolle am Vorabend der Wende im Schicksal beider deutschen Staaten zurückkommen. Die neue Regierung mit Lothar de Maizière an der Spitze übernahm keinen zerstörten Staat. Ich möchte hier an die Worte des Präsidenten der Volkskammer, Günther Maleuda, erinnern: »Die Regierung der Nationalen Verantwortung hat ihre Kompetenz bewiesen und konnte die Stabilität im Lande selbst in einer schweren Phase der Übergangsperiode gewährleisten.«

Neue Leute – neue Politik
Vor uns das vereinigte Deutschland

Mit dem Sieg der Christlich Demokratischen Union bei den Wahlen zur Volkskammer geriet deren Vorsitzender und künftige Regierungschef Lothar de Maizière in den Brennpunkt eines besonderen Interesses in der DDR und in der BRD. Seine Positionen, die er sofort nach den Wahlen gegenüber »Spiegel«, »Stern« und Fernsehsendern der DDR und der BRD äußerte, schienen beachtenswert.

Darauf angesprochen, ob die Wiedervereinigung beider deutscher Staaten nicht zu schnell ablaufe, erklärte er: Natürlich wäre es besser, wenn alles der Reihe nach, ohne Eile vor sich ginge. Aber man darf in der Politik nicht von Wünschen, sondern muß von der Realität ausgehen. Wenn die wirtschaftlichen Probleme in absehbarer Zeit beseitigt werden können, fordern die psychologischen Probleme viel mehr Zeit. Vielleicht wird sich meine Generation, die der 50jährigen, nie völlig vom Komplex der DDR befreien können. Es scheint mir, daß im Ergebnis der Vereinigung Westdeutschland mehr östlich und Ostdeutschland mehr westlich werden wird. Die DDR kann im Verlauf der Vereinigung tiefere Gefühle der Solidarität mit dem Nächsten einbringen, die Fähigkeit, einander zu unterstützen. Das muß man zu fördern versuchen. Es ist völlig offenkundig, daß diese Qualitäten deshalb entstanden, weil hier die Menschen unter schweren Umständen lebten. Im Westen gibt es diese Bedingungen nicht, das Ergebnis ist eine Gesellschaft, in der sich niemand um den anderen kümmert. Nicht zufällig bemühen sich die in die BRD übergesiedelten Bürger der DDR um Zusammenhalt. Sie alle sagen, daß es ihnen an der Atmosphäre gegenseitiger Hilfe, die sie in der Heimat hatten, mangelt. Als de Maizière von Tempo und Charakter der Vereinigung sprach, unterstrich er, daß er nie von der »schnellsten« gesprochen hatte. Unsere Position sei eine »möglichst rasche Vereinigung«.

Bei einem unserer Treffen erzählte mir de Maizière, daß die mit der Regierungsbildung verbundenen Verhandlungen nur schwer vorangingen. Man müsse viele Fragen abstimmen, die sowohl prinzipielle Positionen des künftigen Regierungsprogrammes als auch die Zusammensetzung der Regierung betreffen. Trotz dieser Schwierigkeiten näherten sich die Positionen der Parteien an.

Am 9. April gab es in Berlin die dritte Runde der Koalitionsgespräche zwischen der »Allianz für Deutschland«, der SPD und dem »Bund Freier Demokraten«. Nach einer Erklärung der Teilnehmer gehörten der militär-politische Status Deutschlands und das Eigentum zu den Fragen, die einer zusätzlichen Klärung bedurften. Alle kamen aber zu einer einheitlichen Meinung über den Weg der deutschen Vereinigung: Anschluß der DDR an die BRD auf Grundlage des Artikels 23 des Grundgesetzes. Die künftige Koalition beabsichtigte, die deutsche Währungsunion zum 1. Juli 1990 und den Währungsaustausch vorwiegend zum Kurs 1:1 zu erreichen. Die Seiten kamen überein, unbedingt eine Verfassung der DDR für die Übergangsperiode anzunehmen. Sie sollte die Wahrnehmung der Interessen der Bevölkerung der Republik während der Vereinigung sichern.

Bei den Verhandlungen wurden auch die 24 Personen zählende neue Kabinettsliste abgestimmt und danach auch erste Namen bekannt. Die CDU erhielt 11 Posten, einschließlich Premier (de Maizière) und Chef des Amtes des Regierungschefs. Dazu gehörten weiterhin die Ministerien Wirtschaft, Umwelt, Bildung und Wissenschaft, Verkehr, Kultur, Gesundheit und Soziales, Familie und Frauen, Jugend und Sport, Energie und Reaktorsicherheit. Der SPD wurden zugesprochen die sieben Ministerbereiche Auswärtige Angelegenheiten (Meckel), Finanzen (Romberg), Handel, Arbeit und Sozialpolitik, Post und Fernmeldewesen, Nahrungsmittel, Land- und Forstwirtschaft, wissenschaftliche Forschung und Technologie. Der Bund freier Demokraten stellte die drei Minister für Länderstrukturen, Justiz (Wünsche) und Bauwesen. Vertreter der Deutschen Sozialen Union sollten die Ämter eines Stellvertreters des Vorsitzenden des Ministerrates, Inneres (beides Diestel) und wirtschaftliche Zusammenarbeit (Ebeling) bekleiden. Der »Demokratische Aufbruch« erhielt den Bereich Abrüstung und Verteidigung (Eppelmann). In der Kompetenz des Premierministers Lothar de Maizière blieben unter anderem die innerdeutschen Beziehungen. Auf der Sitzung der Volkskammer am 12. April 1990 wurde die Zusammensetzung der Regierung bestätigt.

In einer kurzen Erklärung dankte de Maizière für das Vertrauen und betonte, daß das die erste Regierung in der Geschichte der DDR sei, die von einem demokratisch gewählten Parlament bestätigt wurde. Sie halte es für ihre

Pflicht, dem Wohl ihres Landes und aller Bürger zu dienen, von ihnen Schaden abzuwenden und das Recht zu achten. Ferner äußerte der Premier Dankbarkeit gegenüber der vorherigen Übergangsregierung für ihre komplizierte Arbeit: »Ich danke Ihnen, Herr Modrow. Ich danke Ihnen dafür, daß Sie den Runden Tisch verwirklicht haben, um der Demokratie den Weg zu bereiten.«

Am 19. April trat Lothar de Maizière mit der Regierungserklärung vor die Volkskammer. Die Diskussion war ziemlich stürmisch. Einige Redner verwiesen auf einen »klaren Auftrag des Volkes, die Einheit Deutschlands auf der Grundlage des Artikels 23 des Grundgesetzes der BRD anzusteuern«, und darauf, daß man »das Volk jetzt nicht täuschen« dürfe. Der früher vorbereitete Entwurf der Verfassung wurde kritisiert, man bezweifelte, daß er der »Bewegung zur Einheit« entspreche. Einige meinten, man brauche eine neue Verfassung und deren Entwurf müsse von der Bevölkerung diskutiert werden. Es gab auch Stimmen, laut denen man »alles gründlich abwägen und überlegen muß, bevor man die Hauptfrage entscheidet – die Vereinigung. Man darf nicht einfach das Grundgesetz der BRD als Basis für die Vereinigung der beiden deutschen Staaten übernehmen. Das wird nicht Vereinigung, sondern Anschluß bedeuten.« Trotzdem herrschte jene Auffassung vor, die eindeutig auch in der Regierungserklärung zum Beitritt der DDR nach Artikel 23 des Grundgesetzes der BRD geäußert war. Hinzu kam, daß Gespräche über die Notwendigkeit der Lösung der deutschen Frage im Rahmen des gesamtdeutschen Prozesses praktisch kaum etwas ändern könnten. Das war offensichtlich ein wichtiger Umstand. Die Bildung einer Regierung der großen Koalition unter Beteiligung der SPD ebnete den Weg zur Entscheidung für den Anschluß der DDR an die BRD nach Artikel 23 mit einer qualifizierten Mehrheit.

Natürlich wohnte ich allen Sitzungen des Parlaments bei.

Ich sah neue Leute, erlebte eine andere Atmosphäre. Manchmal wurden die Fragen in sehr erbitterten Auseinandersetzungen diskutiert. Drei Grundpositionen waren jedoch deutlich erkennbar:

1. Die Mehrheit trat konsequent für die Vereinigung ein, sehr bald erkennbar nach der Formel Anschluß der DDR auf Grundlage des Artikels 23 des Grundgesetzes der BRD. Obwohl verschiedene Vorbehalte und einige Bedingungen geäußert wurden, änderte das nichts am Grundsatz.

2. Die Parlamentarier erfreuten sich der ständigen Aufmerksamkeit der Bevölkerung. Die Menschen warteten, welche Position Parlament und Regierung zu den wichtigsten, sie interessierenden Problemen einnehmen würden: materielle, soziale, Rechts- und Finanzfragen. Sie erwarteten von dem bevorstehenden Anschluß viel, wollten aber keinesfalls jenen Wohlstand einbüßen, über den sie in der DDR real verfügten. Das mußten die Abgeordneten berücksichtigen.

3. Es wurde insbesondere für die Übergangsperiode die lebenswichtige Bedeutung betont, die die Aufrechterhaltung allseitiger Beziehungen mit der Sowjetunion, die Berücksichtigung ihrer Interessen hatte. Zusammenarbeit und freundschaftliche Beziehungen mit der Sowjetunion wurden für vorrangig erklärt.

Obwohl de Maizière davon gesprochen hatte, daß die Regierung allein aus Bürgern der DDR gebildet wurde, tauchten aber bald in den Regierungsämtern Berater unterschiedlicher Ränge aus der BRD auf. Jeder mehr oder minder wichtige Schritt wurde praktisch mit entsprechenden Strukturen der BRD abgestimmt. Wie zu erwarten war, stattete de Maizière Bonn seinen ersten Besuch ab. Dort kam er am 24. April mit Kanzler Kohl und anderen Spitzenpolitikern zusammen. Beim Treffen mit Kohl wurden faktisch alle Fragen abgestimmt, vor allem aber die Währungs-, Wirtschafts- und

Sozialunion am 1. Juli 1990. Parallel kam es zu Zusammenkünften aller führenden DDR-Minister mit ihren Amtskollegen in der BRD. Im Mittelpunkt dieser Gespräche stand die Abstimmung des Vorgehens in prinzipiellen Fragen einer gemeinsamen Politik.

Lothar de Maizière teilte mir seine Eindrücke von der Reise nach Bonn mit, vor allem aber von seiner Begegnung mit dem Kanzler. Kohl hörte aufmerksam die Erwägungen der Regierung der DDR, doch bezog er von Anfang an eine harte Position zu den Bedingungen der Vereinigung und ihren Fristen. Freilich gab es Nuancen, doch sie änderten nichts am Kern. Ich versuchte, sagte de Maizière, ihm den Hauptgedanken nahezubringen, daß unbedingt und in höchstem Maße die Spezifik der Lage in der DDR, große Meinungsunterschiede und natürlich der Umstand zu berücksichtigen wären, daß wir die wichtigen Fragen nicht für alle Teilnehmer der bevorstehenden Verhandlungen nach der Formel »4 + 2« entscheiden können.

Einige Tage nach seiner Rückkehr aus Bonn erfolgte über mich die Verabredung einer Reise von de Maizière nach Moskau. Am 29. April flog er zu einem Gespräch mit Gorbatschow ab. Dabei wurden dem DDR-Premier unsere bekannten Positionen vorgelegt. Abgesehen davon, daß das praktisch am Vorabend der »4 + 2«-Verhandlungen stattfand, wurde nichts gesagt, was nicht schon bekannt gewesen wäre. Man erzählte mir, daß de Maizière angenehm gestimmt war, das Interesse der Regierung und sein eigenes an engster Zusammenarbeit mit der Sowjetunion betonte. Er sagte Gorbatschow, daß seine Regierung alles in ihren Kräften Stehende unternehme, die Interessen der Sowjetunion zu berücksichtigen.

Gorbatschow unterstrich drei wichtige Momente. Der erste betraf die Wiedervereinigung der beiden deutschen Staaten. Er sagte: Ihnen ist unsere Haltung bekannt, nach der es unannehmbar ist, diese Frage nach Artikel 23 des Grundgesetzes der BRD zu lösen. Deshalb brauchen wir nicht auf das zurückzukommen, was für uns klar ist. Wir rechnen darauf, daß die Regierung der DDR nochmal alles ernsthaft erwägt, bevor sie einen Entschluß faßt. Zum zweiten. Was die NATO und den Friedensvertrag betrifft, so muß man diese Fragen im Rahmen einer internationalen rechtlichen Regelung lösen. Zum dritten. Es ist die Notwendigkeit der Aufrechterhaltung entwickelter wirtschaftlicher Beziehungen der DDR mit der UdSSR und der Erfüllung gegenseitiger Verpflichtungen zu unterstreichen. Interessant waren die Beobachtungen de Maizières zur Lage in Moskau. Er sah, daß zur deutschen Frage verschiedene Personen aus dem Umfeld der höchsten sowjetischen Führung unterschiedliche Positionen vertraten.

Mit de Maizière traf ich mich häufig, besonders in der Zeit der schwierigen Verhandlungen über die Zusammensetzung der neuen Koalitionsregierung. In dieser Periode bevorzugte er Treffen in der Botschaft, kam am späten Abend zu Fuß vorbei, und wir berieten lange einen großen Kreis von Fragen. Er verstand sehr gut die Schwierigkeiten seiner Mission und erschien als ein Mann mit festem Charakter, großem Wissen und festen politischen Ansichten. Er kannte die Menschen gut und verstand, daß er vieles, was die Zusammensetzung der Regierung und ihr Konzept betraf, selbst tun mußte. Andernfalls würden das andere tun. Als er dann Premierminister geworden war, trafen wir uns regelmäßig in der Residenz der Botschaft. Aufmerksam nahm er auf, was aus Moskau über mich an ihn weitergegeben wurde. Ihn zeichnete Zuverlässigkeit aus. Jedes Mal informierte er mich über die Lage in der Republik und auch über innerdeutsche Angelegenheiten. Er begrüßte meine Kontakte zu Mitgliedern seiner Regierung. Hier gab es für den Botschafter keine Probleme. Ich sah sie oft. Entweder in den Ministerien oder auf ihren Wunsch in der Botschaft. Und der Fragen, die zu besprechen waren, waren sehr viele.

Am häufigsten kam ich wahrscheinlich mit Außenminister Meckel zusammen. Zwischen uns entstanden Beziehungen im Geiste der gegenseitigen Achtung und des Interesses. Ich sah, wie sich seine Ansichten zu den Fragen der deutschen Vereinigung änderten. Anfangs war er nicht so kategorisch angesichts ihrer Bedingungen. Nach einigen Begegnungen mit Hans-Dietrich Genscher und anderen führenden Politikern des Westens ging er im Geiste der westdeutschen Konzeption vor, obwohl er öffentlich einige Vorbedingungen verbreitete.

Anfang Mai sprach sich Meckel vor dem Europaparlament gegen den Abschluß eines Friedensvertrages aller interessierten Staaten mit dem vereinten Deutschland aus. Die Vorbereitung eines solchen Vertrages stellte nach seinen Worten »eine zu umfangreiche Aufgabe« dar. Außerdem unterstrich er, daß bei der Vorbereitung seines Abschlusses unweigerlich die Frage deutscher Reparationen gestellt würde. Das entspreche aber weder den Interessen der BRD noch denen der DDR. Gleichzeitig betonte der Minister, daß beide deutsche Staaten an einer endgültigen internationalen rechtlichen Regelung der deutschen Frage, die juristisch einem umfassenden Friedensvertrag entsprechen könne, interessiert seien.

Meckel bekräftigte auch erneut den Standpunkt der Regierungen von DDR und BRD, daß das zukünftige Deutschland nicht neutral bleiben könne und in die NATO integriert werden müsse. Dabei sollte jedoch das Nordatlantische Bündnis seine Strukturen und militärpolitischen Konzeptionen deutlich verändern, weil die NATO in ihrer heutigen Form nichts anderes sei als »Folge und Überbleibsel der Teilung Europas«. Der Minister wandte sich gegen den Vorschlag der Sowjetunion, die Verantwortung der vier Siegermächte gegenüber Deutschland auch nach Beendigung der Verhandlungen nach der Formel »4 + 2« für eine bestimmte Übergangsperiode aufrechtzuerhalten. Er unterstrich, daß nach dem Ende dieser Verhandlungen die Souveränität Deutschlands in vollem Umfang wiederhergestellt werden müsse. Gleichzeitig warnte er den Westen vor jeglichen Versuchen, militärisches Übergewicht über die Sowjetunion zu erlangen. Solch ein Herangehen an die Beziehungen zwischen Ost und West wären für Moskau völlig unannehmbar und hätten nur eine Destabilisierung der Lage in Europa zur Folge. In diesem Zusammenhang betonte der Minister, daß sich das Sowjetvolk nicht mit einer Situation abfinden würde, die bei ihm das Gefühl einer Niederlage in dem Krieg, der vor 45 Jahren siegreich beendet wurde, hervorrufen könnte.

Am 11. Mai trat Meckel in Berlin vor die Presse. Angesprochen auf die Perspektiven einer weiteren Mitgliedschaft der DDR im Warschauer Vertrag, sagte er unter anderem, daß die derzeitige Regierung der DDR dazu »noch keine abschließende Meinung« habe. Er fügte hinzu, daß er sich persönlich einige Lösungsvarianten vorstellen könne. Nach einem Treffen mit Genscher sprach sich Meckel nach dessen Vorbild für gesamtdeutsche Wahlen im Mai 1991 aus. Später verließ er diese Position und ging von dem aus, was die Regierung der BRD vorschlug.

Auch mit dem Minister für Abrüstung und Verteidigung Eppelmann hatte ich ständig Kontakt. Wir trafen uns gewöhnlich in Strausberg. Für mich waren diese Begegnungen sehr wichtig, weil es um die Zukunft der Nationalen Volksarmee der DDR, in erster Linie aber um den Aufenthalt der Westgruppe der sowjetischen Streitkräfte ging. Es entstanden viele Fragen in bezug auf Recht, Eigentum und Finanzen, die die Interessen der sowjetischen Seite berührten, darunter im Zusammenhang mit der bevorstehenden

Währungsunion. Dieser Problemkreis war kompliziert und forderte große Anstrengungen.

Eppelmann sagte mir bei einer Unterredung: Die neue Regierung soll die Perspektiven der Nationalen Volksarmee festlegen. Da entstehen einige Probleme. Erstens sind das Fragen, die mit unseren Bündnispflichten im Rahmen des Warschauer Vertrages verbunden sind. Er verheimlichte nicht, daß es da Schwierigkeiten geben werde. Das andere Problem sei das Verhältnis der Nationalen Volksarmee zur Bundeswehr. Er äußerte, daß die NVA nicht außerhalb der Vereinigung bleiben dürfe. Vorbereitende Begegnungen mit der Führung der Bundeswehr zeigten deren Interesse an einer Aufrechterhaltung der Nationalen Volksarmee. Einmal teilte Eppelmann mit, daß er am 25. April eine Unterredung mit dem Verteidigungsminister der BRD haben werde. Die Grundkonzeptionen, mit denen er in dieses Treffen gehen würde, wollte er mit der sowjetischen Seite abstimmen.

Mit freundlichen Worten möchte ich Finanzminister Romberg erwähnen, der selbst den Botschafter aufzusuchen wünschte, um beide Seiten interessierende Fragen zu besprechen. Es handelte sich um viele Tausende sowjetischer Bürger, die als Diplomaten, Experten, Lehrer, Journalisten, Aspiranten und Studenten, technische Kräfte und natürlich als Angehörige des Militärs in der DDR weilten. Romberg zeigte ein verantwortungsvolles Herangehen an diese Problematik und versicherte dem Botschafter, daß alle Fragen, an deren Lösung die sowjetische Seite interessiert war, geregelt würden. Er hat sein Wort gehalten.

Mit Minister Ebeling besprach ich mehrmals Fragen des Handels und der wirtschaftlichen Zusammenarbeit. Es waren viele Probleme entstanden. Vor allem beunruhigte, wie sich alles unter den Bedingungen der bevorstehenden Vereinigung entwickeln würde. Die Frage war, ob es gelingt, die wirtschaftlichen Beziehungen zwischen der UdSSR und der DDR, insbesondere unter den Bedingungen einer Überführung zur Abrechnung in frei konvertierbarer Währung, auch weiterhin aufrechtzuerhalten.

Man muß sagen, daß die Fragen der wirtschaftlichen Zusammenarbeit und des Handels Moskau in äußerstem Maße interessierten. Anfang 1990 fand in Berlin die Sitzung der gemeinsamen Regierungskommission für wirtschaftliche und wissenschaftlich-technische Zusammenarbeit statt. Es gelang auf dieser Sitzung, über die meisten Fragen bis zum Jahr 1995 einig zu werden. Die neuen Bedingungen in der DDR und in der BRD setzten einen Schlußpunkt unter viele Pläne und Verabredungen. Sie konnten nicht mehr verwirklicht werden.

Einige Unterredungen hatte ich auch mit de Maizières Stellvertreter, Innenminister Diestel. Schon das erste Treffen mit ihm gab mir die Vorstellung von einem ungewöhnlichen Menschen. Diestel sah das größte Problem darin, wie man die Hauptfunktionen des Ministeriums bestimmen sollte: Die Sicherheitsorgane, wie sie in der DDR früher waren, sind so diskreditiert, daß wirklich qualifizierte und ehrliche Menschen für das Ministerium nur schwer ausfindig zu machen sind, ganz zu schweigen von den örtlichen Organen. Mich interessieren kaum die politischen Vorlieben der Menschen, wichtig sind Professionalität und Pflichtbewußtsein, strikte Gesetzestreue. Man muß die Leidenschaften bändigen, eine wirksame Kontrolle des Regimes an den Außengrenzen aufbauen.

Besondere Sorgen bereiteten ihm Fragen, die nach seiner Ansicht unweigerlich bei der Einführung der Währungsunion entstehen mußten. Nicht leicht zu bestimmen war auch, wer zu den Linken, wer zu den Rechten gezählt werden sollte – als Voraussetzung für eine ausgewogene, exakte Politik gegen den Extremismus. Es müsse auch eine Ordnung gegen »Aufmärsche«, unabhängig von ihren Anlässen, geschaffen werden. Die öffentliche Ordnung muß eingehalten werden, und damit müssen alle rechnen. Während einer anderen Begegnung sagte er, daß seine Familie und er »überzeugte Demokraten« seien: »Ich wurde im Geiste des Humanismus erzogen, und das erklärt vieles.«

Beim Blättern in meinen Notizen aus jenen Tagen treffe ich natürlich noch auf einen anderen wichtigen Umstand, der mit der Vereinigung Deutschlands verbunden ist. Die Spannung in der Gesellschaft ließ durchaus nicht nach. Äußerlich zeigte sich das vielleicht nicht so deutlich, wie es zuvor der Fall war. Es ging irgendwie in die Tiefe. Es war offensichtlich, daß bei vielen Menschen die Sorge wuchs, was sie in nächster Zeit und künftig erwartet. Was wird jene Zeit, in der sie zu leben haben werden, ihnen persönlich und der Gesellschaft bringen? Einige verhielten sich dazu ruhig, andere waren zutiefst besorgt. Was Menschen im Rentenalter betraf, so rechneten sie auf irgendeine Pension. Was aber erwartete nun die Menschen im arbeitsfähigen Alter, welche Perspektiven hatten sie? Alles war unbestimmt, es blieben Fragen über Fragen. Antworten darauf konnte nur das Leben geben.

Ein großes Durcheinander verursachten die Medien, in erster Linie das Fernsehen. Das Fernsehen der DDR und der BRD agierten, als würden ihre Programme in ein und derselben Redaktion vorbereitet. Viele beunruhigte, daß die Bürger der BRD, also die Mehrheit der Deutschen des künftig einheitlichen Deutschland, den Eindruck gewannen, daß beinahe alle Bürger der DDR in diesem oder jenem Grade zum Umfeld des ehemaligen Ministeriums für Staatssicherheit der Republik gehörten und damit keiner Achtung würdig wären. Besorgt und um ihre Zukunft beunruhigt, sagten mir manche direkt, daß sie in den künftig gesamtdeutschen Strukturen für eine bestimmte Zeit in eine sehr komplizierte Lage geraten würden.

Die Dinge aber nahmen ihren Lauf. Es bildete sich faktisch nicht der Mechanismus »4 + 2«, sondern »4 + 1« heraus. Unsere diplomatische Zentrale sandte ihrer Botschaft weiterhin die uns schon bekannten Direktiven. Sie liefen wie früher auf folgendes hinaus: Die zentrale militär-politische Frage ist Neutralität. Man muß Kompromisse suchen, doch die Einbindung ganz Deutschlands in den NATO-Block ist unannehmbar, »auf jeden Fall in seiner heutigen Form«. In einem Friedensvertrag sollten unbedingt vom Standpunkt des internationalen Rechts solche Fragen wie Grenzen, Rechtsnachfolge und militärischer Status des künftigen Deutschland geregelt werden. Überlegungen, daß das künftige Deutschland keine Verpflichtungen der jetzigen DDR übernimmt, widersprechen dem internationalen Recht. Das berührt in erster Linie Interessen der UdSSR, aber auch anderer Länder. Besonders hervorzuheben sind die wirtschaftlichen Regelungen. Wegen ihrer außerordentlichen Bedeutung müssen sie gründlich vorbereitet werden. Erforderlich sind gegenseitige Verpflichtungen der Seiten, da sonst ein großer Schaden für die Sowjetunion und das zukünftige Deutschland unvermeidlich sein wird. Die sowjetische Seite ist für die Beschleunigung des kontinuierlichen Prozesses nach der Formel »4 + 2«. Wichtig, daß er ununterbrochen, aber ohne Hast verläuft, damit ausgewogene Beschlüsse gefaßt werden können. Die Sowjetunion tritt weiterhin für die Synchronisierung der Bewegung zur nationalen Einheit mit dem gesamteuropäischen Prozeß ein. Wir werden ein gesamteuropäisches Treffen auf höchster Ebene für 1990 anstreben. Im Geiste dieser Festlegungen wurde die Botschaft tätig. Aber das Leben in dieser schnell verlaufenden Zeit eilte voraus, die Ereignisse entwickelten sich nach einem anderen Drehbuch.

Am 19. April sprach de Maizière in seiner Regierungserklärung vom bevorstehenden Abschluß der Währungsunion, von der Verbindung der deutsch-deutschen Vereinigung mit dem gesamteuropäischen Prozeß im Rahmen der KSZE und den »4 + 2«-Verhandlungen sowie der Einhaltung früher geschlossener und heute noch gültiger Verträge. In bezug auf die Vereinigung stellte er fest, daß die Regierung für den Anschluß der DDR an die BRD nach Artikel 23 des Grundgesetzes eintritt. Er schlug vor, einen entsprechenden Beschluß entweder auf der Sitzung der Volkskammer oder bei einem Referendum zu fassen. Bekanntlich wurde diese Entscheidung von der Volkskammer am 23. August 1990 mit qualifizierter Mehrheit getroffen. Gerade hier wurde völlig offensichtlich demonstriert, wozu eine Koalition zwischen CDU und SPD benötigt wurde. Heraus kam – eine »Vernunftehe«?

Bereits Ende April wurden in Berlin offizielle Verhandlungen zwischen der DDR und der BRD über einen Staatsvertrag aufgenommen. Vom 30. April bis 1. Mai setzten Experten beider Staaten die Arbeit am Entwurf des Abkommens in Bonn fort und führten sie am 2./3. Mai in Berlin weiter. Das Tempo war erklärlich. Am 5. Mai begannen in Bonn die »4 + 2«-Verhandlungen auf der Ebene der Außenminister. Natürlich war das allen offenbar. Die SPD kritisierte die offiziellen Verhandlungen. Zwischen BRD und DDR würde man »im Stile der Geheimdiplomatie« vorgehen. Die Volkskammer mußte diese Frage am 10. Mai auf die Tagesordnung setzen. Die Parlamentarier wurden über die Verhandlungen informiert. Diese Information änderte freilich nichts am Herangehen der Regierung der DDR an den Inhalt des künftigen Vertrages.

Im Unterschied zur Regierung ging die linke Opposition im Parlament davon aus, daß im Verlauf der deutsch-deutschen Regelung zuerst konföderative Strukturen entstehen sollten. Es ging ihr also um ein allmähliches Zusammenwachsen, da der Prozeß der Einigung unaufhaltsam war.

Aber kein Zusammenwachsen in der Form des einseitigen Anschlusses eines Staates an den anderen oder der einseitigen Übernahme von Werten eines Staates durch den anderen. Das sollte ein gegenseitiger und vertraglich regulierter Prozeß sein. Er sollte zu dem nicht von der »Straße«, sondern von gleichberechtigten, ausgewogenen Verhandlungen bestimmt sein, die alle inneren und äußeren Aspekte berücksichtigen.

Alles verlief entsprechend der Vereinbarung zwischen den Regierungen der BRD und der DDR. Sarkastisch vermerkten einige westliche Botschafter, daß sich die »4 + 2«-Verhandlungen faktisch zur Formel »4 + 1« wandelten. Man muß allerdings erwähnen, daß der Führung der KPdSU auf dem XXVIII. Parteitag in Moskau ernsthaft »Geheimdiplomatie« vorgeworfen wurde. Solche Vorwürfe gingen überwiegend an Gorbatschow, Jakowlew und Schewardnadse. Wichtigster Anlaß dafür war gerade der Prozeß der deutschen Regelung.

Ich erinnere auch daran, daß Kohl und Genscher am 4. April vorschlugen, gesamtdeutsche Wahlen in der zweiten Hälfte 1991 abzuhalten. Davor sollten alle außenpolitischen Aspekte der Vereinigung Deutschlands, darunter auch die Frage der Blockmitgliedschaft, gelöst werden. Alles verlief aber nach einem beschleunigten Szenarium. Beobachter verhehlten nicht, daß die Regierung der BRD nach einer umfassenden Einschätzung der realen Situation beschloß, die deutsche Vereinigung beschleunigt voranzutreiben.

Dieses Ziel rief keineswegs Begeisterung in den europäischen Ländern hervor. Durchaus zwiespältig nahm man die Ereignisse in Deutschland, in Frankreich und Großbritannien auf. Darum gab es selbst nach den ersten Zugeständnissen von Gorbatschow und Schewardnadse die Möglichkeit, den Prozeß zu bremsen, um eine würdige Regelung zu erreichen. Als Antwort auf die unannehmbare Bedingung, daß das vereinte Deutschland NATO-Mitglied sein soll, hätten die Staaten des Warschauer Vertrages neben der Unverletzlichkeit der Grenzen ihre Bedingungen vorlegen können. Die Grenzfrage war im wesentlichen bereits vor 20 Jahren in Verträgen fixiert worden.

Gerade in diesem Geist wurden in der ersten Periode von der sowjetischen Seite Fragen aufgeworfen, die unmittelbar die Interessen der UdSSR berührten. Am 27. April 1990 wurde zum Beispiel dem BRD-Botschafter in Moskau ein Aide Memoire ausgehändigt, das unter anderem darauf hinwies, daß das von der BRD vorbereitete »Arbeitsdokument« für die Verhandlungen mit der DDR über die Schaffung einer Gemeinschaft zwischen ihnen »nicht jenen fundamentalen Umstand berücksichtigt, daß bis zur Erreichung einer friedlichen deutschen Regelung die Rechte und die Verantwortung der vier Mächte für Deutschland als Ganzes und für Berlin in Kraft bleiben. Es soll auch zur Kenntnis genommen werden, daß die BRD und die DDR durch diese rechtliche Vorschrift verbunden sind und im vollen Maße auch die Verantwortung für die Erfüllung der Verpflichtungen aus zwei- und mehrseitigen Verträgen tragen, die von ihnen früher abgeschlossen wurden.«

Ferner wurde in diesem Dokument darauf hingewiesen, daß sich die Verhandlungen über die äußeren Aspekte der Vereinigung von BRD und DDR im Rahmen des Mechanismus »4 + 2« erst im Anfangsstadium befänden. Darum sollten Vorschriften des Vertragsentwurfes zwischen der DDR und der BRD über die Schaffung einer Währungsunion sowie der wirtschaftlichen und sozialen Gemeinschaft nicht die Lösung von internationalen Statusfragen des künftigen einheitlichen Deutschlands, seiner politischen, militärischen und anderen Verpflichtungen sowie die allgemeine Richtung seiner Politik vorausbestimmen. Die Aufnahme solcher Festlegungen in einen Vertrag zwischen der BRD und der DDR vor dem Abschluß der Verhandlungen »4 + 2« wäre eine

Überschreitung der Kompetenzen von BRD und DDR und dürfte nicht stattfinden. Das berührt insbesondere die Festlegungen des Entwurfs »Über die Herstellung der staatlichen Einheit laut Artikel 23 des Grundgesetzes der BRD«.

Es ist auch wichtig, zu betonen, daß im Dokument des Außenministeriums der UdSSR eindeutig Positionen zu den Fragen dargelegt wurden , die die Rechtmäßigkeit jener Maßnahmen und Vorschriften berühren, die von den vier Mächten zur Entnazifizierung, Entmilitarisierung und Demokratisierung gemeinsam oder von jeder Macht in ihrer ehemaligen Besatzungszone getroffen wurden. Die Rechtmäßigkeit dieser Entscheidungen, vor allem zu Fragen des Eigentums und des Bodens, unterliegt nicht der Revision durch deutsche staatliche Organe.

Speziell hingewiesen wurde auf die Notwendigkeit des Vertrauensschutzes in den Verpflichtungen der DDR gegenüber den RGW-Ländern. Selbstverständlich sind die wichtigsten Fragen jene, die die Sicherheit des Aufenthaltes der sowjetischen Truppen auf dem Territorium der DDR betreffen. Vielleicht ist es nützlich zu erwähnen, daß das Dokument auch Vorschriften enthält, die mit der Notwendigkeit sozialer Regelungen verbunden sind.

Abschließend wird die Hoffnung ausgesprochen, daß die Überlegungen des Außenministeriums der UdSSR beachtet werden – entsprechend der mehrfach von der BRD-Regierung geäußerten Bereitschaft, im nötigen Umfange die gesetzlichen Interessen der Sowjetunion bei der Verwirklichung der deutschen Einheit zu berücksichtigen.

Gegen solche Positionen des Außenministeriums der UdSSR war nichts einzuwenden. Grundsätzlich wurde in den Dokumenten wohl alles Notwendige berücksichtigt. Das ist natürlich so in Schriftsätzen und Entwürfen. Und in der Wirklichkeit? Wie sah das in der Verhandlungspraxis, bei den Begegnungen von Gorbatschow und Schewardnadse mit den

Staatsführern des Westens aus? Gerade hier muß man die Wurzeln der Zugeständnisse und Änderungen der Positionen suchen, die vorher klar festgelegt und verkündet wurden.

Ein Beispiel des Versöhnlertums zum Schaden der nationalen Interessen ihres eigenen Landes und der Verbündeten im Warschauer Vertrag ist der Verzicht von Gorbatschow und Schewardnadse auf die Forderung nach einem Friedensvertrag und einem neutralen Status des vereinigten Deutschland, anders gesagt: dessen Nichtbeteiligung an der NATO. Im April/Mai 1990 erklärte Schewardnadse öffentlich, daß für die UdSSR die Mitgliedschaft Deutschlands in der NATO unannehmbar wäre. Wie sich aber herausstellte, äußerte er in vertraulichen Gesprächen einen anderen Standpunkt. Aus Aufzeichnungen des Kanzlerberaters Horst Teltschik, die er am Vorabend des 19. April 1990 machte, geht hervor, daß auf der Sitzung der Außenminister in Prag Schewardnadse zuerst entschieden gegen den Beitritt Deutschlands in die NATO auftrat. Nachdem jedoch die Vertreter Ungarns, Polens und der Tschechoslowakei entgegengesetzte Meinungen aussprachen, bemerkt Teltschik, dankte er ihnen herzlich für diese Haltung. Dabei berief er sich darauf, daß er in seinem Lande selbst einem starken Druck der Konservativen und Militärs standhalten müsse. So war das.

Ein weiteres Beispiel kann ich ebenfalls nicht unerwähnt lassen. In der amerikanischen Zeitschrift »US News & World Report« wurde ein Artikel von K. Wolsh gebracht, in dem wörtlich folgendes berichtet wird: »Während des Besuches von M. Gorbatschow im Juni 1990 in den USA erklärte der sowjetische Leader beim Kaffee im Kabinett des Präsidenten der USA wohl nebenbei, daß er einverstanden sein werde, die Mitgliedschaft des vereinigten Deutschlands in der NATO anzuerkennen, wenn das deutsche Volk das wünsche.« Schweigen trat ein. Genau vor einem Monat hatte Gorbatschow gerade diese Idee abgelehnt. Bush sah Gorbatschow in die Augen und sagte: »Ich möchte es noch einmal hören. Sie sagen, daß Sie nichts dagegen haben, wenn die Deutschen in der NATO sein wollen?« Gorbatschow wiederholte: »Wenn sie im Warschauer Vertrag sein wollen, sehr schön. Wenn sie in der NATO sein wollen, auch sehr schön.« Bush bat Gorbatschow, das Gesagte nochmals zu wiederholen. Gorbatschow tat es. Bush und seine Mitarbeiter waren erschüttert, berichtete ein Augenzeuge.

Soviel ich weiß, wurde dieser Fakt von Gorbatschow nicht bestätigt, aber auch nicht dementiert. Aber wenn es so war, wie können wir noch darüber staunen, wie Kanzler Kohl die mit der deutschen Einigung verbundenen Angelegenheiten abwickelte. Am 19. April 1994 wurde in der Radiozeitschrift »In der Welt interessanter Bücher« eine Rezension von Garton Ash gesendet. Es ging um das Buch »Im Namen Europas. Deutschland und der geteilte Kontinent«, erschienen 1994. Der Verfasser gibt unter anderem den Inhalt des Gesprächs zwischen Helmut Kohl und Michail Gorbatschow während einer BRD-Reise wieder. Das Treffen fand in der Villa des Kanzlers statt. Wie Kohl erzählte, erinnerte man sich der Kindheit und der Kriegsjahre, tauschte Meinungen darüber aus, welche reichen Möglichkeiten sich für die künftige Zusammenarbeit der BRD und der Sowjetunion eröffneten. Kohl begann von der deutschen Einheit zu sprechen. So wie der Rhein zum Meer fließt, so führe auch der Gang der Geschichte unabwendbar zur Wiedervereinigung Deutschlands, sagte der Kanzler. Natürlich könne man versuchen, im Rhein einen Damm zu errichten, aber der Fluß wird über die Ufer treten und seinen Weg um den Damm herum fortsetzen . Ebenso sei es um die Vereinigung des Landes bestellt. Selbstverständlich könne Gorbatschow diesen Prozeß für lange Jahre aufhalten, und in diesem Fall werde er, Helmut Kohl, diesen Tag nicht mehr erleben. Aber der Tag der deutschen Einheit, der europäischen Einheit wird mit derselben

Unabwendbarkeit eintreten, wie der Rhein ins Meer mündet.

Garton Ash gibt auch die Antwort des sowjetischen Präsidenten wieder. Kohl erinnert sich, daß Gorbatschow ihn anhörte, aber weder Zustimmung noch Ablehnung äußerte. Dann begann er von den wirtschaftlichen Schwierigkeiten der Sowjetunion zu sprechen. Wenn er in irgendeinem Moment dringend wirtschaftliche Hilfe brauche, könne und wolle der Kanzler sie leisten? Auf Gorbatschows Frage antwortete Kohl positiv. Nach Kohls Meinung wurde dieses Gespräch im Garten seiner Villa zu einem entscheidenden Moment auf dem Weg zur deutschen Einheit.

Ich führe all das mit dem einzigen Ziel an, verehrter Leser, zu zeigen, wie in Wirklichkeit Menschen, die höchste Macht ausübten, für Länder und Völker schicksalhafte Fragen entschieden. Ich unterstreiche, daß sich die höchsten Vertreter der Sowjetführung nicht schämten, sich ihr Vorgehen in den Verhandlungen als Verdienst anzurechnen. Jetzt dämpfen sie ihre Stimmen und bevorzugen, dieses Thema schweigend zu übergehen.

Ein weiteres Beispiel, das mit dem Treffen von Kohl und Gorbatschow in Shelesnowodsk 1990 zusammenhängt. Inzwischen ist es kein Geheimnis mehr, daß auch dort der westdeutschen Seite Zugeständnisse gemacht wurden. Es ist nicht Zufall, daß Teltschik, der diesem Treffen beiwohnte, nach der Unterredung begriff, daß sich der Schlüssel zur Vereinigung Deutschlands in Bonn befindet.

Im Herbst 1993 bat das Ministerium für Auswärtige Angelegenheiten der Russischen Föderation nachdrücklich darum, den Professor der Universität Oxford David Pryce Jones zu einem Gespräch zu empfangen. Nach einigem Nachdenken willigte ich ein. Der englische Historiker interessierte sich für Ereignisse der Jahre 1989/90 in der DDR. Unter Berufung auf die Arbeit an einem Buch zur deutschen

Vereinigung versuchte er in einer dreistündigen Unterredung einige Tatsachen, meine Bewertungen der Positionen der sowjetischen Seite in der Praxis zu klären. Dabei erzählte Jones, daß er bereits einige Begegnungen in Deutschland hatte, darunter mit Teltschik. Dieser habe ihm von den Begegnungen Kohls mit Gorbatschow in Moskau und Shelesnowodsk 1990 berichtet. Telschik habe sie eindeutig als einen wichtigen Erfolg Kohls und bedeutende Wende Gorbatschows zu Konzessionen charakterisiert, was beim Kanzler eine tiefe Befriedigung hervorgerufen habe.

Walentin Falin sprach mir gegenüber einmal äußerst unzufrieden darüber, daß Gorbatschow das von der Internationalen Abteilung des ZK der KPdSU vorbereitete Material für das Gespräch mit Kohl nicht benutzte. Das gleiche sagte man mir auch im Außenministerium der UdSSR. Die Materialien, die von den entsprechenden Abteilungen des Ministeriums vorbereitet worden waren, blieben unbeachtet. So übernahm Gorbatschow also alles selbst.

Hätten Gorbatschow und Schewardnadse einen derartigen, für die UdSSR und die Verbündeten ungünstigen Verlauf der Verhandlungen verhindern wollen, hätten sie zu einem offensichtlichen und einfachen Mittel greifen können. Sie hätten die Frage der Unannehmbarkeit der Forderungen des Westens dem Obersten Sowjet der UdSSR zur Beratung vorlegen können. Das wollten sie nicht, weil es ihren inneren Überzeugungen und jener Politik, die sie betrieben, widersprach. Zudem wären sie sicher gezwungen worden, ihre Verhandlungsposition zu erklären. Es ist nicht schwer vorauszusagen, was für Diskussionen das geworden und worauf sie hinausgelaufen wären. Dabei stelle ich mir eine ähnliche Situation im Kongreß der USA vor. Wenn der Senat im Entwurf irgendeiner wichtigen internationalen Vereinbarung Probleme bemerkt hätte, die die »nationalen Interessen Amerikas beeinträchtigen«, würden, nach der bisherigen Praxis zu urteilen, Anhörungen auf allen Ebenen bis zur vollen Klarheit über die entstehende Gefahr eingeleitet.

Wenn sie die Veränderungen in den ehemals sozialistischen Ländern Osteuropas und die Gründe der schnellen Vereinigung Deutschlands erforschen, stellen sich einige westliche Politiker drei Fragen: 1. Warum wußte man in der BRD so wenig von der realen Lage in der DDR? 2. Warum mißachtete die Führung der DDR die Signale des Ministeriums für Staatssicherheit und unternahm nichts, um der fatalen Entwicklung der Ereignisse in der Republik vorzubeugen? 3. Warum konnte die politische Führung in der UdSSR nicht rechtzeitig die Tiefe der Krise einschätzen? Dreimal »Warum« ...

Einige sehen Ursachen in einer unzureichenden Methode bei der Einschätzung der Prozesse. Sie habe es nicht gestattet, optimale Schlußfolgerungen zu ziehen. Mich überzeugen solche Überlegungen nicht, wenn die Ursache nur in der Unvollkommenheit der Methode gesucht wird. Es handelte sich um das Zentrum Europas, wo gewaltige militär-politische Kräfte konzentriert waren. Naiv wäre es, zu denken, daß man unter diesen Umständen keine richtigen Schlußfolgerungen aus einer allseitigen Analyse der Situation ziehen konnte. Die Ursache liegt viel tiefer und ist nicht eindeutig zu erklären. Es gibt einen Komplex von Problemen. Darunter geschichtliche, vor allem aber aktuelle Prozesse, die mit beispiellosen geopolitischen Veränderungen verbunden sind. Sie betreffen in erster Linie Europa und natürlich den Zerfall der Sowjetunion.

Wollen wir die Dinge bei ihrem Namen nennen. Ist es nicht wahr, daß selbst die wichtigsten, schicksalhaften Entscheidungen im wesentlichen von einem engen Personenkreis getroffen wurden? Die Öffentlichkeit und das Volk hatten keine Ahnung. Sie waren nur gezwungen, die getroffenen Entscheidungen zu billigen. War es etwa für das Sowjetvolk gleichgültig, was das vereinigte Deutschland wird – eine militärische Verstärkung des NATO-Blockes oder ein zuverlässiger Partner für ausnahmslos alle Europäer? Deshalb war es in den »abrüstenden« Verhandlungen äußerst wichtig, die reale Lage und ihre künftige Entwicklung einzuschätzen. Das Leben zeigte bis jetzt, daß sich nichts an der Militärdoktrin der NATO-Staaten und der militärischen Tätigkeit als Ganzes ändert. Unsere Führer vergaßen irgendwie die Lehren der Vergangenheit. Franklin D. Roosevelt sagte einmal: »Wir nährten niemals Illusionen, daß Frieden und Freiheit auf dem Fundament der Schwäche beruhen können.«

Bald nach dem Beginn der Verhandlungen mit dem Westen über Abrüstung stellte sich heraus, daß sie sich nur unter einer Bedingung erfolgreich entwickeln können – der Bereitschaft der UdSSR zu einseitigen Konzessionen. Was wurde uns dafür angeboten? Praktisch nichts, wenn wir die Beteuerungen unbeachtet lassen, die aus dem Westen in Hülle und Fülle an unsere Adresse gingen. Wohin eilten wir? Wohin führt der Wettlauf der Abrüstung? Wem zum Nutzen mußten unsere Truppen in einem Feuerwehreinsatz die Länder Osteuropas verlassen? Müssen wir nicht jene Übereilung bereuen, mit der unsere militär-politischen Positionen aufgegeben wurden? Und die Versprechungen der NATO, sich zu transformieren, blieben bis jetzt Versprechen. Es ist bekannt, daß die USA (Dulles, Reagan, Bush, Gates, Kissinger) ein Programm der Schwächung unseres geopolitischen Gürtels in Zentral- und Osteuropa hatten. Das schloß auch einen schrittweisen Zerfall der Sowjetunion ein. Übrigens verbarg man auch im Westen diese Pläne nicht. Seinerzeit sagte Bush, daß der »Zerfall der Sowjetunion den nationalen Interessen der USA entspricht«. Es ist auch bekannt, daß Bush am 31. August 1992 auf dem Kongreß der Republikanischen Partei der USA erklärte, daß der Zusammenbruch der UdSSR dank »der Weitsicht und entschiedenen Führung durch die Präsidenten beider Parteien, einschließlich solcher Republikaner wie Nixon, Ford und Reagan« zustande kam.

Mehr noch. In unserem Land gibt es einige Personen, die sich noch vor kurzem damit brüsteten, daß sie damit zu tun hatten. Unter dem Einfluß der jüngsten Ereignisse in der ehemaligen Sowjetunion verstummten sie jedoch, weil der Augenblick der Verantwortung kommt. Gorbatschow wurde von allem berichtet, und er war im Bilde über die drohende Gefahr. Das Schlimme bestand darin, daß dieser Mann nicht die volle Wahrheit sprach.

Eine besondere Frage ist die Vereinigung Deutschlands. Die letzte Regierung der DDR unter Lothar de Maizière führte zur deutschen Vereinigung auf einem einzigen Weg, zum Anschluß der DDR an die BRD auf der Grundlage des Artikels 23 des Grundgesetzes. Die Regierung mißachtete oder konnte andere Forderungen nicht berücksichtigen. Sie wurden von der Opposition erhoben, und auch die sowjetische Seite brachte sie klar und mehrfach offiziell in der ersten Etappe ein. Sie schlug eine Lösung der nationalen Frage auf dem Weg der Vereinigung von DDR und BRD auf gleichberechtigter Grundlage vor.

Die Vereinigung Deutschlands ist eine vollzogene Tatsache. Das mußte irgendwann geschehen. Dies jedoch, wie man im Westen und bei uns in der Sowjetunion vermutete, in einer zeitlich längeren Periode, stärker geregelt, mit größerer Rücksicht auf die Interessen aller Seiten. So entstand das vereinigte Deutschland. Die Deutsche Demokratische Republik als ein selbständiger Staat verschwand. Eines der wichtigsten Kapitel in der Weltgeschichte fand seinen Abschluß.

*G. Dimitroff auf dem Kongreß der Weltjugend 1947 in Bulgarien.
Im Präsidium W. Kotschemassow (1. Reihe, 6. v. r.)*

Empfang der sowjetischen Delegation zum Ersten Deutschlandtreffen der Jugend 1950 in Berlin. E. Honecker und W. Kotschemassow

W. Pieck, G. de Boysson, Vorsitzender des Rates des WBDJ,
W. Kotschemassow, Leiter der sowjetischen Delegation,
auf dem Ersten Deutschlandtreffen der Jugend 1950 in Berlin

G. de Boysson, W. Kotschemassow, E. Honecker (v. l. n. r.) während des Ersten Deutschlandtreffens

Erstes Deutschlandtreffen der Jugend. Unter den Linden

Ankunft der sowjetischen Delegation unter Leitung von W. Kotschemassow zum Zweiten Deutschlandtreffen der Jugend 1954 in Berlin

Botschaftsrat W. Kotschemassow bei Walter Ulbricht am 1. August 1959

Eröffnung der Kulturtage der DDR in Moskau durch den stellvertretenden Vorsitzenden der Regierung der RSFSR, W. Kotschemassow

Botschafter der UdSSR in der DDR, W. Kotschemassow, auf einer Pressekonferenz im Hause der sowjetischen Wissenschaften und Kultur

Treffen von M. S. Gorbatschow mit E. Honecker und anderen Mitgliedern der Parteiführung während des XI. Parteitages der SED 1986

Schlußgedanken

Die Zeit kommt, da man klar zu begreifen beginnt, daß das Wichtigste schon hinter einem liegt. Vieles gab es in diesem Leben, Fröhliches und Trauriges, sogar Tragisches. Man fragt sich: Wie hast du nun dieses Leben gelebt? Gab es darin einen höheren Sinn, und worin könnte dieser überhaupt bestehen? Vielleicht in Ernennungen und Auszeichnungen oder darin, bis zu Ende ehrlich zu sein gegenüber den Freunden, dem eigenen Gewissen und schließlich der Pflicht zur Erkenntnis als höchster geistiger Berufung des Menschen.

In diesen Jahrzehnten gehörte Deutschland zu meinem Leben. Es vergeht kein Tag, an dem ich nicht an dieses Land und sein Schicksal denke. Selbstverständlich aber denke ich vor allem an mein Rußland. An seine heute beispiellos schwere Lage. Die Geschichte wollte, daß sich das Schicksal

Deutschlands und Rußlands, der Völker beider Länder eng miteinander verflochten. In diesen Beziehungen gab es viel Tragisches, aber auch viel Gutes. Wenn ich über die Nachkriegsordnung Deutschlands, die Geschichte der DDR und jene Prozesse nachsinne, die am Ende zur Vereinigung Deutschlands führten, suche ich Antworten auf Fragen, die es früher gab und bis heute entstehen. Nicht umsonst bleiben die Analytiker bei diesem Thema. Die Stunde der Antwort auf etliche Fragen ist noch nicht gekommen. Der Akzent der Analysen verlagert sich allmählich auf Prognosen für die Zukunft Deutschlands, des europäischen Kontinents, die Veränderung der geopolitischen Ordnung. Überlegungen zu diesem Thema möchte ich in diesem Abschnitt anbieten.

Die erste bezieht sich auf die Herausbildung der Einheit Deutschlands. Wir gingen immer vom Recht der deutschen Nation auf Selbstbestimmung aus. Wenn wir das in unserem Land als Recht betrachteten, warum hätten wir es anderen verweigern können. Das Problem besteht hier darin, wie man dieses Prinzip in der Anwendung auf Charakter, Zeiträume und Bedingungen der Wiedervereinigung Deutschlands verstand. Eine Sache ist das Recht, eine andere die Wirklichkeit, aber auch, wie dieses Recht verstanden wird. Man darf diese ganze Problematik nicht aus dem Zusammenhang der konkreten Bedingungen der historischen Periode reißen. Das würde nur zur Scholastik, zu abstrakten Überlegungen führen, die im wirklichen Leben kaum etwas verändern können.

Wenn wir 40 Jahre des Bestehens der DDR und die Zeit betrachten, die nach ihrem Verschwinden vergangen ist, so kann man leicht sehen, wie begründete nationale Interessen der Völker der Politik geopfert wurden. Aber man sollte die Tatsachen berücksichtigen. Denn wenn Fakten wirksam werden, gibt die Politik nach. Dogmatik in der Politik, die

Unlust oder die Unfähigkeit, Tatsachen objektiv zu bewerten, führte dazu, daß einige Chancen für die Wiedervereinigung des deutschen Volkes auf gleichberechtigter Grundlage und bei Wahrung der Interessen aller betroffenen Seiten vertan wurden. Daran tragen in gleichem Maße Staatsführer und Politiker des Ostens wie des Westens Schuld. Sie ließen sich in den Kalten Krieg und ein beispielloses Wettrüsten einbeziehen. Beide Blöcke machten die Deutsche Demokratische Republik gewissermaßen zur Geisel einer solchen Politik.

Nach der Wiedervereinigung Deutschlands gaben sich etliche viel Mühe, alles in schwarzen Farben zu malen, was mit der DDR verbunden war. Nun sind sogar schon führende Persönlichkeiten aus Staat und Politik der BRD an der Reihe. Man wirft ihnen »Versöhnlertum« mit dem Regime der SED vor. Einer Kritik werden unter anderen die Spitzenfunktionäre der Sozialdemokraten Brandt, Schmidt, Bahr und natürlich der damalige Vorsitzende der CSU Strauß sowie Gewerkschaftsverbände unterzogen. Auch einige Medien bekommen für ihre »Begünstigung« des DDR-Regimes etwas ab. Folgten wir aber dieser Logik, kämen wir auch zu Kanzler Kohl, der Honecker 1987 als Chef eines souveränen Staates mit allen Ehrenbezeugungen empfing. Im Ergebnis des Besuches wurde ein Dokument angenommen, das Maßnahmen zum weiteren Ausbau der Beziehungen zwischen beiden deutschen Staaten vorsah. In den Notizen des Gesprächs zwischen Kohl und Honecker konnte ich keinen einzigen Vorwurf an die Adresse des DDR-Führers in bezug auf eine Verletzung der Menschenrechte oder auf die Berliner Mauer entdecken. Darüber spricht man nun weiter, und schließlich führte es zu einem Gerichtsprozeß über die früheren DDR-Führer. Honecker hätte man aber durchaus alles sagen können, was man über das SED-Regime dachte. Nicht besonders schön ist es, wenn man jetzt zurückdatiert.

So beginnt man, mit der Geschichte aufzuräumen, und läßt dabei konkrete Umstände und Handlungsantriebe der mächtigen und einflußreichen Personen unberücksichtigt.

Kritisiert wird Willy Brandt für sein »Versöhnlertum«. Ein Mann, der große Popularität als Demokrat und Humanist, als Vorsitzender der Sozialistischen Internationale genoß. Übrigens ist es nützlich, daran zu erinnern, daß gerade Brandt die konstituierende Sitzung des Bundestages in seiner neuen Zusammensetzung am 20. Dezember 1990 im Gebäude des Reichstages eröffnete.

Es ist undenkbar, die Vereinigung Deutschlands gelöst vom europäischen Prozeß zu betrachten. Er ist Ausgangspunkt und Vorbedingung der Regelung der deutschen Frage. Die europäischen Prozesse befanden sich in großer Bewegung, natürlich mußten sie auch diesen komplizierten Knoten BRD, DDR und Westberlin berühren. So ist hier die Dialektik. Nichts darf man gesondert betrachten.

Vor unseren Augen veränderte sich die Lage in Europa. Es entstand eine Situation, die unbedingt die Lösung jener Kardinalfragen diktierte, die den europäischen Raum in Spannung hielten. Natürlich waren dabei die militär-strategischen Probleme am wichtigsten, die Einstellung des Wettrüstens. Man durfte nicht weiter an einem Zustand, wie um 1980 festhalten, da sich im Zentrum Europas gewaltige militärische Gruppierungen gegenüberstanden. Ich weiß, daß ab Anfang 1987 einige Mitglieder der sowjetischen Führung und der Generalstab, insbesondere Marschall Achromejew, zu der Schlußfolgerung gelangten, daß der Abbau der sowjetischen Truppen – darunter in der DDR – notwendig sei. Vielleicht sogar einseitig. Man ging davon aus, daß es nicht notwendig war, Truppen in solch einer Zahl zu unterhalten. Solch ein Schritt gewährte dem Warschauer Vertrag einen großen politischen Vorteil und hätte die NATO vor die Wahl gestellt.

Man bevorzugte multilaterale Verhandlungen. Sie waren schwierig, widersprüchlich, und wir kennen nicht die ganze Wahrheit – ob es gelang, das Gleichgewicht der Interessen zu wahren. Es gibt viele Anlässe, der ehemaligen sowjetischen Führung Vorwürfe zu machen, weil sie das nicht zustande brachte.

Die Welt veränderte sich. Vielleicht waren diese Veränderungen insbesondere in Europa zu bemerken. Am beeindruckendsten war der Prozeß der wirtschaftlichen Vereinigung der westeuropäischen Staaten, der Ausbau der Kooperation, die Vervollkommnung des Mechanismus der wirtschaftlichen Zusammenarbeit. So entstand ein paradoxes Bild. Der Westen festigte im Rahmen der wirtschaftlichen Gemeinschaft Koordination und Kooperation, die Sowjetunion hingegen saß mit ihren Verbündeten irgendwie auf ein und derselben Stelle fest, in den alten Schemata. Das Paradoxon bestand darin, daß wir mit der Planwirtschaft bedeutend effektiver diese Hebel für die Koordinierung im Rahmen des RGW hätten nutzen können.

Ich kenne kein einziges westliches Land, in dem unter den Bedingungen der Herrschaft des Marktes nicht eine staatliche Regulierung der Wirtschaft angewandt wird. Desto unverzeihlicher war es, ruhig zuzuschauen, wie sie ihre Anstrengungen vereinigten und rasch zu einer größeren Effektivität der Arbeitsteilung in der wirtschaftlichen Sphäre übergingen. So kam es, daß Aufgaben, die wir uns stellten, von ihnen dort schon in der Praxis gelöst wurden.

Vieles veränderte sich auch in der politischen Situation. Insbesondere in der Gruppierung der Kräfte, die gewöhnlich in der europäischen Arena handelten. Darüber schrieb ich bereits. Diese Prozesse erforderten ein Umdenken. Faktisch als Alternative wurde von Gorbatschow die Idee der Schaffung des »gesamteuropäischen Hauses« vorgelegt. Mit der Zeit aber bestätigten sich die Hoffnungen auf ein solches

»Haus« nicht. Mehr noch. Wie das Leben zeigte, wurde die Idee selbst nicht bis zu Ende, wurden ihre Folgen nicht durchdacht. Sie stärkte die Einheit des Westens vor dem Hintergrund einer beispiellosen Schwächung der Positionen der osteuropäischen Länder, des Zerfalls ihrer Bündnisstrukturen.

Die Einschätzung der miteinander verbundenen Prozesse in Europa darf nicht ohne Berücksichtigung jener Realitäten erfolgen, die sich in den osteuropäischen Ländern herausbildeten. Das gilt natürlich auch für die DDR. Schon lange standen die Dinge in der sozialistischen Gemeinschaft nicht zum besten. Gorbatschow versuchte auch hier, einen neuen Kurs einzuschlagen. Er stellte das Prinzip der Selbständigkeit der regierenden Parteien in diesen Ländern auf. Das betraf die Wahl bestimmter Formen und Methoden des Aufbaus der sozialistischen Gesellschaft, doch damit verbunden auch deren Verantwortung im Rahmen der Gemeinschaft. Das war unbestreitbar richtig. Die Beziehungen mit den sozialistischen Ländern wurden für vorrangig erklärt. In Wirklichkeit brachte diese neue Doktrin jedoch keinerlei bemerkenswerte Veränderungen für die sozialistische Gemeinschaft. Hauptgrund war, daß der als Neuerung verkündeten Richtlinie keine konkreten Taten folgten. Nach einiger Zeit stellte man in den Ländern der sozialistischen Gemeinschaft fest, daß die sowjetische Führung ihre Hauptaufmerksamkeit den Beziehungen mit dem Westen zuwandte.

Die sozialistischen Länder verloren auf dem Gebiet der Wirtschaft. Hier gelang es faktisch nicht, in irgendeiner Weise den Abstand zum Westen zu verkürzen. Die Mechanismen des RGW erwiesen sich als ineffektiv. Die sowjetische Führung stand wachsenden Schwierigkeiten in den osteuropäischen Ländern gegenüber. Zahlreiche Begegnungen Gorbatschows mit den Führern der sozialistischen Länder wendeten nichts zum Besseren. Bald wurde klar, daß er ihnen ebenso wenig vorschlagen konnte wie seiner Partei und seinem eigenen Volk. Während er die nicht von ihm erdachte »Perestroika« anbot, konnte er nicht deutlich formulieren, welche Gesellschaft er aufzubauen beabsichtigte. So konnten die Menschen nicht begreifen, was er denn nun eigentlich wollte. Was die befreundeten Staaten Osteuropas betrifft, so zeigte die letzte Sitzung des Politischen Beratenden Ausschusses in Bukarest, daß Gorbatschow auch hier nicht klar seine Sicht auf jene Gesellschaft äußern konnte, für die die »Perestroika« begonnen worden war.

Die Ereignisse in den osteuropäischen Ländern begannen sich nach ihren Gesetzen, nach ihrer eigenen Logik zu entwickeln. Was für ein Sozialismus wurde denn nun in der DDR aufgebaut? Ich schrieb bereits, daß wir bei uns eine qualvolle Uminterpretation dessen erlebten, was wir schließlich geschaffen hatten, worauf wir zu verzichten hätten und was in die Gegenwart und Zukunft mitgenommen werden müßte. Hatte man eine Antwort auf diese Frage in der DDR, in der Sozialistischen Einheitspartei Deutschlands? Nein, die gab es nicht. Die Ereignisse zeigten, daß der Sozialismus, der dort gepriesen wurde, die Prüfung nicht bestand. Natürlich heißt das überhaupt nicht, daß man nur in Schwarzmalerei die Realitäten des Lebens der DDR darstellen kann. Darüber schrieb ich schon. Aber Tatsache bleibt Tatsache. Diese Ordnung zerfiel unter der Last ihrer eigenen Probleme, konnte im Wettbewerb mit dem anderen deutschen Staat nicht standhalten. Dafür gab es Gründe, objektive und subjektive. Wenn wir vom subjektiven Faktor sprechen, so ist hier das wichtigste, daß die ehemalige Führung der DDR nicht nur keinerlei Änderungen vornehmen, sondern darüber nicht einmal nachdenken wollte. Das zeitigte die allseits bekannten Folgen.

Ich bezog mich bereits auf die Verbindung der Entwicklung in der DDR mit der Lage in der Sowjetunion. Gestützt auf eigene Einsichten und die Analyse der Situation in der DDR in ihrer Entwicklung und Dynamik, möchte ich erneut betonen, daß es eine solch direkte Verbindung gab. Sie hatte ihre Bedeutung für das Schicksal der DDR. Wer sieht heute nicht, daß der Kurs, den Gorbatschow und seine Mannschaft in den inneren Angelegenheiten steuerten, zum Zerfall der Sowjetunion und katastrophalen Folgen führte, die in der neueren Geschichte keine Analogien kennen.

Als ich Gedanken über Möglichkeiten einer Reform der DDR-Gesellschaft äußerte, wollte ich das nicht als Kopie der Vorzüge und Formen, die die »Perestroika« in der Sowjetunion kennzeichneten, verstanden wissen. Der Führung der SED als »regierender und führender« Partei war es möglich, einen gewissen dritten Weg einzuschlagen. Es handelte sich nicht um den Sozialismus in den »Farben der DDR«, wie er von den Ideologen der Partei proklamiert wurde. Die Frage bestand vielmehr darin, wie die Gesellschaft so zu reformieren war, daß sie das Beste der sozialistischen Idee und die Lehren aus der großen Erfahrung gesellschaftlicher und politischer Bewegungen der Vergangenheit und Gegenwart in sich aufnimmt. Dabei hätte man sich auf die Traditionen der deutschen Arbeiterbewegung stützen können, einschließlich der Ideen der Sozialdemokratie und jener Bewegungen, die reale Demokratie, Vorrang der Menschenrechte, soziale Gerechtigkeit und höchste geistige Ideale durchsetzen wollten.

Nun möchte ich auf den Charakter der Ereignisse des Herbstes 1989 in der DDR zurückkommen, auf jene Vorgänge, die schließlich zum Zusammenbruch der Republik führten. Zweifellos war das eine Volksrevolution, sei es auch mit spezifischen Besonderheiten. Es genügt die Erinnerung an die Verwandlung der Losungen und Forderungen der Massenkundgebungen und -manifestationen von »Verbesserung« der DDR und Anerkennung des Volkswillens bis »Wir sind ein Volk« und »Für die Wiedervereinigung Deutschlands«. Dabei trafen die Massenaktionen zusammen mit den Anstrengungen jener in der Führung des Landes, die gegen den Kurs Honeckers auftraten, und beförderten deren Vorgehen. Sie kamen auch früher zu der Schlußfolgerung, daß im Interesse der Entwicklung des Landes und des Erhalts der sozialistischen Ordnung Honecker abgelöst werden müsse. Zu diesem Wechsel kam es unter für die DDR wahrhaftig sehr ungünstigen Umständen. Der richtige Zeitpunkt war verpaßt. Auf dem Weg zu Umgestaltungen, die das Volk forderte, machte die neue Führung Fehler und konnte das Vertrauen des Volkes und der Öffentlichkeit nicht gewinnen. Freilich erreichte die Regierung unter Modrow etwas sehr Wichtiges: die Bildung einer Koalition aller interessierten Parteien, Organisationen und Bewegungen auf der Plattform einer Stabilisierung der Lage in der Republik. Wie diese Kräfte wirkten, welche Rolle diese und jene staatlichen und politischen Funktionäre spielten, versuchte ich objektiv darzustellen. Wozu kam es schließlich? Zur Wiedervereinigung Deutschlands oder dem Anschluß der DDR an die BRD? Heute kann man auf diese Frage eindeutig Anschluß antworten.

Entscheidend für die Entwicklung der Ereignisse in der DDR waren nach meiner Meinung drei Faktoren. Da war zuerst der innere, über den bereits viel gesprochen wurde. Der zweite war die offenkundige Niederlage der Staatsordnung der DDR angesichts des mächtigen, aber der Bevölkerung der Republik keineswegs fremden Staates BRD. Der dritte war die Schwäche der Basis, der für das Überleben der DDR wichtigen Stütze. Die UdSSR als ihr Hauptverbündeter zerfiel, dort kam es zu einer katastrophalen Entwicklung der Ereignisse.

Heute trifft man auf vielfältige Spekulationen über die Ereignisse des Herbstes 1989. Die einen stellen sie als Resultat des Wirkens der »Hand Moskaus« dar, und andere verdrehen einfach die Tatsachen. Das zwingt mich, nochmals auf das Thema zurückzukommen. Bereits zuvor schrieb ich über die Umstände des Führungswechsels in der SED. Dazu gibt es Veröffentlichungen, die sich nicht auf Tatsachen, sondern Mutmaßungen und vereinzelte Äußerungen stützen. So zeigte das schwedische Fernsehen im Zyklus »Dokumente von außerhalb« den Dokumentarfilm »Jetzt darf man darüber sprechen«. Darin wird behauptet, daß Gorbatschow über den sowjetischen Botschafter direkt die Absetzung Honeckers und die Ernennung von Krenz zum Generalsekretär lenkte. Das ist eine glatte Erfindung. Ich betone nochmals – das war die Wahl des Politbüros und dann des ganzen Zentralkomitees der SED. Schon völlig primitiv und unsinnig erscheint die Behauptung, daß Gorbatschow wohl »zwei Wochen, nachdem er Krenz anvertraute, die DDR aus der Krise zu führen, ihn nach Moskau zitierte und schon seinen Nachfolger ausgewählt hatte«. Krenz wurde von Gorbatschow sofort nach seiner Wahl auf dem Plenum des ZK nach Moskau eingeladen. Während des Telefongespräches, in dem Gorbatschow Krenz beglückwünschte, vereinbarten sie einen Besuch in Moskau zu einem für beide annehmbaren Zeitpunkt. Und dieser Besuch fand am 1. November statt. Leuten, die sich für Politik interessieren, sollte bekannt sein, daß das so üblich ist, wenn man mit einem neu gewählten Staatsoberhaupt beide Seiten interessierende Fragen besprechen will. Schon völlig widerwärtig ist die Behauptung, daß »Krenz, Schabowski und andere Mitglieder der Leitung des ZK der SED drei Wochen später gezwungen waren, auf direktem Befehl des Kreml abzutreten«. Was ist das? Der Versuch einer billigen Sensation oder eine gezielte Desinformation? Ich spreche schon gar nicht davon, daß die Autoren dem Film über diese sehr komplizierte und verantwortungsvolle Periode der Geschichte der DDR gewissermaßen den Charakter eines Kriminalstückes verliehen. Sie bezeugten weder Achtung noch elementaren Takt gegenüber Politikern.

Man kann sich nur wundern, mit welcher Leichtigkeit man reale Tatsachen und auch Erfindungen, die absolut nicht der Wirklichkeit entsprechen, zusammenfügt. Ich würde mich nicht auf diesen unseriösen Film berufen, wenn nicht während der letzten zwei bis drei Jahre eine Unmenge von Publikationen von »Augenzeugen«, aber auch Historikern und Politikern erschienen wären.

Zu dem, was ich bereits in vorherigen Kapiteln schrieb und in Interviews äußerte, möchte ich eins noch hinzufügen. Einige Tage vor der bekannten Sitzung des Politbüros rief mich Krenz an und bat, Jochen Willerding, Sekretär des Zentralrates des Jugendverbandes, in einer nach seinen Worten sehr wichtigen Angelegenheit zu empfangen. Er kam noch am gleichen Tag. Willerding sagte mir, daß man im Zentralrat die Stimmung der Jugend analysiert und beschlossen hätte, dazu für das Politbüro des ZK der SED eine Vorlage zu erarbeiten. Seiner Einschätzung nach war das ein sehr ernstes Dokument. Wir möchten, erklärte er, daß sie dieses Material lesen. In seiner Anwesenheit machte ich mich sehr aufmerksam mit dem Dokument bekannt. Darin wurde nach meinem Eindruck wirklich ohne Umschweife und in scharfer Form von der Entwicklung eines negativen Verhältnisses der Jugend zur Politik des ZK der SED, zu vielen Erscheinungen im gesellschaftlichen Leben der Republik gesprochen. Mehr noch. Es wurde darauf hingewiesen, daß diese Unzufriedenheit eines bedeutenden Teils der Jugend eine gesellschaftliche Explosion hervorrufen könne, wenn die Partei keine Maßnahmen zur Änderung ihrer Politik ergreift. Meinem Gesprächspartner erklärte ich, daß ich das alles für sehr ernst halte und verstehe, warum man darüber der Leitung des ZK der SED berichten wolle. Im Dokument würden Fragen gestellt, die über den Rahmen der Jugendbewegung hinausgingen und allgemeine Bedeutung hätten. Willerding dankte und meinte, daß man jetzt dieses Dokument dem Politbüro übergeben werde. So kam es auf den Tisch, als das Politbüro die Situation im Lande, in der Partei und im Zentralkomitee besprach.

Bei der wiederholten Analyse dessen, was mit der deutschen Regelung verbunden ist, komme ich unausweichlich zu mindestens drei Schlußfolgerungen. Offensichtlich ist erstens die Transformation der Positionen von Gorbatschow, Schewardnadse und einigen anderen Mitglieder der Sowjetführung, die mit der Festlegung der Außenpolitik zu tun hatten. Diente zweitens das beschleunigte Tempo bei der Lösung der deutschen Frage, dazu noch auf dem Wege des Anschlusses der DDR an die BRD, dem Wohl aller interessierten Seiten und natürlich letztlich den Bürgern beider deutscher Staaten? Drittens nahm im Ergebnis all dessen, was im Laufe der Perestroika unternommen wurde, die Wirtschaft der UdSSR und ihres Erben, der Russischen Föderation, gewaltigen Schaden. Dieser Schaden verbindet sich für mich vor allem mit dem Bruch der langjährigen ökonomischen Beziehungen, der engen wirtschaftlichen und wissenschaftlichen Kooperation zwischen der ehemaligen DDR und der Sowjetunion. Der Bruch dieser Beziehungen schädigte spürbar die Interessen unseres Landes und rief natürlich auch die bekannten Schwierigkeiten in den östlichen Ländern des vereinigten Deutschland hervor.

Ich möchte den Leser daran erinnern, daß Gorbatschow auf dem Dezember-Plenum des ZK der KPdSU 1989 die Prinzipien der Sowjetunion als Bedingungen für die Lösung der deutschen Frage darlegte. Heute gibt es viele Beweise dafür, wie stark sich seine Positionen wandelten. Selbstverständlich blieb das nicht unbemerkt, nicht in unserem Land, nicht im Ausland, darunter auch nicht in Deutschland. Ich verweise auf zwei Tatsachen. In seinem bekannten »Offenen Brief« an Gorbatschow schrieb der ehemalige Generalsekretär des ZK der SED Egon Krenz: »Ich erinnere mich gut daran, wie Du mir am 1. November 1989 in Deinem Arbeitszimmer sagtest, daß das brüderliche Sowjetvolk dem Volk der DDR die größten Erfolge in seinem Streben nach einer Erneuerung des Sozialismus wünsche. Ich erinnere mich auch gut Deiner Feststellung, daß Du ›in der ganzen Welt keinen einzigen ernsthaften Politiker kennst, der auf der Vereinigung Deutschlands bestehen würde‹. Du hast mich vielmals daran erinnert, daß die ›Vereinigung Deutschlands nicht auf der Tagesordnung steht‹.«

Im September 1993 brachte die Zeitung »Die Welt« einen Beitrag von Pacciani. Der Autor weist darauf hin, daß sich Schewardnadse um internationale Hilfe bemühte. »Ich ersuche die deutsche Regierung, an den Hilfsaktionen auch deutsche Soldaten teilnehmen zu lassen.« Er erinnerte an seine Rolle bei der Vereinigung Deutschlands und betonte, daß er schon 1986 diese Vereinigung gefordert habe. Das ist, sagt er, kein zufälliges Produkt der Geschichte. Diese Worte klingen »aufrichtig«. Andere Publikationen wecken beim Autor Zweifel. Beispielsweise der Hinweis, daß der Zerfall der Sowjetunion und des Warschauer Vertrages »das Ziel seiner Politik war, weil sonst die Gefahr eines Krieges entstanden wäre«.

Im Lichte dessen, was heute offenbar und zum Bestandteil der »Glasnost« wurde, ist in unserem Lande die Meinung verbreitet, daß die Interessen der DDR und der Sowjetunion bei den Verhandlungen nicht in gebührendem Maße berücksichtigt wurden. Dabei kommt man unwillkürlich auf die Konzeptionen Modrows für die Etappen und den Charakter der Vereinigung der deutschen Nation in einem einheitlichen Staat, die von der sowjetischen Seite nicht aktiv unterstützt wurden.

Die Sowjetunion hatte anfangs alle Hauptfaktoren und Bedingungen (Neutralität Deutschlands, NATO-Mitgliedschaft) berücksichtigt. In der Folgezeit gab man vieles davon auf. Gorbatschow sagte, daß man Bush, Thatcher und Mitterrand nötigenfalls erkläre, die Sowjetunion werde die Wiener Verhandlungen abbrechen und die Gespräche zur strategischen Abrüstung mit den USA bremsen, wenn man auf die sowjetische Position zur Einbindung des vereinten Deutschlands in die NATO keine Rücksicht nehme. Beteuerungen, daß sich die NATO »umgestalten wird«, erwiesen sich als Illusionen. Das ist heute offensichtlich. Was aber die bekannt gewordenen Zugeständnisse Schewardnadses betrifft, so werfen sie natürlich nicht nur die Frage seines politischen Gesichts und seiner Prinzipien auf. Hier geht es auch darum, wie ein solches doppeltes Spiel getrieben werden konnte. Wenn man schon in der sowjetischen Führung zu solchen Schlüssen gelangte, dann wäre es doch wohl besser gewesen, diese ganz Deutschland betreffende Frage offen mit der Führung der Deutschen Demokratischen Republik und den anderen Mitgliedern des Warschauer Vertrages zu beraten, als hinter dem Rücken seiner Verbündeten zu agieren. Gerade das wäre Zeugnis einer weisen und ehrlichen Politik. Im Prinzip gehen wir aber davon aus, und das sei hier nochmals unterstrichen, daß die Vereinigung beider deutscher Staaten historisch unabwendbar war. Das Wesen der Sache bestand in den Terminen, Etappen, Formen und Bedingungen der Vereinigung.

Die Wiedervereinigung Deutschlands ist vollzogen, es entstand das einheitliche Deutschland. Neben einem Gefühl der Befriedigung brachte sie der Mehrheit der Bevölkerung und den Politikern der beiden ehemaligen deutschen Staaten auch Probleme. Dies im Westen, in den sogenannten alten Ländern, besonders aber in den neuen auf dem Territorium der früheren DDR. Heute spricht man von den Kosten jener

Hast, in der diese äußerst komplizierte, wahrhaft historische Frage gelöst wurde. Die Begeisterung ist vorbei, es kam der schwere Alltag. Die das Leben in beiden Ländern bestimmenden Prozesse waren voneinander weit entfernt. Das macht es nicht leicht, in nur wenigen Jahren all das abzustreifen, woran man sich gewöhnte, was über Jahrzehnte zum Alltag gehörte. Für viele im Osten hieß das, irgendwie ein neues Leben zu beginnen. Das aber ist eine sehr schwierige Angelegenheit.

Bei allem, was jetzt für die Entwicklung der Wirtschaft und die Erhöhung des Lebensniveaus der Bevölkerung in den östlichen Ländern getan wird, ist doch eine bestimmte psychologische Entfremdung gegenüber den alten Bundesländern offensichtlich. Ich meine, diese psychologische Unvereinbarkeit wird noch lange wirken. Ganze Generationen wurden auf der Grundlage bestimmter Ideen erzogen. Niemals darf man alles tilgen, was mit der DDR, ihrer Geschichte, ihren realen Errungenschaften verbunden ist, insbesondere im sozialen Bereich. Die Menschen gewöhnten sich daran. Viele waren unzufrieden, kritisierten zu Recht. Gleichzeitig gab es jedoch Tatsachen und Realitäten, von denen man nicht lassen dürfte. Deshalb wiederhole ich, daß insbesondere in der Sozialsphäre vieles noch lange Zeit in Erinnerung bleibt. Das erkennen auch Analytiker der BRD und alle, die sich für die heutige Situation und die Perspektiven des vereinigten Deutschland interessieren.

Man darf die DDR nicht mit einem Bannfluch belegen, sie ist Geschichte. Und der Platz der DDR war beachtlich. Sie spielte eine wichtige Rolle im politischen und militär-strategischen Sinne. Das darf man niemals einfach alles streichen. Das Phänomen DDR bedarf noch einer Umbewertung, völliger Objektivität in der Einschätzung. Das Leben zeigte, daß alles viel komplizierter war, als es schien. Es werden Jahrzehnte und nicht nur die von Kanzler Kohl versprochenen fünf Jahre nötig sein, um bei ansonsten günstigen Bedingungen jenes Ziel zu erreichen, das damals als ersehntes Ideal proklamiert wurde.

Analytiker, die sich der Zukunft Deutschlands widmen, betrachten diese Frage unter verschiedenen Aspekten. Erstmals tauchten Erklärungen auf, daß die Vereinigung Deutschlands offenkundig »schlecht organisiert war und nicht mit dem nötigen Takt vollzogen wurde«. Die Verantwortung dafür sehen einige Wissenschaftler beim Westen. Nach deren Meinung verschuldete er »Hast und die Bedingungen der Wiedervereinigung«. Bemerkenswert. Ist das nun eine plötzliche Einsicht oder der Versuch einer objektiven Einschätzung realer Tatsachen? Ziemlich spät kommt es zu einer vernünftigen Sicht auf Entscheidungen, die für die Völker schicksalhaft waren.

Politische Funktionäre Deutschlands sprechen heute davon, daß »Opfer gefordert« sind, darunter für die Verbesserung der Wirtschaftslage im Osten. Es wurde die Losung von einer »patriotischen Solidarität« aufgestellt. Manche verweisen darauf, daß in diesem Falle zwei Aufgaben der Innen- und Außenpolitik zusammentreffen, die sich auf den ersten Blick gemeinsam nicht leicht bewältigen lassen. Einerseits sollen Staat und Gesellschaft den Prozeß der inneren Vereinigung forcieren. Unter Berücksichtigung einer 40 Jahre dauernden Epoche gegenseitiger Entfremdung der West- und Ostdeutschen bedeutet das nichts anderes, als erneut die deutsche Nation zu formieren. Andererseits wird die Integration Deutschlands in die westeuropäischen Strukturen für dringend notwendig gehalten, darunter auch als Prophylaxe gegen die Entwicklung des deutschen Nationalismus.

Die erste Aufgabe fordert große materielle und moralische Anstrengungen, vor allem seitens der Westdeutschen. Was die zweite Aufgabe betrifft, so haben hier die Ostdeutschen einen langen Weg zu gehen. Die Westdeutschen werden ihren Wohlstand teilen und die Ostdeutschen sich europäisieren müssen. So denken jene Politiker, die dazu aufrufen, daß jeder einzelne auf seine Interessen verzichten solle, um das Wohl für alle zu erlangen. Ich führe das als Beleg für den schweren Weg an und sehe die Besorgnis vieler angesichts der gewaltigen Probleme, die mit der Vereinigung Deutschlands entstanden.

Nachdem Kanzler Kohl der Schlüssel zur deutschen Einheit ausgehändigt und der Vorbehalt gegen eine Mitgliedschaft des vereinten Deutschland in der NATO zurückgenommen worden war, wurde alles andere schnell vollzogen. Im September 1990 wurde in Moskau der Vertrag über die endgültige Regelung mit Deutschland unterzeichnet. Im Oktober fand der feierliche Akt des Anschlusses der DDR an die BRD statt. Im November wurde der Vertrag zwischen der UdSSR und der BRD über gute Nachbarschaft, Partnerschaft und Zusammenarbeit unterzeichnet.

»Die höchste Errungenschaft« der Diplomatie von Gorbatschow und Schewardnadse brachte der Russischen Föderation, die sich selbst zur Rechtsnachfolgerin der liquidierten UdSSR erklärte, ernste Probleme. Eines davon war der Abbruch der früheren ökonomischen und wissenschaftlich-technischen Beziehungen. Bis 1990 war doch die DDR noch der wichtigste Wirtschaftspartner der UdSSR. Der Verlust der Wirtschafts- und Handelspartner, des Marktes und langjähriger wissenschaftlich-technischer Beziehungen hatte schwere Auswirkungen auf unser Land. Zu einem ernsten Problem auf dem Wege des Aufbaus der wirtschaftlichen und technischen Zusammenarbeit wurde die Kreditverschuldung Rußlands. Mitte 1993 lag sie bei mehr als 80 Milliarden Mark.

Unter der Bevölkerung verbreitete sich die Ansicht, daß die Interessen unseres Landes in den Verhandlungen und bei der endgültigen Regelung der mit der deutschen Vereinigung verbundenen Fragen nicht gebührend berücksichtigt wurden. Die Verluste, die sich aus dem Abbruch der Wirtschafts- und Handelsbeziehungen mit der ehemaligen DDR ergaben, wurden nicht ausgeglichen. Gerechtigkeitshalber muß man sagen, daß inzwischen im Interesse der wirtschaftlichen Stabilisierung Rußlands niemand mehr unternimmt als Deutschland. Trotzdem bin ich davon überzeugt, daß hier der gute Wille beider Seiten aktiv wirksam sein muß. Was die BRD betrifft, so meine ich nicht nur ihre östlichen Länder, sondern das gesamte Potential des Landes.

Hier hängt vieles natürlich von einer durchdachten, aktiven Politik, von praktischen Aktionen der russischen Seite ab. Es ist bekannt, daß gerade russische Betriebe zu Schuldnern ihrer deutschen Kollegen wurden. Leider verloren wir unseren früheren Ruf der Zuverlässigkeit. Darum brauchen wir dringend reale Verbesserungen in den deutsch-russischen Wirtschaftsbeziehungen, die heute einen Zustand des Verfalls erleben. Selbstverständlich darf man nicht nur für den heutigen Tag leben. Man muß in die Zukunft blicken. Namens der Gegenwart und der Zukunft werden wir gezwungen sein zu arbeiten, um das Klima des gegenseitigen Verständnisses und Vertrauens wiederherzustellen. Was wir vor allem brauchen, ist die Beseitigung der Diskriminierung in den internationalen Wirtschaftsbeziehungen, eine gleichberechtigte Partnerschaft.

Zur Bedeutung der Vereinigung Deutschlands für Europa, die Welt und selbstverständlich für Rußland gibt es viele Äußerungen. Man verweist darauf, daß wohl die Teilung und der erzwungene Verzicht auf die nationale Einheit, Deutschland veranlaßte, in Europa einen »Ersatz für das Vaterland« zu suchen. Dabei gab man gemeinsamen Zielen Vorrang gegenüber nationalen Interessen. Nachdem die Teilung Deutschlands und die Spaltung Europas in die Geschichte eingingen, veränderte sich die Situation gründlich. Nein, Deutschland hörte nicht auf, nach engen Beziehungen mit Frankreich und der Integration in das vereinte Europa zu streben. Im Gegenteil, der Kanzler wird nicht müde zu wiederholen, daß die Einheit Deutschlands und europäische Einigung zwei Seiten einer Medaille sind.

Gleichzeitig erfuhr die Situation eine qualitative Veränderung. Die Gefahr aus dem Osten fiel weg und die Rolle Frankreichs als Atommacht wurde bedeutend geringer. Die Wiederherstellung der Einheit Deutschlands im Zentrum des Kontinents drängte Frankreich irgendwie an die Peripherie Europas. Nicht genug, daß der wirtschaftliche und damit der politische Einfluß des vereinten Deutschland in Europa wächst, es wird auch noch zu einem recht anziehenden Faktor für die Länder Osteuropas.

Die bevorstehende Erweiterung der Europäischen Union in Richtung Osten und Norden verheißt dem Staat im Zentrum des Kontinents umfangreiche Möglichkeiten der künftigen Entwicklung. Wenn sich zudem besondere Beziehungen Deutschlands mit Polen und Rußland abzeichnen, wird Frankreich auf seine nach zwei Weltkriegen entstandene Rolle verzichten müssen. Offensichtlich kann ein Ausweg aus der entstandenen Situation nicht in der Politik der Militärbündnisse und Paritäten alter Art gefunden werden. Man muß ihn mit Hilfe der nüchternen Einsicht in jene Tatsache suchen, daß die Rivalität zwischen den zwei befreundeten Staaten ausschließlich im Rahmen einer einheitlichen europäischen Politik überwunden werden kann. Von einer ähnlichen Lösung sprach auch Klaus Kinkel in Paris, als er ein gemeinsames deutsch-französisches Programm im Rahmen der Europäischen Union vorschlug. Seiner Meinung nach kann man einer sinnlosen Kräftevergeudung in Rivalität nur entgehen, wenn man die Anstrengungen für das Wohl aller Völker Europas vereinigt.

Nach der Vorstellung von Theo Waigel kann das 20. Jahrhundert in zwei Hälften geteilt werden. In der ersten Hälfte waren Deutsche Urheber zweier Weltkriege und des Völkermordes. In der zweiten nahm sie die Geschichte endlich als Sieger auf. Für eine der größten Errungenschaften dieses Jahrhunderts hält er die Überwindung der Entfremdung zwischen Deutschland und Frankreich.

Wie man sieht, geht es um sehr komplizierte Beziehungen zwischen Deutschland und Frankreich. Berührt sind auf ihre Weise auch die heranreifenden allgemeinen Veränderungen auf dem europäischen Kontinent. Zentrale Fragen hierzu sind: Welche Rolle wird Deutschland in Europa und in der Welt spielen? Wird sie Elemente der konstruktiven, gleichberechtigten Zusammenarbeit beinhalten oder das Streben nach Hegemonie? Es entstand wahrhaftig ein mächtiger Staat mitten in Europa, der die Schwierigkeiten einer Übergangsperiode durchlebt. Keinen Zweifel gibt es jedoch daran, daß er sie überwindet.

In der zweiten Jahreshälfte 1994 übernahm Deutschland den Vorsitz in der EU. Jedem war klar, daß ihm das zusätzliche Stärke und Einfluß in Wirtschaft, Politik und auch in militär-strategischen Fragen brachte. Aus Bonn hörte man Erklärungen, daß diese Rolle im Interesse einer effektiven Entwicklung der Länder Zentral- und Osteuropas genutzt werden sollte. Im Zusammenhang mit der Entstehung des vereinten Deutschland kommt noch eine delikate, aber sehr wichtige Frage auf. Nicht mehr verheimlicht wird die Idee, daß man Deutschland den Platz eines ständigen Mitgliedes des Sicherheitsrates der UNO gewähren müsse. Neben anderen erhebt auch Japan darauf Ansprüche. Man kann sich leicht vorstellen, daß damit die Rolle Deutschlands weit über die Grenzen Europas hinausgehen würde, was unter bestimmten Umständen auch geopolitisch manches verändern kann.

Unterschiedliche Reaktionen müssen die Äußerungen mancher deutscher Politiker über die Perspektiven der deutsch-russischen Beziehungen hervorrufen. Manchen Positionen ist nicht zu widersprechen, man kann sie als Bekundungen des guten Willens begrüßen. Andere lassen zweifeln und fragen, wieweit sie begründet sind und was hinter ihnen steckt. Hinter einigen Aussagen verbergen sich sogar direkte Vorwürfe. So wird zum Beispiel behauptet, daß die russische Gesellschaft nach dem Zerfall der Sowjetunion »in Verwirrung verharrt und keinen Ersatz für die verlorenen Ideale findet«. Davon zeugten, wie man behauptet, »Überbleibsel des imperialen Denkens«. Rußland wird vorgeworfen, daß es Anspruch auf eine besondere Rolle bei der Lösung aller internationalen Probleme erhebt. Wo aber tritt nun eigentlich »das imperiale Denken Rußlands« in Erscheinung? Vielleicht dort, wo es als Großmacht daran interessiert ist, daß wichtige internationale Fragen unter Berücksichtigung seiner Positionen, seiner Meinung gelöst werden sollen. Wo ist hier die Grundlage für derartige Vorwürfe? Richtig wird gesagt, daß die Politik, darunter auch die Außenpolitik, vorausschauend sein sollte. Wer kann bestreiten, daß sich diese Forderung auf jedes beliebige Land bezieht?

Etwa vor Jahresfrist äußerten sich manche westliche Medien zur Stellung Rußlands in der Gemeinschaft der Nationen. Dabei wurde zum Beispiel behauptet, daß sich Rußland heute dem Osten zuwenden müsse, weil sein Los der asiatische Raum sei. In Europa hat Rußland nach Meinung solcher Analytiker wohl keinen Platz. Diese Frage ist nicht neu, solche Ansichten klangen schon mehrfach an. Die Geschichte fügt es jedoch anders. Europa kann nicht ohne Rußland auskommen, wobei auch die Interessen Rußlands eng und untrennbar mit denen Europas verbunden sind.

Heute spricht man davon, daß es wichtig sei, Rußland den

west-europäischen Strukturen anzuschließen. Dabei erklären westliche Politiker, das vereinigte Europa stelle für Rußland keine Gefahr dar und es könne im Sinne der Stabilität, Sicherheit und Erhöhung seiner wirtschaftlichen Chancen davon nur profitieren. Bekanntlich ist die russische Führung für eine solche Zusammenarbeit. Die Frage ist, auf welchen Grundlagen diese Zusammenarbeit aufgebaut wird.

Trotz der bekannten Schwierigkeiten ist Deutschland einer der wichtigsten Handelspartner Rußlands. Auf einem deutsch-russischen Symposium im Frühjahr 1994 wurde Rußland vorgeworfen, daß es sich jahrzehntelang von der übrigen Welt abgesondert habe. Deshalb sei »der Austausch von Ideen wichtiger als der Umsatz von Waren«. Als ob man eine umfangreiche Initiative brauchte, um für Rußland und andere Länder Osteuropas eine Art geistigen »Marshall-Plan« aufzulegen. Es ist nur schwer verständlich, worum es sich in der Tat handelt. Muß man jetzt unsere Bevölkerung im Geiste der westlichen Werte oder von irgend etwas anderem umerziehen? Angeboten wird die These, es sei notwendig, den »Informationsraum Rußlands mit westlichen Idealen zu füllen«. Wenn man die wirklichen Ziele nicht kennt, entsteht logisch die Frage: Wozu das alles?

Die Vereinigung Deutschlands stellt einen Wechsel von Epochen dar. Selbstverständlich und unabwendbar werden Fragen zur Rolle Deutschlands in Europa und darüber hinaus in den Vordergrund rücken. Ich weiß, daß es dazu bereits aktive Diskussionen gibt. In ihrem Mittelpunkt steht, welche Politik Deutschland, ausgehend von seiner neuen Kraft, betreiben solle. Mit anderen Worten handelt es sich um die Entwicklung des nationalen Selbstverständnisses des vereinigten Deutschland.

Jahre und vielleicht Jahrzehnte werden vergehen, Generationen auf Generationen folgen. Sicher verändert sich die Gruppierung der Kräfte in Europa und nicht nur dort. Erst dann wird klar, was in diesen historischen Zeiten, denen dieses Buch gewidmet ist, geschaffen worden ist.

Das russische Volk lebte häufig dank jener geheimnisvollen Energie, die es aus der Zukunft schöpft. Der Glaube an eine besondere Zukunft des Landes war und bleibt die Grundlage des russischen gesellschaftlichen Bewußtseins. Ja, das Volk erlebt eine schwere Zeit. Es sucht aber seinen Weg, seine gesamtnationale Idee. Um die Kraft eines von Ideen enttäuschten Menschen zu zeigen, muß man die ganze Macht jener Ideen demonstrieren, die die vorherigen überwanden. Nicht nur die Macht der Umstände, sondern auch die der Ideen.

Personenverzeichnis

Holger Becker / Volker Külow

Zeugen der Zeitgeschichte

191 Seiten · mit 13 Abbildungen · Broschur · 24,80 DM

Was bleibt von den Hoffnungen in das 20. Jahrhundert? Ist der Sozialismus wirklich gescheitert? Wohin wird die Reise in den nächsten Jahrzehnten gehen? 13 Zeugen des Jahrhunderts, darunter die Historiker Helmut Hirsch und Walter Markov, der Maler Robert Liebknecht, der Logiker und Schriftsteller Alexander Sinowjew, der Finanzmann Günter Reimann, die Fotografin Gisèle Freund und der Publizist Erich Kuby, äußern sich in Interviews für die Zeitung »Neues Deutschland«, aus denen dieses Buch hervorging.

Honecker – Gorbatschow

Vieraugengespräche

Herausgegeben von Daniel Küchenmeister

271 Seiten · Leinen · 32,00 DM

Die Texte in diesem Buch, vor allem Protokolle und Notizen von Gesprächen, daneben aufgezeichnete mündliche Botschaften und Briefe, stammen alle aus dem Zentralen Parteiarchiv der SED. Der Herausgeber hat ein ausführliches zeitgeschichtlich instruktives Vorwort beigefügt. Das Ganze macht einen ordentlichen Eindruck.

(FAZ, 10. 11. 93)

»Vor einer Überinterpretation der Gesprächsnotizen beziehungsweise ihrer selektiven Behandlung sei gewarnt«, heißt es in der vorzüglichen Einführung der Dokumentation durch den Herausgeber Daniel Küchenmeister. Das ist eine wissenschaftlich gerechtfertigte Warnung. Indes darf man sich nach der Lektüre der in einem bestimmten Zusammenhang geäußerten Ansicht des Herausgebers generell anschließen, »wie sehr beide Persönlichkeiten des historischen Untergangs des Sozialismus waren.«

(Die Zeit, 5. 11. 93)

Holger Becker / Volker Külow

Zeugen der Zeitgeschichte

191 Seiten · mit 13 Abbildungen · Broschur · 24,80 DM

Was bleibt von den Hoffnungen in das 20. Jahrhundert? Ist der Sozialismus wirklich gescheitert? Wohin wird die Reise in den nächsten Jahrzehnten gehen? 13 Zeugen des Jahrhunderts, darunter die Historiker Helmut Hirsch und Walter Markov, der Maler Robert Liebknecht, der Logiker und Schriftsteller Alexander Sinowjew, der Finanzmann Günter Reimann, die Fotografin Gisèle Freund und der Publizist Erich Kuby, äußern sich in Interviews für die Zeitung »Neues Deutschland«, aus denen dieses Buch hervorging.

»Vorwärts immer, rückwärts nimmer!«

Interne Dokumente zum Zerfall von SED und DDR

Herausgegeben und eingeleitet von
Gerd-Rüdiger Stephan

302 Seiten · Leinen · 34,00 DM

In Fortsetzung des 1993 erschienenen Titels »Honecker-Gorbatschow. Vieraugengespräche« sollen nunmehr in einem weiteren Band zeithistorische Quellen zur Geschichte der DDR in den achtziger Jahren einer breiteren Öffentlichkeit zugänglich gemacht werden. Der Honecker-Ausspruch »Vorwärts immer, rückwärts nimmer!« war noch in der Festrede zum 40. Jahrestag der DDR zu hören; wie schnell sich dann der innere Zerfall vollzog, belegen die zahlreichen, zumeist unveröffentlichten Protokolle, Analysen, Briefe u. a. Materialien aus ostdeutschen Archiven.